와인 테이스터스 가이드

WINE TASTER'S GUIDE

와인 테이스터스 가이드

조 로버츠 지음 | 정미나 옮김

시그마 북스

와인 테이스터스 가이드

발행일 2022년 6월 15일 초판 1쇄 발행
지은이 조 로버츠
옮긴이 정미나
발행인 강학경
발행처 시그마북스
마케팅 정제용
에디터 신영선, 최연정, 최윤정
디자인 김문배, 강경희

등록번호 제10-965호
주소 서울특별시 영등포구 양평로 22길 21 선유도코오롱디지털타워 A402호
전자우편 sigmabooks@spress.co.kr
홈페이지 http://www.sigmabooks.co.kr
전화 (02) 2062-5288~9
팩시밀리 (02) 323-4197
ISBN 979-11-6862-045-2 (13570)

Wine Taster's Guide by Joe Roberts

Copyright © 2020 by Rockridge Press, Emeryville, California

Photography © p. 5; CarlosAndreSantos/iStock, p. 12; Brunomsbarreto/iStock, p. 25; Sven Sauder/iStock, p. 30; laughingmango/iStock, pp. 34, 45, 58, and 168; Coco Casablanca/iStock, p. 35; FreeProd/Alamy Stock Photo, p. 36; Gibson Outdoor Photography/Alamy Stock Photo, p. 40; Lorenza photography/Alamy Stock Photo, p. 43; eurotravel/iStock, p. 47; JMichl/iStock, p. 50; EyeEm/Alamy Stock Photo, p. 51; ueuaphoto/iStock, p. 56; Leonsbox/iStock, p. 62; PIXEL to the PEOPLE/shutterstock, pp. 65 and 162; Eckhard Supp/Alamy Stock Photo, p. 68; Chris Mellor/Alamy Stock Photo, p. 73; izikMd/iStock, p. 74; Josef Mohyla/iStock, p. 77; Kloeg008/iStock, pp. 78 and 157; Kondor83/iStock, p. 84; OceanProd/iStock, p. 85; Daan Kloeg/shutterstock, p. 87; JAM WORLD IMAGES/Alamy Stock Photo, p. 93; seraficus/iStock, p. 96; Tiago_Fernandez/iStock, p. 108; cristianoalessandro/iStock, p. 110; Maudib/iStock, p. 115; Sanny11/iStock, p. 118; estivillml/iStock, p. 128; THEPALMER/iStock, p. 133; tomwachs/iStock, p. 134; samvaltenbergs/iStock, p. 137; cristianl/iStock, p. 141; Susup/iStock, p. 145; Split Second Stock/iStock, p. 147; abriendomundo/iStock, p. 149; lovleah/iStock, p. 152; nazar_ab/iStock, p. 155; michalzak/iStock, p. 170; Mark Dunn/Alamy Stock Photo, p. 179; Larisa Blinova/Alamy Stock Photo, p. 187; and Guille Faingold/Stocksy, p. 192 Maps and illustrations © 2020 Claire Rollet Wine label on page 136 courtesy of Rodney Strong Vineyards First Published in English by Rockridge Press, an imprint of Callisto Media, Inc. All rights reserved.

Korean translation rights © 2022 by SIGMA BOOKS
Korean translation rights are arranged with Callisto Media Inc. through AMO Agency Korea.

이 책의 한국어판 저작권은 AMO 에이전시를 통해 저작권자와 독점 계약한 **시그마북스**에 있습니다.
저작권법에 의해 한국 내에서 보호를 받는 저작물이므로 무단 전재와 무단 복제를 금합니다.

파본은 구매하신 서점에서 교환해드립니다.

* **시그마북스**는 (주)**시그마프레스**의 단행본 브랜드입니다.

차례

들어가는 글 008
이 책의 구성 009
와인 시음에 대해 010

제1장 시음의 기초

와인의 풍미에 영향을 미치는 요소 014
냄새 맡기의 과학 014
홀짝임의 과학 017
와인을 맛보는 방법 020
- 초보자의 시음 입문 029

제2장 포도 품종

포도 재배 032
주요 품종 037
- 보졸레 누보 그 이상의 가메 046
- 보르도를 넘어: 프랑스의 유명한 블렌딩 품종 052
- 편견의 이면: 피노 그리/피노 그리지오 059
- 리슬링의 스펙트럼: 드라이에서 스위트까지 063
- 리오하 템프라니요의 등급 069

제3장 와인 양조와 풍미

으깨기, 담그기, 압착 077
- 의외의 다양성을 지닌 로제 080
- 타닌: 와인의 구조감에 입문하기 082
발효 083
- 다양한 스파클링 와인의 세계 088
- 강인함 뒤에 숨은 매력: 주정강화 와인 090
숙성 091
- 풍미를 지닌 나무통: 오크의 영향 092
- 어릴 때 즐기도록 만들어진 와인 7종 094
블렌딩 097
- 우수 블렌딩 와인 10종 098
여과 및 정제 100
최종 상품 100
- 양조법의 영향 105

제4장 세계의 주요 와인 생산지

이탈리아 110
- 시음 투어: 이탈리아 북부 116
- 시음 투어: 이탈리아 남부 117

프랑스 118
- 프랑스의 서늘한 지역 126
- 프랑스의 온난한 지역 127

스페인 128

미국 134
- 캘리포니아의 벤치마크 와인 139
- 미국의 와인 생산지 144

아르헨티나 145
- 아르헨티나: 태양의 나라 148

칠레 149
- 칠레: 다채로운 와인의 무대 151

호주 152
- 호주와 뉴질랜드: 지구 최남단에서 만나는 맛깔스러움 154

뉴질랜드 155

독일 157
- 독일: 북부의 별미 161

포르투갈 162
- 포르투갈로 떠나는 여행 166

그 밖에 주목할 만한 와인 생산지 167
- 더 넓은 세계로의 시음 탐험 169

제5장 나만의 시음 계획 구성하기

주제 정하기 172
- 저렴한 와인 고르기: 10달러 이하 가격대 173

와인 고르기 174
- 필자가 개인적으로 즐겨 마시는 와인들 175

시음 계획 짜기 176

와인 잔 181

와인 보관하기 182

음식과 와인 186
- 페어링의 고전: 와인과 치즈 188
- 와인+음식: 보완과 대비 190

감사의 말 193

들어가는 글

"그런데… 어떻게 와인 전문가가 되셨어요?"

이런 질문을 받을 때마다 5센트씩 받았다면 지금쯤 1945년산 로마네 콩티 한 병을 살 만한 돈 정도는 충분히 모았을 것이다. 전 세계를 돌아다니며 좋은 와인에 대한 글을 써온 지난 10년 동안 내가 어디에 가든, 어떤 와인을 시음하든, 어떤 사람을 만나든 이런 질문을 받지 않은 적이 없다시피 해서 하는 말이다.

아무튼 안타깝지만 여기에 대해 나로선 따분한 대답을 할 수밖에 없다. 휴 헤프너(성인잡지 <플레이보이>의 창간자-옮긴이)만은 예외일지 몰라도, 엄마 배에서 나올 때부터 벨벳 실내복을 입고 썩소를 날리며 좋은 와인에 대한 백과사전 같은 지식을 과시하는 사람은 아무도 없다. 와인 전문가가 되려면 열심히 노력하는 수밖에 없다는 이야기다. 말콤 글래드웰이 『아웃라이어』에서 쓴 것처럼 뭐든 1만 시간을 꾸준히 노력하면 정말로 잘하게 되어 있다.

그렇다고 해서 귀가 솔깃할 만한 이야기가 없는 것은 아니다. 와인을 제대로 맛보는 요령을 익히고 더 나아가 이런 요령보다 훨씬 더 중요한 측면(개인적으로 자신이 어떤 와인을 즐기고 그 이유가 무엇인지 파악하는 일)에서 전문가가 되는 데는 그보다 훨씬 더 적은 시간이면 된다. 내 경험상으로 미뤄보면 와인 애호가들 중에도 그런 쪽으로 시간을 내는 사람은 드물다.

와인의 매력 중 하나는 마시는 재미가 있다는 것이다. 하지만 좀 더 주의를 기울여 와인을 마셔보면 훨씬 재미있다. 그렇게 마셔야 와인에 대해서나, 당신 자신의 기호에 대해 제대로 깨우칠 수 있다. 돈을 주고 평론가의 호평을 받은 와인을 사는 일쯤은 누구나 할 수 있다. 하지만 자기 자신의 판단에 따라 와인을 맛보며 그 와인에서 어떤 맛이 나는지, 왜 그런 맛이 나는지, 그 와인이 마음에 드는 (혹은 싫은!) 이유가 무엇인지를 말할 수 있는 사람은 몇 사람 안 된다.

이 책은 그런 점이 안타까워 쓰게 된 것이다.

이 책을 가이드 삼아 와인에서는 어떤 맛이 나고, 왜 그런 맛이 나는지를 알게 되길 바란다. 그렇게 알아가

다 보면 와인에 대한 안목과 이해가 깊어져 와인의 심오한 주제도 이해하기 한결 쉬워질 것이다. 무엇보다 세계에서 가장 경이로운 이 성인 음료에 관한 한 당신의 선호 취향에도 눈뜨게 될 것이다. 사실, 이런 개인적 취향이 전문가의 평가보다 훨씬 더 중요하다.

포도 품종과 와인 생산지에 따라 다른 맛이 나는 이유, 똑같은 지역에서 재배된 똑같은 포도로 만든 와인들에서 완전히 다른 맛이 날 수 있는 이유 등도 살펴보도록 하자. 마시는 와인에서 왜 그런 맛과 향이 나는지도 정말로 중요한 부분이니, 이 부분도 주의 깊게 알아보자.

이 책의 구성

이 책은 와인의 시음에 중점을 두고 있는 만큼, 각 장 사이사이에 해당 내용과 직접적 관련성이 있는 30개의 시음 가이드를 마련해 두었다. 시음 IQ를 높이려면 혀로 직접 경험해보는 이런 시음이야말로 가장 빠르고 적절한 방법이다.

포도에서부터 잔에 담기는 순간에 이르기까지의 전 과정을 훑어나가며 와인의 감별 요령도 설명해놓았다. 냄새를 맡고 맛을 보는 원리부터 시작해 차근차근 알아보자. 포도의 품종이 와인의 질감과 풍미에 어떤 영향을 미치고, 마침내 우리 입술을 지나 입안을 적셔주는 그 마법 같은 와인이 만들어지는 동안 어떤 일들이 일어나는지도 이야기해보자. 세계의 대표적인 와인 생산국을 두루 둘러보며 (생산국들의 와인 라벨을 해독하는 요령과 함께) 해당 생산국의 전통, 재배 포도, 기후, 와인 양조법이 와인의 맛에 영향을 미치는 이유를 탐색해보자. 마지막으로, 한 모금씩 홀짝일 때마다 학습 잠재성을 극대화시키기 위한 자신만의 시음 계획을 짜는 요령(와인 구매, 음식과 와인의 짝 맞추기, 와인 '보관과 관리' 요령도 함께)도 알려주겠다.

이와 같이 이 책에서는 폭넓은 분야를 다뤄볼 생각이다. 1,000쪽도 안 되는 책으로 와인에 대한 모든 것을 다룬다는 것은 어림없는 일이지만 책 속에 실용적인 팁과 흥미로운 토막 정보와 더불어, 필자가 10년 동안 와인의 세계를 여기저기 돌아다니며 직접 부딪혀 배운 것들도 최대한 풍부히 담아놓았다. 여러 장의 내용을 중간중간 건너뛰면서 봐도 (또 와인 탐색 시 빠르고 편리한 참고서로 활용해도) 괜찮지만, 이 책을 보다 효율적으로 활용하려면 처음부터 끝까지 차근차근 읽어나가다 중간에 잠깐씩 책을 덮고 시음의 시간을 갖길 권한다(장담컨대 그대로 따라온다면 평생 받아본 것 중 가장 만족스러운 '숙제'로 꼽게 될 것이다).

와인 시음에 대해

와인 교재란 교재는 닥치는 대로 다 구해 공부해야 했던 누군가(그러니까 필자 본인이)가 하는 말이니 다음의 말을 믿어도 된다. 사실, 와인과 관련된 교재는 한정되어 있어서 결국엔 실제로 와인을 음미하기 위해 와인을 입안에 머금어야 한다. 그런 의미에서 이 책에는 30개의 시음 가이드가 실려 있다. 각각의 시음은 (포도 품종, 포도 재배지, 와인 양조 스타일 등의) 특정 측면이 와인의 풍미에 어떤 영향을 미치는지 알려주기 위해 주제별로 구성했으며, 평균 4~6종의 와인을 선별해 실린 순서대로 시음하도록 배치했다. 틀림없이 즐거운 시간이 될 테지만, 모든 시음에는 목적이 있다(솔직히, 그냥 맛보는 재미를 위해 슬쩍 집어넣은 와인도 있긴 하다). 또 직접 맛을 보고 향을 느껴보며 와인의 세계를 가로지르는 사이에 절감하게 되겠지만 책에서 읽은 내용이 더 실질적으로 와닿기 위한 차원에서도 이런 시음은 반드시 필요하다.

필자가 선별한 와인들에 대해 간단히 설명하자면 맛이 좋고, 잘 만들어졌고, 부담이 없을 만한 적정 가격이며, 쉽게 구할 수 있고, 해당 포도 품종·생산지·스타일(이 세 가지 모두나 일부를)을 '대표'하기에 적절한가를 기준으로 삼았다. 세상에는 와인의 종류가 워낙 많아 그중에서 어디에서나 누구든지 구할 수 있는 와인을 찾아 추천한다는 것은 불가능하다. 그런 와인을 찾아 추천하기엔 와인 시장이 너무 다양하고 경쟁 또한 지열하다(게다가 일각에서 주장하듯 과도한 규제를 받고 있기도 하다). 혹시 시음 가이드에 실린 와인 중 매장에서 찾지 못하는 와인이 나오더라도 속 태울 필요 없다. 잘 찾아보면 해당 포도 품종이나 생산지, 스타일에 해당하는 다른 와인을 찾을 수 있을 테니 말이다(자주 가는 와인 매장의 친절한 직원에게 도움을 청하는 방법도 있다). 당신이 미국에 살고 있고 미국산 와인을 찾고 있다면 해당 생산자에게 직접 와인을 주문할 수 있는 주들이 많다는 점도 잊지 말길. 시음 가이드에 선별되어 있는 특정 와인들로만 시음해야 한다는 생각보다는 해당 시음에서 알려주고자 하는 부분에 집중하라.

마지막으로 다음도 기억해두기 바란다. 와인 시음의 경험을 쌓는 지름길은 없다. 자신만의 페이스에 맞춰 시음해나가면 된다. 조금씩 입안에 머금고 천천히 맛을 보면서 주의를 기울여 와인에 눈을 떠가면 나름대로의 와인 시음 전문가가 되는 길에 오르게 될 것이다.

그런 독자 여러분에게 격려의 건배를 보낸다!

제 1 장

시음의 기초

와인은 일종의 햄버거와 같다. 농담으로 하는 말이 아니다.

버거킹 와퍼와 목초를 먹고 자란 소고기로 만든 고급 수제 버거 사이에는 차이가 있다. 그렇다고 패스트푸드 버거가 나쁘다는 이야기는 아니다. 정말 저렴한 가격으로 맛 좋은 버거를 맛보게 될 수도 있다. 오히려 내가 강조하려는 점은 둘 사이의 품질의 (그리고 가격의) 격차다. 패스트푸드와 수제 버거 사이에는 전문적으로 훈련받은 사람이 아니더라도 쉽게 알아볼 수 있는 차이가 있다.

와인의 경우도 크게 다르지 않다. 단지 (힘들게 번 돈을 지출하는) 위험 부담이 더 높을 뿐이다. 와인 음미의 즐거움을 평생 누려보고 싶다고 해서 꼭 와인 전문가가 될 필요는 없다(와인 전문가는 나 같은 사람의 일이다). 당신은 그냥 당신의 와인 취향에 전문가가 되면 된다. 그러기 위해서는 와인을 보다 주의 깊게 마셔야 한다. 주의 깊게 마시려면 맛보고 있는 와인에 관심을 기울여야 한다. 또 와인에 관한 한, 주의 깊게 맛보기란 자신의 코를 따라가며… 1, 2분 정도 탐구광이 되어보는 것이다. 그러면 이제부터 우리가 냄새를 맡고 맛을 보는 원리를 자세히 살펴보자. 와인을 맛본 직후 어떤 향이 감지되는 원리와 와인의 냄새를 맡으면 종종 강한 정서적 유대가 자극되거나 심지어 과거의 추억이 일깨워지기까지 하는 이유도 알아보자.

와인의 풍미에 영향을 미치는 요소

뒷부분에 가서 더 자세히 다뤄볼 내용이지만, 와인 특유의 맛과 향을 만들어내는 이런 요소들을 미리 대강 알아두면 도움이 될 것이다. 와인의 향과 풍미 프로필을 좌우하는 요소들을 간략히 소개하면 다음과 같다. 이런 요소들은 단순히 원료로 쓰이는 포도의 품종을 넘어서서 와인 양조 및 숙성 방법에 이르기까지 다방면에 걸쳐 있다.

- 포도 품종(대체로 와인의 주된 과일 풍미를 결정)
- 포도의 재배지와 재배 방법
- 와인의 양조 방법
- 숙성(스테인리스스틸 탱크, 오크통, 병을 비롯해 그 외에 어떤 종류의 숙성통을 사용했는가와 숙성을 아예 거치지 않았는지의 여부)

냄새 맡기의 과학

사람들은 대부분 후각을 통해 와인을 느낀다. 따라서 냄새를 맡게 되는 원리의 이해는 와인의 시음을 이해하기 위해 가장 먼저 떼어야 할 중요한 첫걸음이라 해도 무방하다. 자, 그러면 냄새를 맡게 되는 원리를 과학적으로 살펴보자.

냄새를 맡는 과정

시음 기초의 첫 관문으로 냄새를 맡게 되는 원리를 이야기한다는 것이 일반적 상식에 반하는 것 같겠지만 코는(엄밀히 말해 후각 기관은) 맛의 감별에서 최대 80%에 이르는 역할을 맡고 있다. 실질적으로 따지자면 냄새 맡기가 곧 맛보기다. 우리는 코(전비강)를 통해 직접적으로 냄새를 맡기도 하고 입(비후방)을 통해 간접적으로 냄새를 맡기도 한다.

포유류인 인간의 냄새 감별력은 개나 곰 같은 동물과 비교해 너무 보잘것없다는 생각으로 대뜸 회의감부터 가질 게 아니라 다음을 명심하기 바란다. 2014년의 한 연구 결과에 따르면 사람이 잠재적으로 구별 가능한 냄새의 수는 1조 개에 이르며(이것도 상대적으로 낮은 축에 드는 경우의 추정치임), 그중 일부는 아주 작은 집중력만으로도 구별해낼 수 있다고 한다. 그러니 후각에 관한 한 인간을 능가하는 다른 동물이 많다고 해도, 전반적으로 보면 우리도 냄새 분야에서 곧잘 하는 편이다(따라서 와인을 즐기기에 아주 유리하다!).

코는 우리에게 내장된 냄새 맡기 기관의 출발점일 뿐으로서, 냄새를 (입천장 위쪽에 있는) 비강의 후각 수용체 쪽으로 보내주는 통로 역할을 맡고 있다. 향기 성분들은 이 수용체와 결합해 이른바 사구체층이라는 곳에서 한데 모이게 된다. (간단히 말해 신경종말 다발인) 이 사구체는 대략 1,000만 개의 후각 수용체 뉴런으로부터 온 정보를 정리해주기 때문에 뇌로 가는 도중에 거치는 중요한 중간 역이다. 각각의 사구체는 주로 유사한 후각 수용체와 연결되어 있는 뉴런들로부터 신호를 입력받아 아주 체계적으로 정리해줌으로써, 우리가 방대한 양의 데이터를 논리적으로 분류해 우리가 사는 세계(그리고 와인)에서 어떤 냄새가 나는지를 알게 해준다. 그것도 심지어 그 정보가 뇌에 도착하기도 전에.

후각 기관

편도체와 해마

후각망울

우리가 들이마시는 와인의 휘발성 향기 성분은 후각망울에서 처리되어 그 정보가 뇌의 정서적 영역(편도체)과 기억 영역(해마)으로 전달되면서 우리의 향과 맛의 인식에 영향을 미친다.

냄새를 실은 열차가 도착하는 다음 정거장은 후각망울이다. 이 신기한 천부적 도구는 5개의 층으로 이루어져 있으며, 사구체층은 바로 이 5개의 층 가운데 하나일 뿐이다. 후각망울에 대한 자세한 정보는 이 책의 범위를 넘어설 뿐만 아니라 지금까지 밝혀진 한에서는 현대 과학의 영역마저 넘어선다. 후각망울의 구조는 많이 밝혀졌지만 후각망울의 정확한 작동 원리에 대해서는 과학자들도 아직까지 충분히 풀어내지 못하고 있다. 다만 후각망울 내의 신경 연결의 양이 상당하다는 점을 근거로 볼 때, 우리가 냄새를 맡을 때 후각망울에서 상당량의 잠재적 정보를 여과하는 과정이 일어난다는 점은 확실하다.

후각망울과 뇌 사이의 소통은 단순한 일방통행이 아니다. 냄새를 맡을 때는 뇌에서 상의하달식 정보가 후각망울에 다시 보내지기도 한다. 한편 냄새를 맡을 때마다 후각 기관이 다양한 냄새를 구별하게 됨에 따라 (특별한 냄새에 주의를 집중할 때) 특정 냄새 탐지 기능의 민감성이 향상되면 '더 고등 기관'인 뇌에 가해지는 냄새 처리의 짐이 어느 정도 덜어질 가능성이 높다(그로써 뇌가 현재 맡고 있는 냄새와 관련해 더 복잡한 사고에 집중할 수 있게 될 가능성 또한 높아진다). 이런 과정의 대부분은 코를 한 번 킁킁거리는 '순식간의' 순간에 이루어진다. 심지어 그런 과정이 일어나고 있다는 것을 뇌에서 의식적으로 알아채기도 전에 끝나버린다.

휘발성 화합물: 와인의 향을 이루는 성분

냄새를 맡는 원리를 이해했으니 이번엔 우리가 어떤 냄새를 맡는지 이야기해보자.

모든 와인은 어떤 연속선상의 한 지점이다. 이 연속선의 한쪽 끝에는 발효된 포도즙이 있고 그 반대편 끝에는 식초가 있다. 적당한 양의 공기가 적당한 양의 화학작용을 일으킬 때, 그런 작용 사이에서 펼쳐지는 마법이 바로 와인이다. 우리가 와인에서 느끼는 즐거움은 이런 화학작용을 어떻게 체험하느냐에 따라 좌우된다. 그런데 이 화학작용은 (우리의 경이로운 코와 뇌에게조차) 너무 복잡해서 해석이 좀 필요한데, 이런 해석이 와인을 이제 막 알아가는 사람들에게는 혼란스럽기 십상이다.

예를 들어, 내가 와인 시음평에서 호주산 시라즈의 아로마가 블루베리의 향이라는 평을 했다고 가정해보자. 이 말은 그 와인의 양조 과정에서 실제로 블루베리가 들어갔다는 의미가 아니다. 우리의 뇌가 시라즈의 그 특정 아로마 성분을 이해하기에 가장 흡사한 해석이 블루베리를 연상시키는 향이라는 의미다(이 모든 과정에서 뇌가 맡는 역할에 대해서는 뒤에서 차차 더 자세히 이야기할 것이다). 그러니까 진짜 블루베리 냄새가 난다는 게 아니라, 뇌가 나름의 차선책을 골라 자신이 잘 모르는 그 복잡한 아로마를 이미 익숙히 아는 어떤 아로마로 재해석한다는 이야기다.

그렇다면 뇌에서 블루베리 같다고 여기는 그 냄새의 원래 정체는 무엇일까?

흔히 휘발성 화합물이라는 것이다. 와인에서 기화한 후 와인의 표면과 잔에 붙어 부유하는 이런 화합물들이 없다면 와인에서는 어떤 냄새도 나지 않을 것이다. 휘발성 화합물은 포도 품종 자체와 와인 양조 방식을 비롯해 와인이 빚어지기까지의 모든 과정에 걸쳐 생겨난다. '휘발성' 화합물이라고 칭하는 이유는 공기와 접촉하면 기화하는 성질이 있기 때문이며, 이런 기화 덕분에 우리가 냄새를 맡을 수 있는 것이다.

와인이 그토록 감탄스러운 복합미를 띠는 이유 중 하나는 어떤 와인이든 간에 이런 휘발성 화합물이 아주 많기 때문이다. 그 종류도 워낙 다양해 몇몇 예인 과일 향(에스테르와 싸이올을 통해 생성), 흙내음(지오스민), 바닐라 같은 향(락톤), 꽃향기(대마초에도 함유되어 있는 성분인 테르펜), 허브 향(피라진)은 빙산의 일각에 불과할 정도다. 이런 다양한 화합물이 어떤 강도를 띠고 어떻게 결합하느냐에 따라 와인 저마다의 독특한 아로마 프로필에 큰 영향을 미친다. 와인에 함유되어 있는 휘발성 화합물은 몇 가지나 될까? 확실한 답은 아무도 모른다. 몇몇 연구에서는 단일 포도 품종에서만 40가지 정도 된다는 결과치가 나왔는가 하면, 또 다른 연구에서는 지극히 단순한 와인조차 함유된 휘발성 화합물이 20가지가 넘는다는 추정치가 나왔을 따름이다.

따라서 이제는 와인 잔을 휘휘 돌리는 이유가 '휘발성 화합물을 기화시키기 위해서'라는 점과 어린 와인을 디캔팅(공기 쐬어주기)하는 것이 '와인의 공기 노출 표면적을 더 넓혀 휘발성 화합물을 공기와 더 많이 접촉시켜주기 위해서'라는 점이 이해될 것이다. 와인 잔 돌리기(스월링)와 디캔팅은 와인의 그 근사한 아로마에서 떫은맛을 날려보내기도 한다.

아로마와 부케의 차이

아로마(aroma)와 부케(bouquet)는 흔히 서로 바꿔 써도 되는 용어로 알고 있지만 와인 전문가들은 두 용어를 다른 의미로 구분해서 쓰는 편이다. 와인 평론에서 아로마는 포도 품종 자체에서 부여되는 냄새(예: 시라의 블루베리 향)를 가리키는 말이고, 부케는 발효 과정이나 숙성 중에 생겨나는 향(예: 오크통에서 숙성된 와인에서 나는 은은한 삼나무 향이나 병입 숙성된 피노 누아의 트러플 향)까지 함께 아우르는 말이다. 와인 향의 표현에서는 프라이머리(primary), 세컨더리(secondary), 터셔리(tertiary)라는 용어도 종종 접하게 되는데, 대체로 세 용어는 각각 포도 품종, 발효 과정, 숙성에서 생겨나는 향을 가리킨다.

홀짝임의 과학

이번엔 와인을 입안에 머금을 때 일어나는 현상을 살펴보자.

맛을 느끼는 과정

이쯤에서 혹시 이런 생각이 들지 모르겠다. '그래, 후각은 정말로 복잡하지만 그에 비하면 미각은 쉽지 않을까? 우리에겐 단맛, 신맛, 짠맛, 쓴맛, 우마미(감칠맛)를 느끼는 미뢰가 있고 각각의 미뢰가 혀의 다른 부위에 있으니 간단하잖아!'

미안한 이야기지만 미각도 후각 못지않게 복잡하다. 후각과는 다른 이유에서 복잡한 이런 미각은 사람에 따라 와인을 감지하는 방식에 큰 비중을 차지한다. 맛을 느끼는 과정에는 혀에서부터 식도에 이르는 미각 기관 전체가 관여할 뿐만 아니라 심지어 코까지 다시 끌어들여진다.

물론 인간에게는 익히 아는 그 다섯 가지 맛을 느끼는 (평균 2,000~4,000개의) 미뢰가 혀 전체에 분포해 있지만 한때 일반적인 상식처럼 여겨졌던 사실과는 달리 느끼는 맛별로 따로따로 구역이 나뉘어 있지는 않다. 미뢰의 수도 사람에 따라 더 많거나 더 적기도 해서, 이런 차이로 인해 사람마다 여러 가지 맛을 (그중에서도 특히 쓴맛을) 느끼는 강도가 달라진다. 미뢰는 후두개, 부비강, 식도 상부에도 퍼져 있어 이 기관들에서도 맛을 미묘하게 감지할 수 있다.

미뢰는 눈으로 식별 불가능하지만 미뢰가 붙어 있는 유두돌기(혀의 작은 원형 돌기들)는 눈으로도 볼 수 있다. 미각의 복잡한 구조는 이쯤에서 끝나지 않는다. 유두돌기는 세 가지 유형으로 나뉘고, 이 세 가지 모두가 맛의 감지에 영향을 미친다. 우리는 알코올의 후끈함과 텁텁한 타닌의 영향같이 와인을 마실 때의 미각 감각을 사람마다 조금씩 다르게 경험하기도 한다(이 내용과 관련해서는 뒤에서 더 할 이야기가 있다).

그렇다면 어떤 두 사람도 맛을 똑같이 느끼지 않는다는 이야기 아니냐고? 맞다. 또 모든 사람이 좋아하는 와인 취향이 다 똑같지 않은 것도 어느 정도는 이런 이유 때문이다.

다른 사람들이 서로 똑같은 맛을 느끼길 기대하는 것은 불가능하지만 비슷한 맛을 느낄 수는 있고, 대다수의 경우 강도와 질감을 조금씩 다르게 느끼더라도 그 풍미에서는 대체로 공감하는 경향이 있다(그렇지 않다면 와인 품평회에서 심사위원들이 메달을 수여할 와인을 선정할 때 어떻게 의견 일치에 이르겠는가!).

가령 당신은 맷돌에 갈아 만든 머스터드소스의 맛과 거친 질감을 좋아할 수도 있지만 나는 옛날 방식의 부드러운 머스터드소스를 좋아한다고 쳐보자. 이럴 경우 우리 둘 중 누구도 틀린 것은 아니다. 그냥 다른 것일 뿐이다. 이런 이유 때문에 와인의 맛과 관련해서 당신이 개인적으로 좋아하는 것이 무엇인지 (또 싫어하는 것이 무엇인지) 알아두면 아주 요긴하다. 내가 한 병에 80달러인 샤르도네에 'A' 평점을 매기며 백도의 순수한 풍미가 있다는 평을 했다고 가정해보자. 이때 하필 당신이 백도의 풍미를 질색하는 사람이라면 자신이 정말로 좋아하고 가격도 병당 10달러밖에 하지 않는 와인 여덟 병을 사는 데 쓰는 편이 훨씬 낫다. 여기에서의 핵심은 다음이다. 이 샤르도네에서 두 사람이 모두 백도 맛을 느낀다 해도 같은 와인에서도 강도와 질감의 특정 측면에서 조금씩 다르게 느낄 수 있고, 그에 따라 개인적으로 그 와인을 즐기는 (혹은 싫어하는) 정도에 큰 영향을 미치게 된다는 것.

(음식을 맛볼 때도 마찬가지지만) 와인을 맛볼 때는 질감 전달의 측면에서 미각 전체가 중요한 역할을 펼친다. 질감은 와인에서 가장 간과되는 측면일지 모르지만 우리가 와인을 감지하는 방식에 큰 역할을 차지하는 데다, 와인의 '개성' 부여에서 가장 큰 비중을 차지하기도 한다. 산도가 높은 와인은 혀에 (거의 찌릿찌릿할 정도의) 활기찬 느낌을 일으킨다. 풍미가 풍부하면서 알코올 함량이 높은 와인에서는 입안에서 부드러움, 무게감, '진

중함'이 느껴진다.

마지막으로 덧붙이자면, 와인은 일단 혀에 닿으면 훨씬 더 많은 휘발성 화합물이 기화된다. 다시 말해, 와인을 맛볼 때 (비후방을 통해) 냄새가 더 많이 드러나게 된다는 이야기다.

미각

나 같은 와인 마니아들은 'palate'란 단어를 즐겨 쓴다. 아니, 남용하길 즐긴다고 고쳐 말해야 맞을지 모르겠다. 와인 맛보기와 관련해서, 'palate'는 두 가지 뜻으로 쓰인다.

첫 번째는 '미감에서(on the palate)' 특정 풍미나 질감 등의 여러 특징이 느껴진다는 식으로 사용한다. 말하자면 'palate'가 입안에 머금었을 때 와인의 특징들을 묶어 지칭하는 말이다.

두 번째는 와인의 품질이나 다양한 풍미 및 향을 구별하는 개개인의 능력을 지칭할 때 쓴다. 가령 '좋은 미각(a good palate)'을 가지고 있다는 말은 맛을 보는 능력이 수준급이라는 의미다. 누구든 경험과 연구, 그리고 (다른 무엇보다도) 시음을 통해 미각을 더 발전시킬 수 있다.

와인과 뇌

와인을 마실 때 후각 기관과 입을 통해 수집된 그 멋진 맛 정보 모두를 우리의 뇌가 어떻게 처리하는지 살펴보면 그 자체로 흥미진진할 뿐만 아니라, 왜 와인 같은 복합적인 음료가 그렇게 감정을 강하게 자극해 사람들이 와인에 대해 이야기하고, 글을 쓰고, 배우고, 토론을 벌이도록 만드는지도 이해가 된다.

후각 기관은 우리의 의식적 뇌와 직접 소통하지 않는다. 후각망울은 시상(視床, 뇌에서 의식적 사고의 문지기 역할을 하는 기관)에게 말을 거는 것이 아니라, 편도(감정의 처리에서 핵심적 역할을 맡고 있는 기관)와 해마(학습과 기억에 관여하는 기관)로 가장 먼저 메시지를 보낸다. 게다가 향기에 대한 정보는 장기 기억으로 저장된다. 때때로 향기가 아주 강한 정서 반응을 일으키거나, (할머니의 애플파이 같은) 특정 냄새와 연관된 기억을 떠올리게 하는 이유가 여기에 있을지도 모른다. 와인은 복합적 향기로 멋들어지게 차려입고 다가와 우리의 정서에 직접 말을 걸기도 하고, 감각적 인식을 훈련시킬 자극원이 되어주기도 한다. 그토록 많은 사람들이 와인에 푹 빠져드는 것도 당연하다.

의식적 뇌가 관여할 때쯤, 이미 우리는 와인의 향과 풍미에 대한 엄청난 정보를 처리해 그 향과 풍미를 거의 즉각적으로 감정과 기억으로 연결지어놓은 상태다. 이제는 우리가 맛본 것을 헤아리기 위한 더 고등적 차원의 정보 처리가 펼쳐질 차례다. 단, 문제가 있다. 우리의 뇌가 풍부한 언어 처리 능력을 갖추었다고 해도 잠재적으로 1조 개에 이르는 그 많은 향기 조합을 말로 표현할 단어가 부족하다는 것. 이런 점에서 보면, 와인은 우리가 머리를 쓰며 그 복합적 향기의 감미로운 맹공격을 예전에 접했던 어떤 것들(꽃, 오크, 과일, 식물, 연기 등등)과 관련지어 생각해보는 과정에서 창의력이 흘러나오도록 자극해주는 일면도 있다.

    어떻게 보면 와인은 뇌의 양식이다. 와인에 집중하는 순간, 뇌가 그 와인을 해석하려 애쓰는 과정에서 지적인 짝 맞추기 게임을 벌여볼 기회를 얻기 때문이다. 와인은 소울 푸드이기도 하다. 와인을 마실 때 우리가 감정이나 과거의 경험에 직접적으로 연결된다는 점에서 그렇다.

와인을 맛보는 방법

사람들이 와인의 세계를 두고 너무 거드름을 피운다거나, 젠체하는 느낌이 있다는 식의 악담으로 흠을 잡는 경우 그 비난의 대상은 거의 언제나 시음 행위다. 그런데 이런 비난은 대체로 부당한 비난이다. 대다수의 와인은, 심지어 비평가의 분석이나 와인 품평회의 순간에서조차 시음 중에 굉장한 과시나 허세를 떠는 일이 없기 때문이다.

    와인을 더 주의 깊게 맛보기 위해 필요한 행위는 그리 거창한 게 아니다. 그냥 마음을 가라앉히고 맛보기의 각 단계를 따르며 그 단계에 대해 생각하기만 하면 된다. 맛을 보는 중에는 어떤 순간이든 유난을 떨 필요가 없다. 물론 당신이 나와 같은 사람이라 와인의 맛에 아주 흥분해 그 와인이 얼마나 훌륭한지를 당장 다른 사람들에게 알리고픈 마음을 주체하지 못하는 경우도 있겠지만… 그렇더라도 이 책은 자제력에 대해 다루는 책이 아니니까 본론으로 돌아가자. 아무튼 와인의 맛보기는 단 5개의 단계만 거치면 되고, 각 단계가 아주 단순하다. 잠시 이 단계들을 하나하나 짚어보며, 각 단계가 중요한 이유를 이해해두면 유용할 것이다. 여기에서는 그냥 와인은 교사이고, 당신은 학생이라고 생각하면 된다. 주의를 집중하기만 하면 그 즉시 무언가를 배우게 되어 있다.

(이 다섯 가지 단계에 대해서는 24쪽에서 이어서 살펴보고, 우선 다음을 주목하자.)

와인의 시음

와인 맛보기의 마지막 5단계는 위의 1~4단계에서 느꼈던 것들을 곰곰이 생각해보는 일이다.

시음 용어

와인은 때때로 아주 강한 감정을 일으키기에 와인을 맛볼 때는 와인에서 받는 '느낌'을 말로 표현하기 어려울 때가 종종 있다. 와인 전문가들은 묘사하기 어려운 와인의 인상을 포착해 담으려 할 때 처음엔 무슨 뜻인지 알쏭달쏭하게 들릴 만한 말들을 즐겨 쓴다. 지금부터 이렇게 '감정을 압축해 담은' 묘사어 중 몇 가지를 이해하기 위한 열쇠를 알려주겠다.

aggressive(적극적인): 보통 와인의 아로마, 타닌, 산도나 (스파클링 와인의) 탄산에 대해 언급할 때 쓰는 표현. 강렬하게 두드러지는 인상을 띠는 와인에 쓴다.

austere(거친): 'reserved(내성적인)'나 'steely(금속성 풍미가 나는)'로도 묘사할 수 있다. 신맛이 강해 어릴 때 마시기 힘들고, 과일 맛이나 아로마가 그다지 발현되어 있지 않으며, 대체로 맛과 향이 열리기까지 몇 년이 더 필요한 와인을 가리킨다.

body(보디): 와인의 보디는 입안에서 느껴지는 질감상의 '무게'를 가리킨다. 음식에 따라 씹을 때 (스테이크처럼) '비교적 묵직한' 느낌이 있기도 하고 (상추처럼) '비교적 가벼운' 느낌이 있기도 한 것처럼 와인도 맛을 볼 때 그와 비슷한 인상을 일으킨다. 대체로 와인의 보디는 알코올의 강도와 산도 등 여러 요소가 결합된 결과다. 라이트 보디의 와인(보통 알코올 함량 12.5% 미만)은 입안에서 가볍게 느껴진다. 미디엄 보디의 와인(알코올 함량 12.5~13.5% 이하)은 밸런스가 느껴진다. 이와 비교해 풀 보디 와인(알코올 함량 13.5% 이상)은 입안을 꽉 채우는 풍부하고 보다 묵직한 느낌을 준다.

bold(대담한): 대개 과일 맛을 묘사할 때 쓰는 표현으로, 와인의 맛에서 과일이 지배적인 맛을 이루고 있을 때 쓴다.

bright(발랄한): 와인의 산미와 과일 맛을 가리키는 말로, 활기가 돌면서 입안에 침이 고이는 듯한 느낌을 일으킬 때 쓴다.

chewy(씹히는 듯한 질감의): 과일 맛과 타닌이 입안에서 상당한 존재감을 뿜어, 마치 '씹는' 듯한 느낌을 일으킬 때 쓰는 표현이다.

crisp(상큼한): 대개 화이트 와인의 산미를 표현하는 말. (사과 같은) 상큼 새콤한 과일을 베어 문 듯 입안에 침이 고이는 느낌의 와인을 뜻한다.

dense(농후한): 맛과 향의 농축도가 높은 와인(대체로 힘 있고 강한 레드 와인)에 쓰는 말이다(때로는 'extracted(농축된)'라는 말을 같은 뜻으로 쓰기도 한다).

elegant(우아한): 향이나 맛(또는 향과 맛)에 대해 말할 때 쓰는 표현이며, 특히 여러 가지 특징이 조화롭게 어우러져 밸런스가 잘 잡힌 느낌을 주는 와인에 이 표현을 쓴다. 비슷한 뜻으로 'refined(세련된)'라는 말을 쓰기도 한다.

floral(꽃 같은): 꽃을 연상시킨다는 뜻. 이 표현을 쓸 때는 경우에 따라 '과일나무의 꽃'이나 '흰색 꽃'이라는 통칭으로 뭉뚱그려 묘사하기도 하고, 꽃 이름(재스민, 장미 꽃잎, 오렌지꽃, 제비꽃 등)을 콕 집어서 어떤 꽃의 향기인지를 구체적으로 묘사하기도 한다.

grippy(떫은): 타닌이 강해 맛을 볼 때 입과 잇몸을 '꽉 죄어오는' 와인을 묘사할 때 쓰는 말.

jammy(잼 같은): 과일잼의 맛과 향(또는 맛이나 향)을 연상시킬 때 쓰는 말이다(이런 풍미는 와인에 따라 맛을 더할 수도 있고 불쾌함을 줄 수도 있다).

juicy(과즙미 있는): (갓 딴 과일을 베어 문 듯) 싱싱한 느낌의 과일 맛이 있는 와인을 묘사할 때 쓴다.

nose(노즈): 잔 속에서 피어나는 와인의 냄새를 가리키는 용어(총체적 아로마를 가리키는 말).

precise(명확한): 입안에서 느껴지는 와인의 감촉을 묘사할 때 자주 쓴다. 거의 예외 없이 산미와 연관되어 느껴지는 감촉으로, 'linear(직선적인)'나 'focused(집중력 있는)'라는 용어로 표현될 수도 있는 느낌이다. 와인의 질감이 혀에 거의 직선적으로 다가온다는 뜻이다.

pure(순수한): 와인의 맛과 향이(혹은 맛이나 향이) 특정 과일이나 허브 등의 느낌을 연상시킬 때 자주 쓰는 말이다. 예를 들어, 신선한 딸기 향이 나는 와인에 이런 표현을 쓴다면 정말로 신선한 딸기와 똑같은 향이 난다는 의미다.

sexy(관능적인): 화사하고 확실하게 풍미를 드러내는 특징과 과일 맛이 있으면서 입안의 질감이 풍부하고 호화로운 특징을 두루 갖추고 있거나, 두 특징 중 하나를 갖춘 와인을 묘사할 때 쓰는 말이다. 대체로 이런 특성은 와인에서 과일 맛이 진한 동시에 보디와 알코올이 아주 강할 때 발현된다.

spicy(알싸한): 향신료의 맛과 향(또는 맛이나 향)을 띠는 와인을 묘사하는 말. 이런 알싸함은 대체로 제빵용 향신료(시나몬, 소두구, 육두구, 정향 등)와 연관되지만, 생허브와 말린 허브(타임, 박하, 찻잎 등)의 풍미를 가리키기도 한다.

1단계: 눈으로 보기

지금은 와인 애호가들에게 정말 멋진 세상이다. 지금껏 누려본 적 없을 만큼 멋진 시대를 살고 있다고 해도 과언이 아닐 만하다. 현재는 세계적 경쟁이 벌어지고 있는 데다 온라인과 SNS를 통해 인기를 선도하는 글들이 폭발적으로 퍼져나가면서, 와인 생산자들이 잘 팔기 위해 제품의 생산에 노력을 기울이는 시장이 형성되었다. 그에 따라 지난 30년 사이에 와인은 다양성과 품질 면에서 극적인 진보가 이루어졌다. 게다가 와인의 상대적 가격도 예전 그 어느 때보다 낮아졌다. 아이러니하게도, 그로 인해 맛보기의 첫 단계인 눈으로 보기가 과거에 비해 덜 중시되고 있다(하지만 더 재미있어진 면도 있다!).

예전에는 잔에 따른 와인을 잘 살펴보는 일이 와인 양조상의 결함이나 보관상의 문제가 없는지를 가려내는 데 유용했다. 예를 들어, 와인이 눈에 띌 만큼 유난히 탁하면 그것은 와인 양조 중에 화학적 문제가 일어났을 가능성을 암시해주는 신호였다. 와인이 상했을 경우에는 색깔의 변화가 확연히 두드러지기도 했다. 요즘엔 이런 결함 신호를 웬만해선 보기 힘들다.

따라서 이제는 이런 육안 검사의 필요성이 줄었지만, 그렇다 해도 잔에 따른 와인을 바로 입안에 머금기 전에 눈으로 살펴볼 만한 이유는 여전히 많다. 우선 그 어떤 음료에도 뒤지지 않을 만큼 아름다운 와인의 빛깔 때문이다. 로제 와인 하나만 따져도 그 색의 범위가 회색빛이 감도는 아주 우아한 핑크색에서부터 관능적 느낌의 연어 살색, 심지어 핏빛처럼 강렬한 적색에 이르기까지 다양하다. 개인적으로 나는 잔에 담긴 와인을 보고 있으면 보석을 바라보고 있는 듯한 기분이 든다. 와인의 빛깔은 잠깐 시간을 내 그 빛깔이 얼마나 멋지고 매력적인지 감상해볼 만한 가치가 충분하다. 이 단계를 건너뛰는 것은 흠잡을 데 없이 완벽하게 차려진 고급 음식을 그 음식에 들어간 정성과 세심한 준비 과정에는 아무 관심도 기울이지 않은 채 허겁지겁 입안에 집어넣는 격이다.

잔 속의 와인을 감상하고 있으면, 마음을 느긋이 가라앉히며 첫 모금을 들이켤 마음의 준비를 갖추는 면에서도 좋을 뿐만 아니라 여러 단서를 얻을 수도 있다. 화이트 와인은 숙성이 될수록 색이 더해져, 점점 짙어지고 꿀 같은 색을 띠어간다. 레드 와인은 그 반대다. 시간이 지날수록 색을 잃는다(혹시 들어봤을지 모르겠지만 레드 와인의 이런 빛깔 변화를 'precipitate(추락)'라고 묘사하기도 한다). 이럴 경우 (가장자리에서부터 시작해 점차 안쪽으로 번지면서) 오렌지빛 도는 '벽돌색으로 변해간다.' 색의 짙은 정도를 단서로 삼아 입에 머금었을 때 어떤 풍미를 느낄지 가늠해볼 수도 있다(풍미가 풍부한 와인과 오크 숙성을 거친 와인이 더 짙은 색을 띠는 편이다). (꼭 그래야 할 필요는 없지만) 밝은 빛을 등에 진 상태에서 와인 잔을 흰색 바탕에 대면 와인의 색을 더 잘 볼 수 있다.

지난 수년 동안 와인의 '다리(leg)'(잔을 휘휘 돌리고 난 이후 잔의 옆면을 타고 흘러내리는 와인 줄기)를 놓고 이러니저러니 유별날 만큼 떠들어들 댔지만 내 경험에 비춰볼 때 와인의 다리는 와인의 보디보다는 점성에 대한 단서를 더 많이 알려주며, 보통은 어떤 결론을 내릴 만한 단서가 아니라 그냥 재미와 감탄스러운 볼거리로 여길 만하다.

마지막으로 잔에 와인이 얼마나 따라져 있는지도 확인하길 권한다. 와인이 3분의 1 정도 채워져, 잔의 볼(bowl, 와인을 담는 부분)에서 폭이 가장 넓은 위치의 바로 위쪽까지 차 있는 것이 좋다. 그렇지 않으면 다음 단계에서 당신이 (아니면 당신과 가까이 있다 괜한 봉변을 당할 운 나쁜 사람이) 와인을 맛보는 게 아니라 와인을 뒤집어쓸 수도 있다.

와인은 그 어떤 음료보다 다양하고 아름다운 빛깔을 담고 있기도 하다.

2단계: 잔 돌리기 (스월링)

다음 단계는 잔 속의 와인 돌려주기다. 경험상으로 보면 이 단계에서 사람들이 가장 많은 실수를 유발히는 것 같다. '완벽한' 와인 잔 돌리기를 흉내 내려다 오히려 세탁 비용이 더 나오게 되는 사태를 맞는 경우를 많이 본 와인 전문가로서 이런 조언을 해주고 싶다. 완벽한 와인 잔 돌리기 같은 건 없으니, 자연스럽게 돌리며 사람들의 눈에 어떻게 보일지는 신경 쓰지 마라(그냥 와인을 잔 밖으로 튀어나가지 않게만 하면 된다).

내 경우엔 잔의 받침 부분을 탁자에 붙인 채로 반시계방향으로 돌리길 좋아한다(어느 방향으로 돌리든 상관

없다). 가끔은 서서 잔을 돌리는 경우도 있는데 그러면 동작이 서툴러져 신발에 와인이 튈 가능성이 높아진다. 이 점이 바로 와인을 너무 가득 채운 상태에서 잔을 돌리지 않도록 주의해야 하는 이유다(이럴 땐 너무 많이 채워진 분량을 버리거나 마신 후에 돌리는 편이 낫다).

잔을 돌릴 때는 한 손으로 잔을 잡고 잔 속의 와인이 작은 소용돌이를 일으킬 때까지 짧은 원을 그리는 동작을 반복하면 된다. 이 단계는 잠깐의 시간밖에 걸리지 않지만 와인에 공기를 쐬어주는 중요한 역할을 한다. 공기에 와인의 표면적을 가능한 한 많이 노출시키려면 잔 돌리기가 가장 좋은 방법이다. 와인의 맛을 크게 좌우하는 휘발성 화합물의 발산을 위해 꼭 필요한 이 단계를 건너뛸 경우엔 와인 맛이 밋밋하고 시시해질 소지가 있다.

이 단계에는 부수적 편의성도 있다. 즉 손을 오므려 볼을 잡으면서 그 와인이 적절한 온도인지 가늠해볼 수도 있다. 가령 레드 와인은 너무 차가울 경우 지나치게 밋밋한 맛이 나는 것이 보통인데 이럴 땐 잠깐 손바닥으로 잔의 볼을 감싸 온도를 높여주면 된다. 잔 돌리기는 와인의 다채로운 색을 한 번 더 감상할 기회이기도 하다.

와인 노트 쓰기

와인의 시음 감각과 시음 기억을 발전시키기 위해서는 와인 노트를 만들어 (혹은 구매해) 새로운 와인을 마실 때마다 나름의 평가를 기록해보는 것도 좋은 방법이다. 시음평을 달 수도 있고 해당 와인의 라벨 사진만으로 관련된 상세 정보를 불러올 수도 있는 스마트폰 앱을 활용할 수 있는 등, 와인 노트를 쓰는 방법에는 선택지도 많다.

와인 노트를 제대로 기록하려면 생산자, 빈티지, 와인명, 생산지를 적어야 하고 각 와인의 빛깔, 향기, 맛, 전반적인 시음 인상을 자세히 기록할 공간도 넉넉해야 한다. 아직도 시음 어휘력이 부족한 것 같다면 아로마 및 시음 표현 리스트가 첨부된 노트를 구입해 리스트를 참고하는 방법도 있다. 이렇게 하면 자신의 시음 경험을 빠르게 포착해 표현하는 데 유용하다(자신의 개인적 느낌과 인상에 더 빨리 집중하게 된다).

3단계: 향 느끼기

시음 과정에서 가장 중요한 단계로, 이 단계 없이는 와인을 제대로 즐길 수 없다. 어떻게 냄새를 맡을지는 당신 마음이지만 거의 모든 와인은 스피릿이나 독주와는 달리, 잔의 림(rim, 입술이 닿는 부분) 가장자리에 코를 가져다 대야 향이 가장 잘 맡아진다. 그냥 잔을 들고 냄새를 맡아보라. 잔을 돌리며 충실히 발산시켜놓은 그 모든 휘발성 화합물을 코로 들이마셔보라. 뇌가 그 와인의 아로마를 처리하기 시작할 수 있게 해주어라.

향을 맡는 적정 시간은 잔에 담긴 와인에 따라 다르다. 그다지 복합적이지 않아 감상할 요소가 비교적 적은 와인이 있는가 하면, '과묵한' 성향을 띠어 음미하려면 비교적 시간을 더 들여가며 향을 맡아야 하는 와인도 있다. 거의 비명을 지르듯 풍미를 발산해 아로마가 잔 밖으로 튀쳐나오는 듯한 와인도 있다. 고급 와인은 잔 속에서 온도가 점점 올라가면서 시간이 지남에 따라 풍미가 변하는 경향이 있어, 여러 번 향기를 맡아보며 아로마가 어떻게 진전되어가는지 주목해볼 만한 가치가 있다.

이 단계에 관한 한 인간의 가장 친한 친구가 냄새를 맡는 방식을 통해 많은 것을 배워볼 수도 있다. 개가 무언가 흥미로운 냄새를 맡고 있을 때 그 개를 다른 데로 떼어놓으려 끌어당겨본 적이 있는가? 해보면 떼어놓기가 쉽지 않다. 개가 코에서 수집한 데이터에 극도로 집중해 있는 상태이기 때문에 정말 어렵다. 와인의 향을 맡을 때 개의 그런 집중력을 흉내 내보면 향기를 더 세밀히 파악하게 되는 보상이 따를 것이다. 개가 그러는 것처럼 (긴 숨/느린 숨으로 냄새 들이마시기, 깊은 숨/짧은 숨으로 냄새 들이마시기를 이리저리 오가며) 다양한 방식으로 향을 맡아보면 다양한 강도의 아로마를 더 잘 감별하게 되기도 한다.

이따금씩 한 손으로 잔의 입구를 덮어 와인의 아로마를 집중시켜놓은 상태에서 다른 손으로 와인 잔을 돌린 후 덮었던 손을 떼고 다시 향을 맡아보기도 권한다. 여기에서의 핵심은 와인이 선사하는 세세한 향기를 낱낱이 감지하는 것이다. 와인도 다른 음식과 똑같아서, 많이 알수록 보다 제대로 음미하고 감상할 수 있다.

4단계: 맛보기

의외의 이야기처럼 들리겠지만, 실제로 맛을 보는 이 부분은 대체로 전체 시음 과정 중에서 가장 빠르게 끝난다. 와인을 한 모금 마신 후 입안에서 가볍게 굴려주어 와인이 입천장, 잇몸, 혀에 덮이게 해주면 된다. 이렇게 하면 그 와인의 질감과 더불어 강렬함·보디·부피·무게·알코올 강도에 대한 인상이 발현된다. 휘발성 화합물이 더 드러나 맛과 향기가 더욱 풍성히 발현되기도 한다.

비평적 평가에서는 와인을 꽤 여러 번 굴려줄 필요가 있지만 대다수의 시음 목적에서는 빠르게 굴려주는 것으로 충분하다. 한두 번 굴려주는 것으로도 와인을 잘 즐길 수 있다는 것을 알게 될 것이다(어쨌든 와인이 구강 세정제는 아니지 않은가). 그렇게 맛을 음미하다 보면 입안에서의 와인의 느낌에 대해 곰곰이 생각해보고 싶어질 것이다. 무엇이 감지되는가? 어떤 맛이 연상되는가? 신맛이나 쓴맛, 밸런스의 힘 같은 것이 느껴지지는 않는가? 다른 특징들보다 유난히 두드러지는 특징은 없는가? 이 단계는 시음 과정 중에 뇌 가동이 가장 집중되는 때다. 냄새를 맡는 동안의 이전 순간까지는 뇌가 비교적 정서적 반응을 했다면 이제는 지금 느껴지는 맛을 해석하기 위해 의식적으로 뇌를 가동시켜야 하기 때문이다.

> **후루룩후루룩 소리 내며 마시기: 정말 필요한 행동일까?**
>
> 와인 전문가들은 시끄럽게 후루룩거리며 마시기로 유명하다(아니, 솔직히 말해 악명 높다). 이 소리는 와인 한 모금을 입에 머금은 직후 그 와인을 삼키기 전에(혹은 뱉어내기 전에) 약간의 공기를 빨아들이면서 나는 소리다. 후룩후룩, 꾸르르 하는 이런 소리는 딱히 불쾌하지는 않더라도 식사 자리에서 듣고 싶을 만한 소리도 아니다.
>
> 이렇게 후루룩거리며 마시는 일이 정말 필요한 일이냐고? 글쎄, 당신이 지금 와인을 알아가는 중이라면 당신도 해보라고 권하고 싶다. 이렇게 마시면 입안의 와인을 더 많은 공기에 노출시켜 그냥 마실 때보다 더 많은 휘발성 화합물이 발산되고, 이렇게 발산된 화합물들이 비후방을 통해(즉 혀와의 상호작용 후에 입 안쪽을 통해) 감지되면서 더 풍부한 아로마와 맛이 드러나게 된다. 후루룩거리며 마시기는 가족 모임이나 고급스러운 식사 자리에서는 피하는 게 좋지만, 혼자 있을 때 해보면 유용하다(그리고 와인을 전문적으로 비평할 때는 대체로 꼭 필요한 과정이다).

5단계: 곰곰이 생각하기

4단계까지 마쳤으면 와인을 컵이나 싱크대에 뱉어내거나(여러 가지 와인을 시음할 계획이라면 취하지 않기 위해 꼭 뱉어내야 한다) 삼키고 난 후, 그 와인과 당신의 미각 사이에서의 상호작용에 주목해볼 차례다.

와인의 묘미 중 하나는, 이른바 피니시(여운)라는 것이다. 피니시는 와인을 마신 후에 입안에 여전히 남아 있는 느낌을 가리킨다(그 느낌이 얼마나 오래 남아 있는지를 묘사할 때 쓰는 말이기도 하다). 대체로 고품질 와인일수록 이전 단계들의 아로마와 풍미를 환기시키는 길고 복합적인 피니시를 갖추고 있다. 품질이 낮은 와인은 여운이 비교적 짧다. 불쾌하게 느껴질 만큼 강렬하고 긴 여운을 띠는 와인도 더러 있지만 이 점에서는 사람에 따라 취향이 다를 수도 있다!

좋든 나쁘든, 그 와인에 대한 당신의 인상은 가급적 즉시 메모해두는 것이 좋다. 이런 습관을 들이면 좋은 이유로는 여러 가지가 있지만, 주된 유용성은 즉각성에 있다. 시간이 지나면 와인의 세세한 면들이 떠오를 가능성이 희박해진다(여러 모금을 마시거나 여러 가지 와인을 맛본 후라면 특히 더하다). 정말이다. 이 일로 밥벌이를 하는 사람인 나조차도 나중에 가서 떠올리려면 잘 기억나지 않는다. (또다시 느껴보고 싶을 만큼) 정말로 좋았던 부분이나 (다시 느낄 일이 없었으면 싶을 만큼) 정말로 싫었던 부분에 집중하며 그 인상을 되도록 빨리 메모해두는 것이 좋다. 시음 노트를 기록하면 와인에 대한 기억력을 높이는 데 유용할 뿐만 아니라 나중에 편리하게 참고할 자료가 되어주기도 한다.

초보자의 시음 입문

어떤 와인부터 시작해야 할지 막막한가? 다음은 초보자들의 와인 시음 입문을 위한 추천 리스트로, 마시기 편하면서 바로바로 감별 가능한 특색들을 띠는 와인들 위주로 선정했다. 이 와인들을 자신의 미각을 측정해볼 기회로 삼는 것도 좋을 것이다.

코벨 브뤼 스파클링 와인(캘리포니아 주)

여러 품종의 포도를 블렌딩한 와인이며, 저렴한 스파클링 와인이 갖추어야 할 모든 것을 갖추고 있다. 미감이 상큼 깔끔하고 상쾌하며, 사과 풍미, 시트러스와 구운 빵의 향을 풍긴다. 이 옅은 황금색의 스파클링 와인은 잘 만들어진 스파클링 와인의 조건이 무엇인지를 보여주는 이상적인 표본이다.

퍼시픽 림 리슬링(워싱턴 주 컬럼비아 밸리)

이 화이트 와인은 중국식 포장음식과 환상의 궁합이다. 옅은 황금색에 인동, 귤의 향과 가벼운 미감을 띠고 있으며, 살짝 단맛이 느껴지는 오프 드라이 스타일이라 마시기에 무난하다. 주된 특징인 사과, 배, 레몬 맛 캔디의 풍미 모두가 포도 자체에서 생겨난 것인 점을 감안하면, 리슬링 와인의 특징을 대표적으로 잘 보여주는 귀감이라 할 만하다.

블랙 박스 소비뇽 블랑(칠레)

이름을 보고 짐작했겠지만, 이 와인은 종이 팩에 담겨 나오는 와인이 맞다(엄밀히 말해 종이 팩 속 봉지에 담겨 있다). 칠레 전역의 여러 포도원에서 재배된 포도를 원료로 써서 만드는 엷은 노란색의 이 와인은 미디엄 보디에 새콤한 신맛, 시트러스 풍미와 더불어 소비뇽 블랑 품종 특유의 허브와 풀의 아로마가 특징이다. 대용량으로 많은 손님들에게 접대하기에도 충분하다.

다크 호스 로제(캘리포니아 주)

옅은 핑크빛이 도는 연어 살색의 이 와인은 캔에 담긴 채 고객을 기다린다. 이 로제 와인이 풍부한 꽃향기, 상쾌한 보디감, 레드 베리 풍미로 잘 보여주고 있듯, 캔 와인이라고 우습게 보면 안 된다. 비용 부담 없이 드라이한(단맛이 없는) 로제 스타일에 입문하기에 좋은 와인이기도 하다.

라 포스타 피젤라 말벡(아르헨티나 몬데사)

짙은 보랏빛의 와인으로, 아르헨티나의 고지대 포도원에서 재배된 단일 포도로 만들어져 해당 포도와 생산지에 대해 두루두루 눈뜨기 좋은 선택이다. 말벡의 교과서적 특징(블랙베리·감초·담배 향, 플럼(서양 자두) 풍미, 풀 보디)과 더불어 오크 숙성을 통해 배어나온 은은한 바닐라와 삼나무 풍미가 기분 좋게 다가오기도 한다.

제 2 장

포도 품종

와인에서 특정 맛이 (그리고 냄새가) 풍기는 이유를 이해하려면 주원료인 포도부터 들여다봐야 한다. 풍미, 향, 질감, 구조의 기반을 깔아주어 와인의 다른 모든 요소를 구축시켜주는 밑거름은 결국 포도의 품종이다.

   이번 장에서는 가장 유명한 와인용 포도 품종을 (다소 생소한 몇몇 품종과 함께) 알아보며, 각 품종별로 최종 와인에 다양한 맛과 향을 부여해주는 요소가 무엇인지에 주목해보자.

포도 재배

모든 포도 품종은 동일한 재배 과정을 거쳐 자란다. 우선 싹이 나온 후 꽃봉오리가 피어난다. 이어서 포도가 맺히면 약 100일 동안 생장을 이어가면서 색깔이 변하고(이와 같은 포도의 색깔 변화를 '브레종'이라고 한다) 여물면 마침내 수확을 하게 된다. 하지만 악마는 디테일에 있다는 말처럼 품종별로 포도가 여물기 위한 요소들의 조합이 저마다 다르다. 이런 요소들을 한 마디로 요약하자면 부동산 투자의 오래된 격언처럼 "첫 번째도 위치, 두 번째도 위치, 세 번째도 위치!" 실제로 특정 재배지들은 온도, 토양 유형, 일조량, 기후 등 여러 변수들이 적절한 조합을 이루어 일부 포도 품종이 다른 재배지보다 더 잘 재배된다.

테루아

서유럽에서 생산되는 와인 대부분은 라벨에 포도 품종명보다는 장소명을 표기한다. 그 이면에 (원료로 쓸 수 있는 포도 품종, 허용되는 와인 양조법, 의무 숙성 기간 등을 규제하는) 법규가 얽혀 있긴 하지만 전통을 거슬러 올라가면 이런 관행은 '테루아'라는 개념에서 비롯된 것이다. 테루아는 특정 장소에서의 포도 재배와 와인 양조에 관여하는 모든 독특한 측면들을 한데 아울러 칭하는 프랑스 용어다. 모젤, 오스트리아, 핑거 레이크스에 같은 클론의 리슬링을 심어 같은 방법으로 양조해도 지역별로 확연히 다른 와인이 생산되는 이유가 이 테루아에 있다.

    포도는 골디락스(영국의 전래동화 『골디락스와 세 마리 곰』에서 유래된 말로, 뜨겁지도 차갑지도 않은 딱 적당한 경제 상황을 골디락스라고 한다-옮긴이)와 조금 비슷하다. 모든 것이 딱 적당해야 하고, '딱 적당한' 상태의 기준도 품종별로 제각각이다. 접본, 토양의 유형과 양분, 일조량, 열기, 수분, (1년 내내 이어지는) 가지치기, 통풍, 바람 노출 등의 적절한 조합이 와인용 포도 품종에 따라 천차만별이다. 이런 요소들을 해당 품종에 맞추는 데 공을 많이 들일수록 최종 수확한 포도로 빚은 와인에 더 풍부한 풍미가 부여될 가능성도 높아진다.

    현대의 와인용 포도 재배농들을 기다리고 있는 재배 요소상의 지뢰들 가운데 몇 가지만 소개하자면 다음과 같다.

재배 환경이 포도에 미치는 영향

재배 요소	너무 약할 경우	너무 과할 경우
포도나무의 생장력	포도나무의 생산성에 제한이 생김	포도나무가 잎에 너무 많은 기운을 소비해 포도에는 충분한 기운을 발휘하지 못함
포도 산출량	대개 포도알이 농축되지만 양이 충분치는 못함	발육이 제대로 이루어지지 못해 복합성과 풍미가 부족한 포도를 과도하게 맺음
햇빛(일조량, 잎에 가려져 햇볕을 쬐지 못하는 포도의 비율 등)	풍미와 아로마에서 '풋내'가 지나친 덜 익은 포도가 생산됨	포도가 너무 익거나 햇볕에 타버려 말린 자두나 건포도류처럼 포도 본연의 풍미를 상실함
수분(강수량과 토양 배수 등)	포도가 말라비틀어지고 생산량이 낮아짐	포도나무가 병에 걸릴 위험이 높아지거나, 포도가 썩거나, 밍밍한 풍미가 생김(혹은 이 세 가지가 모두 발생하기도 함)
토양의 양분	포도나무의 건강이 약해짐	평범하고 그저 그런 맛의 와인이 될 가능성이 있음
바람	병에 걸리고 썩는 포도가 많아짐	개화에 방해를 받아 생산량이 떨어짐
열기	숙성기가 길어져 포도가 덜 익을 소지가 있음	포도가 너무 익어 과도한 알코올이 생성될 가능성이 있음

대체로 유럽의 와인 생산지(즉 수많은 역사적 전통을 가진 '구세계' 와인 생산지)는 와인용 포도의 재배와 수확과 관련해서 기간과 방법, 양이 법으로 엄격히 규제되고 있다. 라벨에 지역명을 표기하기 위해 특정 기준을 따라야 하는 만큼 이 모든 규제가 해당 지역 와인의 풍미 프로필에 영향을 미친다. 칠레나 미국 같은 '신세계' 와인 생산지는 이런 규제가 비교적 덜한 편이지만 생산지가 지리적으로 좁아질수록 규제가 강화되는 경향이 있어, 단일 포도원의 포도로 만드는 와인들의 경우에 가장 엄격한 규제를 받게 된다.

어떤 경우든 포도 재배의 묘수는 와인 생산사가 목표로 삼은 풍미와 보디, 아로마를 끌어낼 삼세성을 최대화하는 데 있다. 목표는 거의 예외 없이 당도와 산도가 밸런스를 이루는 적절한 숙성도를 맞추는 것이다. 이런 이상적인 숙성도는 서늘한 지대에서는 끌어내기가 더 힘들고, 반면에 더운 지대에서는 과도한 숙성이 이루어지기 십상이다. 역사가 오래된 와인 생산지들은 비교적 오랜 세월 동안 시행착오를 거치며 이런 문제를 해결해왔고, 그렇게 공들여 터득한 지혜를 테루아라는 개념과 접목시켰다.

수확한 포도를 와이너리(와인 양조장)로 운반하기 위해 준비해놓은 모습.

날씨

햇빛을 제외하면, 와인용 포도를 적절한 숙성도로 재배하기 위한 여러 요소 중 날씨가 가장 중요하다. 너무 더운 날씨는 포도를 과숙성시켜 (일부 포도를 완전히 말라버리게 하진 않더라도) 말린 자두와 같은 건과일의 풍미를 유발시킬 가능성이 있다. 혹한기가 닥치면 '풋내가 더' 생기거나 덜 익은 풍미와 아로마를 띨 수 있다. 아주 습한 날씨는 병, 곰팡이, 부패, 수확량 제한을 유발할 소지가 있다(혹은 풍미가 밋밋해질 수도 있다). 강풍이나 우박 같은 험한 날씨는 포도 수확량을 크게 감소시킬 수 있다(수확을 완전히 망쳐놓을 위험마저 있다).

아주 넓은 지역의 여러 곳에서 재배된 포도를 블렌딩하는 와인은 빈티지별 날씨 차이가 품질과 풍미에 미치는 영향을 덜 받는다. 보다 다양한 환경에서 재배되는 여러 가지 포도를 와인의 원료로 쓰기 때문이다(캘리포니아나 호주 남동부가 그런 사례다). 더 특정한 지명(예: 나파 밸리의 러더퍼드)이 표기되어 있을수록 더 독특하고 개성적인 와인일 가능성이 높지만 빈티지별로 날씨가 품질, 풍미, 아로마에 영향을 미칠 가능성도 농후하다. 특정 포도 품종이 고도가 다양하고 특정 방향을 향해 있는 특정 지역들에서 잘 자라는 주된 이유도 평균적인 기후 패턴 때문이다.

포도의 수확 시기

포도는 품종에 따라 여무는 시기가 다른 데다, 수확 시기 결정에서는 때때로 비나 다른 악천후의 조짐 때문에 포도원 경영자가 어쩔 수 없이 그 시기를 계획보다 앞당기는 경우도 있다. 포도를 수확하는 시기는 와인의 최종 풍미 특색에 직접적인 영향을 미친다.

일반적으로 포도의 수확 시기는 북반구가 8~10월, 남반구가 2~4월 사이다(지구 온난화로 인해 많은 지역에서 이 시기가 차츰 앞당겨지는 추세다). 이 수확기 중에서도 스파클링 와인, 화이트 와인, 로제 와인용 포도는 비교적 이른 시기에 수확하고, 레드 와인용은 비교적 늦은 시기에 수확한다. 수확 시기의 결정에는 스타일도 영향을 미친다. 생산자에 따라 (산미를 지키기 위해) 일부러 일찍 수확하기도 하고, (보디와 숙성도를 극대화하기 위해) 늦게 수확하기도 한다. 이른 시기에 수확된 포도는 풋풋함과 허브의 특색이 보다 두드러져 비교적 가벼운 보디와 높은 산도를 띠게 될 잠재성을 갖는다. (가지에 더 오래 '매달려 있게' 두었다가) 늦게 수확한 포도는 신맛이 덜하면서 더 높은 알코올과 농익은 과일 풍미를 띨 잠재성을 갖는다. 같은 품종의 포도를 여러 차례 나누어 따는 경우도 흔한데, 수확 시기별로 다른 여러 풍미를 블렌딩해 최종 와인을 빚어내기 위한 것이다.

낭만적 상상을 깨게 되어 미안하지만 와인용 포도는 대부분 기계로 수확한다. 기계 수확은 손으로 일일이 수확하는 것보다 속도가 훨씬 빠르고 비용도 저렴하지만 포도가 거칠게 다루어지는 면이 있다. 대체로 고급 와인의 원료로 쓰이는 포도는 비용이 많이 드는 손 수확이 필요한 편이다(포도를 보다 조심스럽게 살살 다루고 더 신경 써서 최상급 포도알을 선별하려면 손으로 수확해야 한다). 소테른(36쪽 '귀부병의 경이로움' 참조), 아이스와인(얼 때까지 수확하지 않고 놔두어 당분을 농축시킨 포도로 만드는 와인) 등과 같은 특정 디저트 와인들의 경우엔 까다롭고도 비용이 많이 드는 손 수확을 수차례에 걸쳐 해야 한다(이런 정성의 값은 와인의 가격으로 지불된다).

아이스와인은 잘 익은 포도를 얼 때까지 따지 않고 내버려두어 당분을 농축시켜서 만드는 와인이다.

귀부병의 경이로움

대체 누가 로브스터를 보고 '생긴 건 거대한 벌레 같지만 한번 먹어보자'는 생각을 처음으로 했을지 신통하게 생각한 적이 있는 사람이라면 '귀부병(noble rot, 귀한 부패)'이라는 현상을 활용하는 디저트 와인의 진가도 알아볼 것이다.

귀부병은 잘 익은 와인용 포도가 보트리티스 시네레아라는 잿빛 곰팡이균에 감염되는 현상이다. 대체로 (강 근처같이) 습기에 많이 노출되는 환경 인근에 심어져 있고, 일정 기간 건조한 기후의 영향을 받는 포도에 잘 감염된다. 겉모습은 완전히 입맛 떨어져 보이지만 잘 익거나 과숙성된 포도에 보트리티스 시네레아가 피면 신맛과 당분을 농축시켜 포도알 하나하나에 남아 있는 과즙을 기막힌 꿀맛으로 변신시키며 경이로운 영향을 미친다.

'귀부병'은 보기엔 별로지만 세계 최고로 꼽히는 디저트 와인을 만들어내는 귀한 몸이다.

이런 포도로 만든 와인은 생동감 있고 시럽처럼 달콤하면서 부드러운 질감, 낮은 알코올, 순수한 과일 풍미를 띤다. 거의 예외 없이 강렬한 아로마를 풍기며, 이 곰팡이균에서 전해진 브리오슈(버터·달걀·효모로 만든 카스텔라 비슷한 빵-옮긴이), 효모의 향이 감돈다. 이런 와인을 일명 '귀부 와인'이라고 부른다. 귀부 와인의 원료로 쓰이는 포도는 생산량이 아주 낮은 편인데다 손으로 일일이 따야 하고, 와인 양조 시에도 더 많은 정성과 노고가 필요하다. 이런 이유로 가격이 비싸고 디저트 와인을 통틀어 가장 사랑받고 있다. 프랑스의 소테른, 헝가리의 토카이 아수, 독일을 비롯한 여러 국가에서 리슬링과 게뷔르츠트라미너로 만드는 몇몇 디저트 와인 등이 이런 귀부 와인에 해당한다.

친환경 운동: 유기농법과 생체역학 농법

우리는 와인용 포도 재배농이 현관에서 나와 새벽 안개를 헤치고 뒷마당의 포도밭으로 걸어가 흠 잡을 데 없이 가지런히 줄지어 늘어선 포도나무들을 애정 어린 손길로 돌보는 모습을 머리에 그리고 싶어 하지만 몸값 귀한 극소수의 와인용 포도만이 그런 식으로 재배되는 것이 현실이다. 편의점 샌드위치에서 최상의 재료를 기대하지 않듯, 저가 와인용 포도가 전통적으로 재배되는 것에(그러니까 살충제 등의 사용이 허용된다는 사실에) 대해서도 놀라워해서는 안 된다. 그렇다고 저가 와인이 모두 형편없다는 이야기는 아니다. 다만 가격이 저렴한 와인일수록 대체로 건강을 고려하거나 농법에 세심한 주의를 기울이는 경향이 낮다는 이야기다.

와인업계에는 최근 몇십 년 사이에 지속가능성, 유기농, 생체역학 농법 쪽으로 큰 폭의 전환이 이루어졌다. 지속가능성 부문의 경우, 관련 규제가 드문 편이지만 일부 와인 생산지들이 여러 생산자들은 물론이고 심지어 다른 국가들에서도 채택 가능한 지침들을 마련해놓았다. 캘리포니아의 지속가능 농법을 위한 로디 룰(Lodi Rules for Sustainable Winegrowing)이 그런 프로그램의 한 사례다. 유기농법을 위한 규제는 국가마다 다르지만 로디 룰에 따라 '친환경 인증(Certified Green)'을 받으려면 포도를 재배할 때 화학비료, 살균제, 제초제, 살충제를 사용해선 안 된다. 또 와인에 로디 룰 인증 마크를 찍을 수 있으려면 '친환경 인증' 포도의 비율이 원료의 85%가 되어야 한다.

와인 마니아들 사이에서 주먹다짐을 유발할 소지가 있는 분야인 생체역학 농법은, 20세기 초의 오스트리아 철학자 루돌프 슈타이너의 아이디어에 바탕을 둔 농법이다. 슈타이너는 별종이었고, 생체역학 농법 중에는 일반인에겐 별나게 느껴질 만한 것들도 몇 가지 있다(달의 모양과 행성 주기에 따라 나무 심기 등). 하지만 이런 농법 중 일부가 과학적으로 타당성이 있다는 증거가 점점 늘어나면서 농법에서의 여러 도전 과제에 자연적인 해결책을 제시해주고 있다.

평범한 와인과 뛰어난 와인 모두 선통석으로 재배된 포도를 원료로 쓸 수도 있고, 아니면 유기농이거나 생체역학적으로 재배된 포도를 원료로 쓸 수도 있다. 어떤 와인들이 다른 와인들에 비해 건강에 더 좋을 수도 있다. 어느 쪽에 들든 친환경 지향적 추세는 적어도 와인 생산자들이 포도원에 더 많은 관심을 기울이도록 유도하고 있으며, 이런 관심은 거의 예외 없이 더 우수한 와인의 생산으로 이어진다.

주요 품종

다음은 현재 와인 라벨에서 가장 흔히 접하게 될 만한 포도 품종들이다. 와인용 포도를 포괄적으로 다 다루지는 못했지만 그 모두를 이 책에 담는 데는 한계가 있다(이탈리아의 토착 품종만 해도 수백 종이나 된다).

바르베라

이탈리아 북부 피에몬테 지역의 스타급 품종으로, 이 지역에서 유래되었을 것으로 추정되고 있다(13세기로 거슬러 올라가는 문헌에서 피에몬테의 몬페라토 지역과 관련해 이 품종에 대한 언급이 나온다). 이 적포도로 만드는 와인은 루비색에 가장자리가 핑크빛을 띠며, 미디엄 보디, 강한 과일 향, 레드 베리·체리·플럼의 아로마와 풍미를 풍긴다. 거의 예외 없이 가벼운 타닌감과 기운찬 느낌의 신맛을 지녀 어떤 음식과도 잘 어울린다. 아주 다재다능하기도 해서 상쾌한 과일 풍미의 스타일뿐만 아니라 우아한 스타일(예: 아스티), 심지어 숙성 가치가 높은 파워풀한 오크 숙성 와인(예: 알바)으로도 빚어진다.

피에몬테가 고향인 만큼 피에몬테산이 가장 맛이 좋지만 다양한 유형의 토양과 기후에 잘 적응해 세계 곳곳으로 퍼져나갔다(캘리포니아의 아마도르 카운티는 바르베라만을 위한 연례 축제를 열기도 한다).

잠재적 풍미: 라즈베리, 블루베리, 다크체리, 플럼
이 포도로 만드는 와인: 바르베라 달바, 바르베라 다스티
주요 산지: 아르헨티나, 이탈리아(알바, 아스티), 미국(캘리포니아 주)

이 품종의 취향 저격자들을 위한 추천 품종: 피노 누아, 산지오베제, 진판델

카베르네 프랑

와인으로 빚어지면 미디엄 보디에 심홍색을 띠는 카베르네 프랑은 카베르네 소비뇽과 자주 혼동되는 품종으로, 유명한 보르도 레드 와인에 블렌딩되는 품종인 카베르네 소비뇽과 대체로 풍미가 비슷하지만 색깔이 보다 연하고 산미가 더 낮다(하지만 풍부함에서는 카베르네 소비뇽에 결코 뒤지지 않는다). 카베르네 프랑은 강렬한 허브의 알싸함이 최고의 묘미이며, 말린 허브와 생허브, 피망, 담뱃잎, 제비꽃의 향기도 물씬하다.

(프랑스의 루아르 강 연안 지역처럼) 재배지의 기후가 선선할수록 허브의 알싸함이 더 두드러지는 경향이 있고, (나파 밸리처럼) 따뜻하고 일조량이 풍부할수록 카베르네 소비뇽 같은 인상을 강하게 띠어 짙은 향신료와 농익은 과일 풍미를 선보인다.

....

잠재적 풍미: 블랙커런트, 라즈베리, 담배, 말린 허브와 생허브, 향신료, 제비꽃

이 포도로 만드는 와인: 보르도, 시농

주요 산지: 아르헨티나, 캐나다, 프랑스(보르도, 루아르 밸리), 이탈리아, 미국(캘리포니아 주)

이 품종의 취향 저격자들을 위한 추천 품종: 카베르네 소비뇽, 카르메네르, 메를로

카베르네 소비뇽

세계에서 가장 인지도 높은 레드 와인용 포도 품종이다. 재배지보다 재배하지 않는 지역을 나열하기가 더 쉬울 정도이고, 보르도와 나파 밸리를 비롯한 수많은 와인 생산지의 가장 유명한 레드 와인에서 주요 원료로 쓰이고 있다. 세상에 나온 역사가 몇 세기에 불과하다는 점에서 볼 때(이 정도는 와인사의 관점에서 그리 긴 세월이 아니기에) 적포도의 왕으로 군림하는 카베르네 소비뇽의 위상은 대단한 것이다. DNA상의 증거에 따르면 카베르네 소비뇽은 이 지역 토착 품종인 카베르네 프랑과 소비뇽 블랑의 교배종인 만큼 보르도에서 유래되었을 가능성이 높다.

카베르네 소비뇽은 세계에서 가장 유명한 적포도 품종이다.

카베르네 소비뇽이 이처럼 대단한 인기를 끌고 있는 한 요인은 다양한 기후와 토양에 대한 적응력이다. 선선한 기후에서는 카베르네 소비뇽의 붉은색 계열 과일의 풍미가 부각되면서 허브와 향신료 향이 드러나고, 따뜻한 기후에서는 어두운색 계열 과일의 풍미가 진전되면서 말린 허브와 잼 느낌의 아로마가 나타난다. 단순한 입문자급 레드 와인에서부터 환상적이고 복합적인 풍미에 야수성을 띠어 수십 년의 병입 숙성도 가능한 와인에 이르기까지 온갖 스타일을 만들어내는 능력 또한 와인용 포도계에서 가장 쟁쟁한 명성을 떨치는 데 큰 역할을 하고 있다.

풀 보디든, 중간 정도의 산미든, 심홍색이던 빛깔이 숙성되어가며 붉은 벽돌색으로 변해가는 모습이든 간에 거의 모든 카베르네 소비뇽 와인에는 무엇이든 기대할 만한 요소가 있다.

잠재적 풍미: 레드커런트와 블랙커런트, 플럼, 허브, 제빵용 향신료, 삼나무, 토마토 잎, 담배, 흑연, 트러플, 박하, 유칼립투스

이 포도로 만드는 와인: 볼게리, 보르도, 메리티지 블렌딩 레드 와인(미국)

주요 산지: 아르헨티나, 호주(바로사 밸리, 쿠나와라, 마거릿 리버), 캐나다, 칠레(마이포 밸리), 프랑스(보르도), 이스라엘, 이탈리아(볼게리), 스페인(나바라, 리베라 델 두에로, 소몬타노), 미국(나파 밸리, 파소 로블레스, 소노마 카운티, 워싱턴 주)

이 품종의 취향 저격자들을 위한 추천 품종: 카베르네 프랑, 메를로, 프티 베르도

카리냥

카리녜나, 마주엘로, 생소 등 여러 이름으로 불리는 이 스페인 적포도는 높은 생산량에 힘입어 재배자들 사이에서 인기를 끌게 되었다. 이런 인기를 바탕으로 예로부터 카리냥은 저렴한 벌크 와인에서부터 고급 블렌딩 레드 와인에 이르기까지 다양한 제품에 블렌딩 원료로 쓰여왔다.

짙은 붉은색, 뚜렷한 타닌, 강렬한 신맛에도 불구하고 순하고 톡 쏘는 붉은색 과일류의 풍미를 띨 수도 있다. 알싸함이 기분 좋게 발현되기도 하며, 생산량을 억제할 경우 깊이감, 복합미, 구조감이 더해진다(이런 특징은 특히 스페인의 블렌딩 레드 와인에서 두드러진다). 드물긴 하지만 버라이어탈 와인(단일 품종 와인)으로 빚어지면 아주 향기롭고 매혹적이면서 (타닌과 신맛 덕분에) 병에 담긴 후에도 오랜 수명을 뽐낸다.

잠재적 풍미: 라즈베리, 레드플럼, 말린 크랜베리, 붉은색과 검은색 감초, 제빵용 향신료, 베이컨

이 포도로 만드는 와인: 프랑스의 블렌딩 레드 와인(코르비에르), 피투, 미네르부아, 스페인(몬산트, 페네데스, 프리오라트, 리오하)

주요 산지: 칠레, 프랑스(랑그독 루시옹), 이탈리아(사르디니아), 모로코, 스페인, 튀니지, 미국(캘리포니아 주 센트럴 밸리)

이 품종의 취향 저격자들을 위한 추천 품종: 그르나슈/가르나차, 모나스트렐/무르베드르, 시라/시라즈

카르메네르

카르메네르는 프랑스 보르도의 메독 지역이 원산지로, (1867년 포도나무뿌리진디 필록세라로 인한 전염병으로 유럽의 포도원 대부분이 황폐화된 이후) 한때는 멸종된 줄로 여겨졌다. 하지만 칠레의 대담한 재배농들이 19세기에 보르도의 블렌딩 레드 와인을 흉내 내보려는 시도로 프랑스에서 카르메네르의 꺾꽂이용 가지를 수입해 넓은 지역에 심었고, 이들이 수십 년이 지나도록 카르메네르를 메를로로 믿고 있었던 결과로 의도치 않게 이 품종을 멸종의 위기에서 구하게 되었다.

현재 카르메네르는 칠레에서 단일 품종 와인과 블렌딩 레드 와인으로 여러 종의 제품이 출시되고 있다. 품종명은 심홍색을 뜻하는 프랑스어 카르민(carmin)에서 유래되었지만 이 색은 와인의 짙은 붉은색이 아니라 가을철의 포도나무 잎사귀 색을 가리키는 것이다. 카르메네르는 미디엄 보디에서부터 풀 보디에 이르기까지 낮은 타닌과 조합을 이루는 것으로 유명해 마시기에 비교적 부담이 없는 편이다. 알싸한 향이 풍부하게 느껴지고, 훈연과 가죽 향에서부터 다크 초콜릿의 향에 이르기까지 다양한 아로마를 띠며, 메톡시피라진이라는 풍미 화합물에 쉽게 영향을 받아 호불호가 갈리는 초록색 피망/할라페뇨 아로마가 생성되기도 한다.

잠재적 풍미: 붉은색 계열 과일, 체리, 가죽, 훈연, 향신료, 담배, 피망, 허브
이 포도로 만드는 와인: 칠레의 레드 와인, 보르도 스타일의 일부 블렌딩 레드 와인
주요 산지: 칠레

이 품종의 취향 저격자들을 위한 추천 품종: 카베르네 프랑

샤르도네

화이트 와인용 포도의 여왕, 샤르도네는 세계에서 가장 널리 재배되는 품종이자 세계 최고의 인기 품종이다. 프랑스 부르고뉴가 원산지이며 (샹파뉴 같은) 백악질 토양을 좋아하지만 적응력이 뛰어나 전 세계 거의 모든 와인 생산지에서 재배되고 있다(아니 더 정확히 말해, 적어도 재배가 시도되어 왔다). 피노 누아와 증거상 로마 시대 이후로 부르고뉴에서 재배된 것으로 여겨지는 고대 품종 구애 블랑의 교배종인 점으로 미루어 인류와 오랜 세월을 함께해온 것으로 추정된다.

화이트 와인용 포도의 여왕, 샤르도네.

풍미가 중립적이면서 입안에서의 무게감이 묵직한 점으로 흠이 잡히는 경우가 종종 있지만 상당히 인상적일 만큼 다재다능하며, 바로 이 다재다능함이 샤르도네의 최대 자산이다. (부르고뉴의 샤블리같이) 선선한 지역에서는 옅은 황금색을 띠고 미디엄 보디에 꽃과 사과 풍미를 갖춘 와인이나 충분한 산미를 갖춘 스파클링 와인으로 빚어진다(샤르도네는 샴페인, 이탈리아의 프란치아코르타, 프랑스의 크레망에서 백미로 꼽히는 그 기포의 주된 구성 요소다). (나파 밸리같이) 온난한 지역에서는 포도가 잘 여물어 열대과일의 풍미를 간직한 풍부한 풀 보디의 짙은 황금색 와인으로 거듭나게 되며, 대체로 오크 숙성을 거치면서 크리미하고 토스티한 느낌을 띠고 은은한 코코넛 풍미와 맛의 깊이감이 더해지기도 한다. 혹시 샤르도네가 입맛에 맞지 않다고 느껴진다면, 당신에게 맞는 샤르도네를 아직 찾지 못했을 가능성이 높다.

잠재적 풍미: 사과, 배, 열대과일, 흰색 꽃, 바닐라, 크림, 토스트(구운 빵), 버터

이 포도로 만드는 와인: 블랑 드 블랑, 샤블리, 샴페인, 코트 도르, 크레망, 프란치아코르타, 마콩, 트렌토 DOC, 다수의 스파클링 · 단일 품종 · 늦수확 디저트 와인

주요 산지: 아르헨티나, 호주, 캐나다, 프랑스(부르고뉴, 샹파뉴), 칠레, 이탈리아, 뉴질랜드, 남아프리카공화국, 스페인, 미국(캘리포니아 주(특히 나파 밸리), 뉴욕 주, 오리건 주, 워싱턴 주)

이 품종의 취향 저격자들을 위한 추천 품종: 슈냉 블랑, 피노 블랑, 비오니에

슈냉 블랑

많은 포도 품종이 다재다능하다는 평가를 받고 있지만 슈냉 블랑 앞에서는 이들 품종 대다수가 비웃음거리로 전락한다. 프랑스 루아르 밸리가 원산지인 슈냉 블랑은 화이트 와인용 포도 가운데 가장 다재다능한 품종으로 꼽힐 만하다. (중간 강도와 고강도의 중간 정도인 산도 덕분에) 스파클링 와인으로 만들기에 좋고, (상쾌하고 단순한 스타일에서부터 오크 풍미와 복합미를 갖춘 스타일에 이르기까지) 다양한 스타일의 드라이한 화이트 와인으로 빚기에도 적당한가 하면, 심지어 오프 드라이 와인과 디저트 와인의 원료로도 잘 맞는다. 게다가 단지 루아르 지역 한 곳에서만 펼쳐지는 다재다능성이 이 정도라면 그 능력이 어느 정도인지 알 만하지 않은가!

    슈냉 블랑은 비교적 단순한 스타일에서는 사과와 모과 풍미를 띠는 편이며, 보다 복합적이고 숙성 가치가 높은 스타일에서는 (스파이시한 꽃향기와 함께) 멜론과 귤의 향을 선보인다. 빛깔에서도 (드라이한 와인의) 밀짚색에서부터 (비교적 달콤한 와인의) 호박빛 도는 황금색에 이르기까지 카멜레온 같은 변신을 보여준다. 1600년대 이후부터 슈냉 블랑을 재배해온 남아프리카공화국은 '신세계' 슈냉 블랑 와인의 고향을 자처해왔다(이 지역에서는 슈냉 블랑을 '스틴'이라고도 부른다).

잠재적 풍미: 사과, 모과, 멜론, 귤, 버베나(마편초과에 속하는 쌍떡잎식물의 일종-옮긴이), 재스민, 밀짚, 라놀린

이 포도로 만드는 와인: 앙주, 크레망 드 루아르, 부브레, 캘리포니아와 남아프리카공화국의 단일 품종 와인들

주요 산지: 호주, 프랑스(루아르 밸리), 남아프리카공화국, 미국(캘리포니아 주)

이 품종의 취향 저격자들을 위한 추천 품종: 샤르도네, 비오니에

가메

가메 혹은 가메 누아는 프랑스 부르고뉴가 원산지인 고대 품종이며, 악명을 떨친 것으로 가장 유명하다. 문헌에 최초로 언급된 1395년 7월의 기록에 따르면, 당시에 디종의 필립 르 아르디 공작이 가메를 "아주 악하고 불충한 품종"이라고 혹평하며 "인간에게 해롭다"는 이유로 재배를 금지시켰다고 한다.

다행히 가메는 이 왕족에게 받은 일격을 털어내고 명성을 되찾고 있다. 현재는 수확 직후인 11월에 출시되는 가벼운 레드 와인인 보졸레 누보에 과일, 꽃, 포도 맛 풍선껌 풍미의 길티 플레저(guilty pleasure)를 선사하는 것으로 가장 유명하다. 하지만 가메의 매력은 이 정도에서 끝나지 않으며, 특히 리옹 북쪽에 위치한 열 곳의 뛰어난 크뤼급 포도원(브루이, 세나, 시루블, 코트 드 브루이, 플뢰리, 줄리에나, 모르공, 물랭아방, 레니에, 생타무르)에서 빚어지면 그 매력이 빛을 발한다.

가메는 보졸레의 활기찬 레드 와인 이면에 숨겨진 존재와도 같다.

대체로 가메 와인은 연한 자줏빛을 띠고, 보디와 타닌이 가벼운 편이며(그래서 거부할 수 없을 정도로 마시기에 편하다), 산미가 뛰어나다(그래서 다양한 추수감사절 음식과 두루두루 어울린다). 가장 단순한 스타일의 와인은 바나나, 제비꽃, 레드 베리 아로마와 더불어 강렬하고 선명한 붉은색 계열 과일 풍미가 어우러져 벌컥벌컥 마시기에도 무난하다. 한편 크뤼급 보졸레 가메의 경우엔 깊이감, 복합미, 후추의 알싸함, 검붉은색 과일 풍미를 선사하면서도 가메 특유의 마시기 편한 무난함과 상쾌함을 희생시키지 않고 잘 지켜내고 있다. (크뤼급 보졸레의 골수팬인) 내 경험에 미루어 판단컨대, 이 지역에서 생산된 숙성 가메 와인은 세계에서 가장 저평가되고 있는 레드 와인에 속한다(프리미에 크뤼급 와인에 대해 알고 싶다면 46쪽의 가메 관련 시음 가이드를 참조하기 바란다).

잠재적 풍미: 레드 베리, 플럼, 바나나, 포도, 풍선껌, 흑후추/백후추, 제비꽃
이 포도로 만드는 와인: 보졸레
주요 산지: 영국, 프랑스(보졸레), 독일, 스위스

이 품종의 취향 저격자들을 위한 추천 품종: 블라우프랑키시, 브라케토, 타벨 로제

보졸레 누보 그 이상의 가메

가메는 꼴깍꼴깍 잘 넘어가는 기막힌 과일 풍미의 보졸레 누보가 전부가 아니다. 다음은 가메가 자신의 기량을 얼마나 뽐낼 수 있는지 잘 보여주는 사례들로, 전부 프랑스 보졸레 지역에서 생산되는 와인이다. 일단 맛보고 나면 마음에 드는 새로운 레드 와인을 발견하게 될지도 모른다.

루이 자도 보졸레

톡 쏘는 맛과 과일 특징을 띠며, 잔에 따르면 붉은빛 도는 자주색의 자태를 보여준다. 라즈베리 풍미와 활기찬 산미가 인상적이다. 보졸레 누보에서 단계를 높여 이 와인을 맛보고 나면 가메가 얼마나 다가가기 쉬우면서도 여전히 살짝 진중한 면이 있는 품종인지 제대로 느껴질 것이다.

드루앵 보졸레 빌라주

보졸레 북부의 38개 마을로 이루어진 이 지역에서는 가메가 보다 양질의 토양에서 재배되고 있다. 그 결과로 더 연한 자주색을 띠고 보다 복합미가 있다. 처음엔 제비꽃과 후추의 향, 블랙라즈베리 풍미가 다가오고 끝에서는 살짝 차갑게 마셔도 상쾌한 라이트 보디로 마무리된다.

조르주 뒤뵈프 클로 데 콰트레 방 플뢰리

(fleurie가 '꽃'이라는 뜻이므로) 이름에서도 암시되듯 이 크뤼에서 생산되는 와인은 대체로 꽃 풍미가 있고, 거의 예외 없이 매력적이다. 색은 어두운 자줏빛이고 아로마는 (제비꽃, 블랙베리, 흙내음을 띠며) 더 강렬하게 다가온다. 마시기에 기분 좋으면서도, 닭고기나 돼지고기 요리도 거뜬히 상대할 만큼 구조감이 충분하다.

도멘 데 메종 누브 레 부아 콩브 물랭아방

물랭아방은 가메의 왕으로 통하며 보졸레 크뤼 중 가장 숙성 가치가 높다. 잔 속에서 붉은빛 도는 자주색을 띠고 가메에서 기대할 법한 정도를 넘어서는 보디와 타닌의 구조감이 느껴지며, 블랙체리 풍미에 후추, 향수, 다크 베리의 아로마가 어우러져 있다. 바로 마셔도 맛이 상당히 좋을 뿐만 아니라, 아주 근사하게 숙성이 이루어지기도 해서 더 스파이시하고 흙내음 도는 아로마와 톡 쏘는 플럼 풍미로 기다려준 인내에 보답한다.

도멘 마르셀 라피에르 모르공

모르공은 가메의 주시하고 잼 같은 느낌을 최대한으로 표현해내기로 정평이 나 있고, 바로 이 영롱한 자줏빛 와인에서 그런 느낌을 느껴볼 수 있다. 라즈베리 향과 후추의 알싸한 향이 기가 막히도록 부드러운 미디엄 보디의 맛과 조화를 이루면서 마지막 한 방울까지 싱싱하고 집중력 있는 풍미를 선사한다.

게뷔르츠트라미너

발음하기는 힘들지만 사랑에 빠지기는 쉬운 짙은 황금색의 게뷔르츠트라미너 와인은 가장 향기로운 화이트 와인으로 꼽힌다. '스파이시한 트라미너'라는 뜻이며 장미 꽃잎, 열대과일, 리치 향기가 강렬하기로 유명하다. 비교적 풀 보디에 낮은 산미의 와인이 되는 경향이 있고, 천연 당분이 충분히 생성되어 오프 드라이 스타일에서 매력이 빛을 발한다. 원산지인 알자스에서는 이 지역에서 가장 선호하는 몇몇 와인의 주된 품종이다. 다재다능한 품종이라 드라이 · 오프 드라이 · 스위트 와인은 물론이고 심지어 '귀부' 디저트 와인으로도 변신한다(귀부 와인에 대해서는 36쪽 '귀부병의 경이로움' 참조).

대체로 선선한 기후가 필수 조건인 이 핑크빛 껍질의 포도는 기후와 토양 유형에 관한 한 조금 까다로운 편이기도 하다. 게뷔르츠트라미너는 서늘한 지역에서 재배되어야 잠재적 알코올 강도가 과도해질 일 없이 충분히 숙성될 수 있다. 또한 게뷔르츠트라미너 와인은 천연의 스파이시함과 잔당을 갖추고 있어 얼싸한 음식과 환상적인 궁합을 이룬다(인도 음식에 곁들여 맛보면 그 조합에서 잊을 수 없는 인상을 받을 것이다).

화이트 와인용 포도지만 포도껍질이 핑크빛 도는 붉은색으로 여물어가는 게뷔르츠트라미너.

잠재적 풍미: 시트러스, 살구, 열대과일, 복숭아, 리치, 생강, 올스파이스, 장미 꽃잎, 토스트, 훈연
이 포도로 만드는 와인: 알자스 그랑 크뤼, 캘리포니아 · 프랑스 · 독일 · 이탈리아의 단일 품종 와인
주요 산지: 호주(클레어 밸리), 프랑스(알자스), 독일, 헝가리, 이탈리아(트렌티노 알토 아디제), 뉴질랜드, 미국(캘리포니아 주, 워싱턴 주)

이 품종의 취향 저격자들을 위한 추천 품종: 모스카토, 세미용

그르나슈/가르나차

와인 애호가들이 대체로 놀라는 사실이지만 산도와 타닌이 낮고 색깔이 옅은 편인 그르나슈(혹은 스페인식 이름대로 가르나차)는 세계에서 가장 널리 재배되는 와인용 포도 품종에 속한다. 이 품종은 수많은 풀 보디 레드 와인의 주요 구성 성분으로 들어가 프랑스, 스페인, 캘리포니아, 이탈리아의 섬 지역에서 생산되는 와인에서 원료로 쓰이고 있다. 오랜 시간 동안 숙성을 거치면서 잠재적 알코올 강도가 상당해지고, 일조량이 많고 온난한 기후를 선호하며, 산화에 취약하다 (그래서 비교적 어린 와인조차 밝고 투명한 루비 빛깔의 가장자리가 살짝 오렌지색인 경향이 있다).

그르나슈는 대체로 숙성을 위한 구조감을 충분히 갖춘 와인이 되기 위해서는 다른 품종의 도움이 필요한 품종이며, 블렌딩 원료로서 특히 더 탁월한 기량을 발휘한다(따라서 블렌딩 품종으로 인기가 높다). 그르나슈 단일 품종으로도 뛰어난 와인을 만들 수 있으며 특유의 후추, 꽃, 과일의 아로마와 강한 보디가 조화를 이루면 (말 그대로나 비유적으로나) 그 기막힌 맛이 사람을 취하게 하기도 한다.

잠재적 풍미: 레드라즈베리/블랙라즈베리, 딸기, 백후추, 제비꽃, 커피, 가죽

이 포도로 만드는 와인: 샤토뇌프 뒤 파프, 코트 뒤 론, 프리오라트, 리오하, 타벨

주요 산지: 호주(맥라렌 베일), 프랑스(샤토뇌프 뒤 파프, 코트 뒤 론, 타벨), 이탈리아(사르디니아, 시칠리아), 스페인(칼라타유드, 카리녜나, 프리오라트), 미국(캘리포니아 주의 몬터레이와 샌타바버라 등지)

이 품종의 취향 저격자들을 위한 추천 품종: 모나스트렐/무르베드르, 시라/시라즈

그뤼너 펠트리너

로마 시대로까지 거슬러 올라가는 역사 깊은 품종이며, 현재는 오스트리아의 화이트 와인용 품종으로 사랑받고 있다. 다재다능함을 과시해 저렴한 와인에서부터 초보자가 **홀짝홀짝 마시기에 좋은 와인**과 명품 싱글 빈야드 와인(단일 포도원에서 생산된 포도를 엄격히 선별해 제조한 와인-옮긴이)에 이르기까지 다양한 모습을 선보이고 있다. 그리고 의외의 매력도 발휘한다(활기찬 신맛, 원숙한 시트러스·핵과일 풍미와 더불어 식물 계열·향신료 향이 어우러진 뜻밖의 흥미로운 아로마를 선사한다).

그뤼너 펠트리너의 라이트와 미디엄 중간 정도 보디감의 경쾌한 미감, 레몬색, 과일/허브의 2연타 원투 펀치는 샐러드 코스와 100점 만점의 궁합을 이룬다. 그뤼너 펠트리너 와인은 어릴 때 바로 마셔도 상쾌함을 즐길 수 있지만 고급 와인은 숙성될수록 아주 기분 좋은 꿀, 토스트, 견과류, 말린 백무화과의 풍미를 띤다.

....

잠재적 풍미: 핵과일, 시트러스, 백후추, 셀러리, 허브, 렌즈콩

이 포도로 만드는 와인: 단일 품종 와인, 오스트리아의 젝트(스파클링 와인)

주요 산지: 호주(애들레이드 힐스), 오스트리아(크렘스탈, 니더외스터라이히, 바하우), 체코공화국, 독일, 헝가리, 이탈리아(트렌티노 알토 아디제), 미국(캘리포니아 주, 뉴욕 주 핑거 레이크스)

이 품종의 취향 저격자들을 위한 추천 품종: 리슬링, 소비뇽 블랑

말벡

말벡은 아르헨티나와 가장 밀접한 관계지만 원래의 고향은 프랑스다. 보르도 블렌딩 레드 와인에서 허용되는 여섯 가지 품종 중 하나이며, 카오르의 레드 와인에서 원료로 쓰이고 있다. 하지만 말벡이 아르헨티나 고지대 포도원들의 온난하고 건조한 환경을 좋아한다는 것도 이의를 달기 힘든 사실이다.

말벡은 칠흑 같은 보라색을 띠고 거의 예외 없이 풀 보디이며, 타닌의 텁텁함이 다소 느껴지고, 과즙미 있는 과일 풍미와 강한 담배 향을 풍기면서 강하고 묵직해 스테이크와 찰떡궁합이다(남미와 아주 잘 맞는 이유가 이런 특색에 있을지도 모른다). 카오르 같은 선선한 지역에서는 말린 허브의 특색과 레드플럼의 풍미가 더 두드러진다. 아르헨티나의 멘도사같이 햇볕이 잘 드는 곳에서는 근육질의 강건함이 발휘되고, 압도적인 블랙베리 풍미에 과즙미 있는 미감과 물씬한 꽃 향이 어우러진다.

말벡은 프랑스가 원산지지만 아르헨티나에서 새로운 경지에 올라섰다.

잠재적 풍미: 블랙베리, 레드플럼, 담배, 다크 코코아, 바닐라
이 포도로 만드는 와인: 카오르, 리부르네, 아르헨티나와 캘리포니아 주의 단일 품종 와인
주요 산지: 아르헨티나(멘도사), 칠레(센트럴 밸리), 프랑스(카오르), 미국(캘리포니아 주, 워싱턴 주)

이 품종의 취향 저격자들을 위한 추천 품종: 메를로, 프티 베르도, 프티 시라

메를로

소설이자 영화 <사이드웨이(Sideways)>에서 와인계의 악당처럼 폄하되긴 했어도 메를로는 여전히 가장 우수하고 중요한 레드 와인용 포도에 속한다. (메를로의 원산지일 가능성이 높은) 보르도의 주요 블렌딩 품종 중 하나이며 포므롤 지역산 고가의 고급 와인에서 주된 원료로 쓰이고 있기도 하다. 미국, 특히 나파 밸리에서도 가장 명성 높은 와인 생산지 몇 곳에서 중요한 역할을 맡고 있다.

메를로 와인은 거의 예외 없이 검푸른색을 띠고, 부드럽고 바로 마시기에 무난한 맛이며, 비교적 풀 보디인 편이다. 타닌이 거의 없고 플럼 풍미가 도는 마시기 편한 스타일에서부터, 짙은 색 과일 풍미에 카베르네 소비뇽에 더 가까운 기백을 띠는 우람하고 숙성 가치 있는 와인에 이르기까지 다양한 스타일을 보여준다. 대체로 과즙미와 플럼 풍미를 나타내며 향긋한 올리브 향이 뚜렷한 편이다.

메를로는 보르도에서 가장 사랑받고 있는 여러 와인의 핵심 원료로 쓰인다.

다행히 메를로는 최근에 겪었던 소비자들 사이에서의 거부 반응을 훌훌 털고 일어나 세계 전역에서 우수한 품질의 와인을 다수 선보이고 있다. 원만하고 부드러우면서 보디감이 있는 레드 와인이 입맛에 맞는다면 꼭 메를로부터 맛보길 권한다(우선 52쪽 시음 가이드에 소개된 와인부터 시작해보는 것도 좋다).

잠재적 풍미: 플럼, 보이젠베리(라즈베리와 블랙베리, 로건베리를 교배해 만든 나무딸기의 일종-옮긴이), 블랙베리, 블루베리, 카시스(블랙커런트로 만든 단맛이 나는 독한 술-옮긴이), 올리브, 가죽, 버섯, 허브

이 포도로 만드는 와인: 베르주라크, 보르도(보르도 슈페리어, 그라브, 메독, 포므롤, 생테밀리옹, 생테스테프), 랑그독 루시용, 아르헨티나 · 캘리포니아 주 · 칠레 · 워싱턴 주의 단일 품종 와인

주요 산지: 아르헨티나(우코 밸리), 캐나다, 칠레, 동유럽(불가리아, 크로아티아, 몰도바, 루마니아), 프랑스(보르도, 프랑스 남부 지역), 이탈리아(프리울리 베네치아 줄리아, 토스카나), 스위스(티지노), 미국(캘리포니아 주, 롱아일랜드, 버지니아 주, 워싱턴 주)

이 품종의 취향 저격자들을 위한 추천 품종: 그르나슈/가르나차, 말벡, 시라/시라즈

보르도를 넘어: 프랑스의 유명한 블렌딩 품종

프랑스 보르도는 블렌딩 레드 와인, 그중에서도 특히 메를로와 카베르네 소비뇽을 베이스로 하는 블렌딩 와인의 벤치마크 지역이다. 하지만 보르도의 블렌딩 레드 와인 대부분은 카베르네 프랑, 메를로, 카베르네 소비뇽, 말벡, 프티 베르도 등 다섯 가지 품종을 블렌딩의 주요 원료로 쓰고 있다. 이번 시음에서는 이 품종들이 다음의 블렌딩 와인에 어떤 특징을 부여하고, 단일 품종 와인에서는 어떤 특징이 두드러지는지 살펴보도록 하자.

도멘 폴 뷔스 시농(프랑스 루아르 밸리)

루아르 밸리의 시농 지역은 카베르네 프랑을 주원료로 하는 레드 와인에 주력하고 있다. 이 와인은 루비처럼 붉은색을 띠고 허브의 알싸함, 붉은 과일의 향이 적극적으로 모습을 드러낸다. 입안에서는 미디엄 보디의 무게감이 느껴지면서 블랙베리, 레드커런트가 풍미를 주도한다. 하지만 카베르네 프랑이 블렌딩 품종으로 명성을 얻고 있는 진짜 이유는 허브의 알싸함이다.

본테라 오가니컬리 그로운 메를로(캘리포니아 주)

짙은 보라색, 플럼 향, 미디엄 보디에 원만하고 부드러운 맛을 지닌 와인으로 메를로가 블렌딩 와인에 더할 수 있는 특징이 보디와 과일 풍미임을 바로 느끼게 해준다. 과즙미 있는 체리와 카시스 풍미에 이어 오크 숙성으로 부여된 바닐라와 훈연 풍미가 은은히 번져온다.

오드펠 아르마도르 오가닉 카베르네 소비뇽(칠레 마이포 밸리)

붉은 과일 계열이 향과 풍미를 지배한다(색에서는 루비 같은 붉은색이 지배한다). 감초, 허브, 박하의 향이 매력적이고 풀 보디에 구조감이 잘 잡혀 있으면서도 여전히 상쾌함을 지키고 있다. 수명이 긴 보르도 레드 와인에서 대체로 카베르네 소비뇽이 중추 역할을 하는 이유를 잘 보여준다.

도멘 부스케 투풍가토 말벡(아르헨티나 멘도사)

짙은 보라색이 벌써부터 풀 보디의 무게감을 암시한다. 블랙베리, 담배, 플럼 향이 잔 밖으로 튀어나오듯 달려들고, 제비꽃 아로마가 느껴지다 힘찬 느낌의 레드·블랙플럼의 풍미로 이어진다. 말벡의 힘, 과일 풍미, 아로마는 블렌딩 레드 와인에서 풍미를 아우르는 중요한 요소다.

루카 말렌 '테루아 시리즈' 루한 데 쿠요 프티 베르도(아르헨티나 멘도사)

칠흑 같은 자주색 풀 보디에 에너지 넘치는 이 레드 와인에서는 제빵용 향신료, 제비꽃, 짙은 색 과일의 향이 특징을 이룬다. 초콜릿, 카시스, 알싸한 플럼의 풍미가 입안을 가득 채우며 강한 힘, 타닌감, 씹히는 듯한 질감이 느껴진다. 프티 베르도가 조금만 섞여도 블렌딩 레드 와인이 원숙함에 이르기까지 장기간이 필요할 수도 있다.

모나스트렐/무르베드르

풀 보디에 피처럼 붉은 모나스트렐은 이례적일 만큼 진중한 스페인 원산 적포도 품종이다. 프랑스에서는 무르베드르로 불리며, 프랑스 전역에서 성공을 거두어 왔다. 특히 론 밸리에서는 샤토뇌프 뒤 파프나 코트 뒤 론 같은 유명한 레드 와인 생산지의 블렌딩 성분으로 들어가고 있고, 프로방스 로제 와인의 원료로 쓰이고 있기도 하다.

모나스트렐은 그르나슈, 시라와 아주 잘 맞아 아예 GSM(Grenache-Syrah-Mourvèdre)이라는 두문자어가 만들어져 통용될 정도이며, 블렌딩 레드 와인의 한 성분으로 들어가면 구조감, 마우스필, 색깔을 더해준다. 모나스트렐 와인은 풀보디에 짙은 색을 띠고, 대체로 타닌감이 있다(프랑스에서는 입안을 마르게 하는 그 특유의 떫은맛 때문에 'étrangle-chien(개를 목 졸라 죽이는)' 포도라고 부르기도 한다). 입안에 머금으면 강한 힘과 투박함이 느껴지는 편이지만 향에서는 제비꽃, 후추, 훈제 사냥고기의 내음이 은은히 풍기면서 흥미로운 복합미가 더해지기도 한다.

....

잠재적 풍미: 블랙베리, 블루베리, 후추, 제비꽃, 훈제 고기
이 포도로 만드는 와인: 방돌, 샤토뇌프 뒤 파프, 코르비에르(랑그독 루시옹), 코트 뒤 론
수요 산지: 호주, 프랑스(랑그독 루시옹, 프로방스, 론 밸리, 특히 샤토뇌프 뒤 파프와 코트 뒤 론), 스페인(알리칸테, 후미야), 미국(캘리포니아 주)

이 품종의 취향 저격자들을 위한 추천 품종: 알리칸테 부셰, 말벡, 투리가 나시오날

몬테풀치아노

토스카나의 '비노 노빌레 디 몬테풀치아노' 와인과 혼동하지 말길. 사실 와인명의 몬테풀치아노는 도시 이름을 딴 것이며 산지오베제 품종을 원료로 쓴다. 몬테풀치아노 포도는 이탈리아에서 가장 널리 재배되는 품종에 속하며, 온난한 기후 덕분에 한껏 숙성되는 이탈리아 남부 지역에서는 주된 재배 품종으로 군림하고 있다. 풀 보디, 짙은 루비색, 입안에 침이 고일 정도의 신맛, 실크처럼 부드러운 질감의 타닌이 특징이다.

플럼 계열의 붉은색 과일 풍미가 거부하기 힘들 만큼 매력적이다. 스파이시한 향과 상쾌한 맛이 조화를 이루고 있어, 푸짐한 이탈리아 음식과의 궁합에 관한 한 몬테풀치아노 와인에 필적할 만한 와인은 찾아보기 힘들다. 몬테풀치아노 포도는 몬테풀치아노 다브루초에서 생산되는 고급 와인에서는 타닌이 풍부하면서 힘 있고 농축된 특징을 갖추어 (맛 좋은 스테이크와 더 좋은 궁합을 이루려면) 몇 년 간의 병입 숙성을 거쳐야 할 만한 스타일을 만들어주기도 한다.

잠재적 풍미: 레드플럼, 체리, 피자용 향신료, 나무딸기, 타르
이 포도로 만드는 와인: 몬테풀치아노 다브루초, 로소 피체노 수페리오레
주요 산지: 아르헨티나, 이탈리아(토스카나, 아브루초, 풀리아, 에밀리아 로마냐, 라치오, 마르케, 몰리세, 움브리아 등지를 포함한 이탈리아 남부), 미국

이 품종의 취향 저격자들을 위한 추천 품종: 그르나슈/가르나차, 말벡, 메를로

뮈스카 블랑

뮈스카(이탈리아식 명칭으로는 모스카토)는 가장 오래된 와인용 포도 품종 중 하나로 고대 이집트와 페르시아까지 거슬러 올라간다. 200여 종의 품종을 아우르는 포괄적 용어이기도 하며, 이 200여 종 중 일부는 사실상 같은 종이다. 대체로 뮈스카라고 말할 때는 뮈스카 블랑 아 프티 그랭과 머스캣 오브 알렉산드리아를 가리킨다.

   뮈스카는 다양한 스타일의 와인으로 빚어지지만 대개 옅은 황금색, 낮은 산도, 가벼운 보디, 살짝 단맛을 띤다. 특유의 뚜렷하고 강렬한 향기는 박하와 꽃과 일부 향신료에도 함유되어 있는 리날로올이라는 성분 덕분이다. 파워풀한 포도·꽃의 아로마에서는 감히 뮈스카를 따를 만한 상대가 몇 안 될 정도여서, 잔을 단번에 뛰어넘어오듯 훅 다가온다. 뮈스카 포도는 나무에서 딴 직후에도 맛이 좋다(생식용 포도로 섭취되는 경우도 많다).

   뮈스카 블랑은 오프 드라이하고 경쾌한 와인(모스카토 다스티), 스파클링 와인(아스티 스푸만테), 프랑스의 뮈스카 드 리브잘트나 뮈스카 드 봄 드 브니즈 같은 다양한 디저트 와인의 원료로 쓰인다. 머스캣 오브 알렉산드리아는 부드러운 질감에 무화과 같은 풍미가 느껴지는 디저트 와인으로 빚어져 왔는데, 특히 루더글렌(호주)과 남아프리카공화국(이곳에서는 '하네푸어'라고 불림)에서 이런 경향이 높고 시칠리아의 판텔레리아 섬에서는 (지빕보라는 이름으로 불리면서) 건포도 디저트 와인 파시토로 변신하고 있다. 그 밖에 뮈스카 품종들로 만들어지는 와인으로는 그리스의 디저트 와인 뮈스카 오브 사모스와 스페인의 디저트 와인 모스카텔 드 세투발도 있다. 뮈스카 '패밀리'의 오랜 역사와 성공은 이 외에도 많은 뮈스카 품종이 전 세계로 뻗어나갔음을 의미한다.

잠재적 풍미: 포도, 꽃, 장미 꽃잎, 귤, 제라늄
이 포도로 만드는 와인: 아스티 스푸만테, 모스카토 다스티, 뱅 드 콘스탄스(남아프리카공화국)
주요 산지: 호주(루더글렌), 이탈리아(아스티), 남아프리카공화국, 스페인, 미국(캘리포니아 주)

이 품종의 취향 저격자들을 위한 추천 품종: 피노 블랑, 피노 그리/피노 그리지오, 리슬링

네비올로

옅은 진홍색, 강렬한 산미, 입안이 오그라들 정도의 타닌, 풀 보디가 특징인 네비올로는 이탈리아의 가장 우수한 적포도 품종으로 평가받고 있다. 주요 재배지인 이탈리아 북서부 지역 피에몬테에서는 이 네비올로로 우람한 체급의 바롤로와 살짝 더 여성스러운 바르바레스코 와인을 빚어낸다. 'nebbia(이탈리아어로 '안개'라는 뜻)'에서 유래된 이 이름은 수확기 동안 이 지역을 뒤덮는 안개 때문에 붙여졌을 것으로 추정된다. 네비올로 역시 역사가 오래된 품종으로, 서기 1세기에 플리니우스가 네비올로로 여기지는 품종에 대해 언급한 기록이 남아 있다.

최고의 수명을 뽐내는 피에몬테 레드 와인들 중 일부는 네비올로로 빚어진다.

    마시기에 가장 부담 없는 스타일의 네비올로 와인은 대체로 피에몬테의 랑게 지역산으로, 사워체리 풍미, 장미 꽃잎 향기, 확연히 두드러지면서도 길들여진 타닌이 특징이다. 바롤로는 힘센 터프가이 느낌에 타르, 흙, 가죽, 아니스의 느낌을 일으키며 경우에 따라선 병입 후 수년은 지나야 마시기에 적당할 만큼 부드러워지기도 한다. 어떤 경우든 네비올로는 힘과 우아함을 두루 갖추고 있으며, 그 힘과 우아함의 결합을 감히 따를 적포도 상대가 별로 없다.

잠재적 풍미: 사워체리, 가죽, 흙, 장미, 아니스, 타르, 커피
이 포도로 만드는 와인: 바르바레스코, 바롤로, 카레마, 가티나라, 겜메, 로에로
주요 산지: 호주, 이탈리아(피에몬테), 멕시코, 미국

이 품종의 취향 저격자들을 위한 추천 품종: 사그란티노, 산지오베제

프티 시라

포도알의 크기가 작아 이런 이름이 붙여진 프티 시라는 때때로 (1800년대에 자신의 묘목밭에서 펠루생과 시라 사이에 우연히 타화수분(他花受粉)된 것으로 추정되는 새로운 포도 품종을 발견한) 프랑수아 뒤리프의 이름을 따서 뒤리프로 불리기도 한다. 와인으로 빚어지면 불투명한 붉은빛이 도는 자주색을 띠며, 경우에 따라 와인계에서 가장 우람한 체급을 과시하기도 한다. 천연적으로 생성되는 산도와 타닌뿐만 아니라 산화방지제 함량이 높아, 이론상 가장 건강한 편에 들기도 한다.

프티 시라는 치아에 얼룩을 남기고 잇몸을 덮으면서 입안에서 구조감, 보디감과 함께 강한 존재감을 내뿜는다. 플랭크 스테이크 같은 그릴 구이 고기에 곁들이면 타닌이 단백질의 질감을 부드럽게 해주어 훌륭한 궁합을 이룬다.

잠재적 풍미: 플럼, 블루베리, 홍차, 초콜릿, 흑후추
이 포도로 만드는 와인: 카베르네 소비뇽과의 블렌딩 와인, 아르헨티나 · 브라질 · 캘리포니아 주 · 칠레 · 프랑스 · 이스라엘 · 멕시코의 단일 품종 와인
주요 산지: 호주, 미국(캘리포니아 주)

이 품종의 취향 저격자들을 위한 추천 품종: 사그란티노, 타나

피노 그리/피노 그리지오

포도껍질의 잿빛 도는 핑크색에서 이름이 유래된 피노 그리는 어딜 가나 흔한 품종일 만큼 아주 인기가 높아 현재 세계의 와인 생산국 거의 전역에서 재배되고 있다. 아주 더운 기후에서 과숙성될 경우엔 형편없는 평판을 받기도 하지만 선선한 지역(이탈리아 북부의 트렌티노 알토 아디제, 프랑스의 알자스, 뉴질랜드의 몇몇 지역 등지)의 피노 그리/피노 그리지오는 라이트와 미디엄의 중간 정도 무게감에 드라이 스타일부터 스위트 스타일까지의 다양한 맛을 갖춘 화이트 와인으로 빚어져 말할 수 없이 기분 좋은 풍미를 선사해주기도 한다.

잘 익은 포도가 띠는 잿빛 도는 핑크색이 이름의 유래가 된 피노 그리.

   잘 만들어진 우수한 피노 그리 와인은 대체로 황금색과 구리의 중간색을 띠고 레몬, 라임, 풋사과뿐만 아니라 승도복숭아와 멜론 풍미가 발현되며 때때로 꽃향기를 드러내기도 한다. 더 스위트한 스타일에서는 레몬 캔디와 열대과일 풍미가 더해지고 숙성을 거치며 꿀과 구운 견과류의 향이 진전된다. 피노 그리 애호가들은 자신들의 취향에 부끄러움을 느낄 필요가 없다. 어쨌든 피노 그리는 알자스의 그랑 크뤼급 와인들 중 가장 유명한 대열에 끼는 몇몇 와인뿐만 아니라 상쾌하고 활기차며 맛 좋은 화이트 와인까지 만들어낼 수 있는 폭넓은 기량을 갖추고 있으니 말이다.

잠재적 풍미: 시트러스, 사과, 멜론, 승도복숭아, 흰색 꽃
이 포도로 만드는 와인: 알자스, 캘리포니아 주, 이탈리아 북동부, 뉴질랜드의 단일 품종 드라이·스위트 와인
주요 산지: 오스트리아, 프랑스(알자스), 독일, 이탈리아(특히 트렌티노 알토 아디제), 뉴질랜드 외에 기타 와인 생산국의 대부분 지역!

이 품종의 취향 저격자들을 위한 추천 품종: 알바리뇨, 슈냉 블랑, 그르나슈 블랑

편견의 이면: 피노 그리/피노 그리지오

와인계에는 오래된 농담 하나가 있다. '피노 그리지오'가 이탈리아어로 '나는 풍미가 없다'는 뜻이라는(실제로는 포도송이의 잿빛 도는 알맹이 색에서 유래해 붙여진 이름이지만). 이처럼 피노 그리지오(별칭으로 피노 그리 혹은 그라우부르군더로도 불리는)에는 안 좋은 평판이 따라붙긴 하지만 대부분의 경우 부당한 평가다. 이 포도는 제대로 잘만 만들어지면 그야말로 기막힌 맛을 낼 수도 있다.

피터 젬머 피노 그리지오(이탈리아 알토 아디제)

이탈리아 북부는 피노 그리지오의 정신적 고향이다. 이 와인은 피노 그리지오 와인의 훌륭한 귀감이기도 하며, 녹색을 띤 밀짚색, 배와 흰색 꽃의 아로마, 미디엄 보디, 미네랄 풍미와 잘 익은 멜론 풍미 사이의 기분 좋은 조합이 인상적이다.

위겔 '클래식' 피노 그리(프랑스 알자스)

생산지인 프랑스 알자스만큼이나 매혹적인 와인. 밀짚 빛깔의 노란색을 띠고, 생강과 스타프루트 향이 먼저 다가왔다가 뒤이어 멜론 풍미, 레몬껍질의 새콤한 신맛, 밸런스 잡힌 우아함이 느껴진다.

마운트 뷰티풀 피노 그리(뉴질랜드 캔터베리 북부)

뉴질랜드는 비교적 풀 보디면서도 뛰어난 상쾌함까지 갖춘 피노 그리를 잘 만들어낸다. 마운트 뷰티풀의 이 레몬빛 노란색 와인은 화사한 라벤더 향, 은은한 열대과일 향기, 새콤한 홍사과 맛의 풍부한 풍미로 이름값을 제대로 한다.

윌라메트 밸리 빈야즈 피노 그리(오리건 주 윌라메트 밸리)

오리건 주는 피노 누아로 가장 유명하지만 피노 그리 와인도 훌륭하게 빚어낸다. 복합미를 갖춘 이 진노란색 화이트 와인은 풋사과, 견과류, 인동 아로마로 시작되어 시트러스 풍미로 밸런스 잡힌 크리미한 묵직함으로 마무리된다.

J 빈야즈 & 와이너리 피노 그리(캘리포니아 주)

캘리포니아 여러 지역에서 재배된 포도를 블렌딩한 원숙하고 풍부한 풍미의 매력 있는 피노 그리로 꾸준히 빚어져, 언제나 변함없이 감탄을 불러일으키는 와인이다. 녹색빛 도는 노란색을 띠고 있고, 열대과일과 흰색 꽃의 향이 잔 밖으로 뛰쳐나오듯 덮쳐온다. 멜론, 시트러스, 잘 익은 배의 풍미가 물씬하면서 맛에서 깊이감이 느껴지지만 너무 강하지는 않아 조개류와 아주 잘 어울린다.

피노 누아

피노 누아는 세계에서 가장 우아한 와인을 만드는 품종이라고 할 만하다. 확실히 몸값도 가장 비싼데, 이는 단지 샴페인의 주요 성분이기 때문만이 아니다. 피노 누아는 부르고뉴의 최고급 레드 와인의 원료로도 쓰이고 있으며, 소량만 생산되는 이 와인은 병당 수천 달러를 호가한다.

피노 누아의 이름은 검은 소나무를 뜻하는 프랑스어에서 유래된 것으로, 빽빽하게 열리는 포도송이가 솔방울처럼 생겼다고 해서 그렇게 이름 붙여졌다. 빽빽한 포도송이와 얇은 껍질 때문에 포도나무 질병에 취약해 재배하기가 힘들어 고급 와인 생산자들에게는 대개 사랑의 노고가 된다. 피노 누아의 산미는 특히 상파뉴산의 샴페인을 위시한 세계 최고의 스파클링 와인에서 척추 역할을 하며 구조감, 빛깔, 레드 베리의 뉘앙스를 더한다.

피노 누아 와인은 보통 투명하고 루비처럼 붉은색, 미디엄 보디, 비교적 가벼운 타닌감, 기분 좋은 산미를 특징으로 한다. 우아함과 균형 잡힌 자태가 큰 매력이고 으스대는 듯한 인상의 스타일은 드물다(단, 소노마의 러시안 리버 밸리에서 생산되는 와인들처럼 보다 힘 있고 강렬한 스타일도 더러 있긴 하다). 붉은색 과일의 풍미와 함께 차, 히비스커스, 흙의 아로마도 풍부하다. 피노 누아 특유의 흙내음은 숙성될수록 짙어져 트러플과 '숲바닥'의 특색을 띠는 편이지만, 이 단계에서도 시큼한 레드플럼의 풍미가 여전히 중심을 잡아준다.

재배하기에 지나치게 까다로운 속성 때문에 입문자에게 적절한 피노 누아 와인은 찾기가 쉽지 않지만 더 유명한 부르고뉴 레드 와인에 큰돈을 지출하려 하기 전에 오리건 주, 소노마 카운티, 뉴질랜드의 피노 누아부터 맛을 보는 편이 무난할 것이다(이 지역들의 피노 누아는 여전히 가성비가 좋다).

잠재적 풍미: 체리, 레드 베리, 트러플, 흙, 차, 꽃, '숲바닥(임상)'

이 포도로 만드는 와인: 부르고뉴 레드 와인(풀리니 몽라셰, 포마르 볼네, 부르고뉴 루즈, 코트 샬로네즈 등), 샴페인(블랑 드 누아, 로제), 프란치아코르타

주요 산지: 호주(애들레이드 힐스, 그레이트 서던, 모닝턴 페닌슐라, 태즈메이니아, 야라 밸리), 프랑스(부르고뉴, 샹파뉴), 이탈리아(프란치아코르타), 뉴질랜드(센트럴 오타고, 말버러, 마틴버러), 남아프리카공화국(엘진, 워커 베이), 미국(알렉산더 밸리, 카네로스, 러시안 리버 밸리, 소노마 카운티 등지의 캘리포니아 주, 특히 윌라메트 밸리를 중심으로 한 오리건 주)

이 품종의 취향 저격자들을 위한 추천 품종: 바르베라, 가메

피노타주

피노타주만큼 신경을 쏟는 정도에 따라 차이가 큰 레드 와인용 포도는 또 없을 것이다. 와인으로 빚어지면 풀 보디에 대체로 타닌감이 있고 짙은 레드플럼색을 띠는데, 재배할 때 신경을 써서 돌봐야 한다. 그렇지 않으면 거칠고 우람한 기운을 띠며 아세톤을 연상시키는 와인이 된다.

    피노타주는 1925년 남아프리카공화국에서 에이브러햄 이자크 페롤드 교수가 생소(별칭 에르미타주)의 힘찬 기운과 피노 누아의 우아함이 결합되길 기대하며 탄생시킨 교배 품종이다. 이렇게 탄생된 뒤로 얼마 지나지 않아 남아프리카공화국에서 두 번째로 많이 재배되는 포도가 되었다(하지만 조상들을 그리 닮진 않았다). 잘 빚어지면 깊이 있는 붉은색, 입안에서의 기운찬 느낌, 향신료·훈연·사냥고기 향의 조합이 매혹적인 특징을 발산해 사색적인 애주가에게 어울린다.

잠재적 풍미: 블랙베리, 오디, 훈연, 나무딸기, 흙, 가죽, 해선장(대두, 고구마, 향신료 등을 첨가해 짭짤하고 매콤달콤한 맛을 내는 중국식 소스-옮긴이)

이 포도로 만드는 와인: 단일 품종 와인, 남아프리카공화국의 블렌딩 레드 와인

주요 산지: 브라질, 남아프리카공화국, 미국

이 품종의 취향 저격자들을 위한 추천 품종: 카르메네르, 말벡

리슬링

독일 라인 지역이 원산지인 리슬링은 와인으로 빚어지면 보통 라이트 보디에 아주 향기롭고 거의 찌릿할 정도의 신맛을 낸다. 독일의 스파클링 와인인 젝트에서부터 오프 드라이·드라이·스위트의 과즙미 넘치는 디저트 와인(추운 기후의 지역에서 얼 때까지 따지 않고 놔두어 당분을 농축시킨 포도로 만드는 아이스와인 등)에 이르기까지 온갖 스타일로 변신하기도 한다. 대체로 리슬링의 미감은 활력이 넘치는 편이라서 (배터리에 혀를 대면 나는 그런 신맛을 누군가 와인 속에 타놓은 듯한 느낌보다는) 밸런스 잡힌 맛을 내기 위해서는 대체로 양조 시에 잔당을 남겨둘 필요가 있다.

리슬링은 화이트 와인용 포도 가운데 가장 다채롭고 향기로운 품종에 속한다.

리슬링은 선선한 기후에서 장기간 숙성 기간을 가져야 충분히 숙성된다. 그래서 특히 독일, 오스트리아, 뉴욕의 핑거 레이크스 등이 리슬링 재배에 적합하다. 아로마와 풍미가 다양하지만 거의 예외 없이 시트러스, 과실수 열매, 핵과일의 풍미와 꽃, 미네랄 향을 특징으로 띤다. 색깔은 밀짚색(어린 와인)에서부터 호박빛 도는 노란색(숙성 와인)에 이르기까지 다양하다. 숙성에 관해 말하자면, 알코올 함량과 보디가 낮음에도 불구하고 대개 산미와 당분의 구조감이 탄탄해 병입 후에도 (경우에 따라 수십 년까지) 거뜬히 숙성될 수 있는 잠재력이 있다.

잠재적 풍미: 사과, 시트러스, 과실수 열매, 핵과일, 꽃, 생강, 재스민, 미네랄, 훈연, 꿀, 휘발유
이 포도로 만드는 와인: 오스트리아와 독일의 스파클링 와인 젝트, 알자스·호주·오스트리아·독일·미국의 단일 품종 와인
주요 산지: 호주(클레어 밸리, 에덴 밸리), 오스트리아, 캐나다, 프랑스(알자스), 독일(모젤, 나헤, 팔츠, 라인가우), 미국(캘리포니아 주, 미시간 주, 뉴욕 주 핑거 레이크스, 워싱턴 주)

이 품종의 취향 저격자들을 위한 추천 품종: 게뷔르츠트라미너, 뮈스카 블랑, 피노 블랑, 소비뇽 블랑

리슬링의 스펙트럼: 드라이에서 스위트까지

리슬링이라고 하면 흔히들 디저트 와인만 생각하지만 세계의 여러 리슬링 와인들이 증명해보이고 있듯 이 우수한 포도는 디저트 와인 외에도 많은 잠재력을 품고 있다. 지금부터 아주 드라이한 맛에서부터 입맛을 돋우는 단맛에 이르기까지 리슬링의 다양한 스타일을 살펴보자.

짐 베리 로지 힐 리슬링(호주 클레어 밸리)

클레어 밸리는 잔당이 낮은 리슬링을 생산하기로 유명한 지역이다. 이 생기차고 기운 돋우는 라이트 보디의 와인은 옅은 밀짚색, 라임과 생강의 활기찬 아로마, 배와 시트러스의 풍미를 띤다. 담백하고 집중력 있는 맛을 지니고 있어, 비교적 달콤한 맛으로 알려진 리슬링에 대해 다시 생각해볼 기회가 되어준다.

닥터 콘스탄틴 프랭크 세미 드라이 리슬링(뉴욕 주 핑거 레이크스)

현재 미국을 상징하는 와인의 대열에 올라 있는 와인. 닥터 콘스탄틴 프랭크는 세계 와인 지도에 핑거 레이크스 지역을 올려놓는 데 기여하며, 특히 이 품종의 고급 와인을 성장시키는 측면에서 크게 공헌했다. 옅은 황금색, 라이트 보디가 특징인 이 리슬링은 잔당이 산미로 밸런스 잡히면서 생기 있는 마우스필과 함께 거칠지 않고 부드러운 느낌을 선사한다. 흰색 꽃과 시트러스의 아로마, 풍부한 라임과 사과 풍미에 더해 레몬 캔디 느낌도 연하게 배어나온다.

칼 그라프 그라허 힘멜라이히 리슬링 슈페트레제(독일 모젤)

독일에서 가장 유명한 리슬링 산지에서 생산한 황금빛 도는 노란색의 이 저렴한 화이트 와인은 귤, 레몬의 새콤함, 살구의 아로마가 특징이다. 미감에서는 산미로 인해 활기가 느껴지면서도 당분 덕분에 그 신맛의 날카로움이 부드럽게 잡혀 있다(독일의 슈페트레제는 충분히 숙성된 포도를 분류해서 칭하는 말로, 여기에 속하는 와인은 대체로 미디엄 스위트 스타일이다). 잘 익은 멜론, 배, 사과의 풍미가 입안을 풍만하게 채워준다.

호그 레이트 하비스트 리슬링(워싱턴 주 컬럼비아 밸리)

워싱턴 주는 와인용 포도를 완전히 숙성시키는 방면으로는 문제가 없어, 호그의 이 와인 같은 맛 좋은 리슬링 늦수확 디저트 와인을 만들어낼 수 있다. 이 와인은 그 자체로 디저트로 즐기기에도 좋고, 과일 베이스의 디저트에 곁들여 마셔도 괜찮다. 황금빛 색조, 미디엄 보디의 미감, 풍성한 단맛을 띤다. 귤맛 캔디, 살구의 풍미 위로 미네랄, 레몬, 라임, 오렌지의 아로마가 덮어오고 원숙하면서 과즙미 띤 향까지 풍긴다. 이 모든 풍미 사이에서 리슬링 특유의 상쾌한 신미도 여전히 살아 있다.

산지오베제

중간 강도의 타닌감, 높은 산도, 미디엄 보디, 붉은색 과일 풍미, 연한 루비색이 특징인 산지오베제는 식도락가들이 좋아할 만한 레드 와인이다. 산지오베제는 '주피터의 피'라는 뜻으로 로마 시대에 앞서 에트루리아인이 이탈리아를 지배하던 시대부터 사용되었던 것으로 추정된다. 다시 말해 그 이면에 심오한 역사가 깃들어 있다는 이야기다.

산지오베제를 처음 접하게 될 경우, 십중팔구가 토스카나 중부의 최고 인기 레드 와인인 키안티 와인이다. 키안티 와인은 대부분 플럼 풍미, 생기 넘치는 인상, 흙내음, 마시기에 부담 없는 맛, 피자나 파스타와의 환상적 궁합이 특징이다(에밀리아 로마냐의 레드 와인 중에도 이와 비슷한 스타일의 와인들이 생산된다). 하지만 호기심을 가지고 탐색하면 산지오베제는 그 이상의 매력도 많고, 특히 최상급 와인은 전 이탈리아에서 최고로 꼽히는 레드 와인들과 견주어도 뒤지지 않는다.

역사가 오래된 품종인 만큼 산지오베제는 수많은 클론 변형이 생겨왔다. 특히 그런 변형의 계통 중에서도 브루넬로는 타닌감과 복합적 풍미를 지닌 와인 브루넬로 디 몬탈치노를 받쳐주는 품종이다. 산지오베제는 의기양양하고 파워풀한 비노 노빌레 디 몬테풀치아노를 만들어내는 원료로도 쓰이고 있으며, 최근에 숙성 잠재력을 갖춘 비범한 와인으로 만들어져 새롭게 출시된 키안티 클라시코 그란 셀레지오네를 통해서는 산지오베제의 보다 힘 있고 스파이시한 면도 느껴볼 수 있다.

잠재적 풍미: 레드플럼, 사워체리, 딸기, 타임, 향신료, 말린 오렌지껍질, 담배, 가죽, 흙

이 포도로 만드는 와인: 브루넬로 디 몬탈치노, 키안티(키안티 클라시코, 키안티 클라시코 리제르바, 키안티 클라시코 그란 셀레지오네 등), 파트리모니오, 산지오베제 디 로마냐, 비노 노빌레 디 몬테풀치아노, 전 세계의 단일 품종 와인

주요 산지: 코르시카, 이스라엘, 이탈리아(키안티, 에밀리아 로마냐, 라치오, 몬테풀치아노, 토스카나), 미국(캘리포니아 주, 오리건 주, 워싱턴 주)

이 품종의 취향 저격자들을 위한 추천 품종: 네비올로, 시라/시라즈

소비뇽 블랑

와인용 포도를 통틀어 가장 향기로운 품종으로 손꼽히는 소비뇽 블랑(프랑스어로 '야생의 흰색'이라는 뜻)은 거의 예외 없이 황금빛 색깔, 높은 산도, 라이트에서 미디엄의 중간 보디감이 특색이다. 하지만 재배지에 따라 다양한 뉘앙스를 띠기도 한다.

비교적 선선한 기후에서 재배되는 소비뇽 블랑(특히 남아프리카공화국과 칠레의 소비뇽 블랑)으로 빚은 와인은 시트러스 풍미에 채소와 허브 향의 뉘앙스를 띤다. 온난한 기후에서는 보다 풍부한 풍미의 와인으로 거듭나 열대과일과 멜론 풍미를 갖추면서, 때때로 (나파 밸리처럼) 보디감이 더 강하기도 하고 심지어 (몬다비의 그 유명한 퓌메 블랑처럼) 오크 숙성을 거치기도 한다. 프랑스 소테른과 바르삭의 오랜 생명력을 갖춘 끝내주는 디저트 와인들을 통해 소비뇽 블랑의 달콤한 면도 느껴볼 수 있다.

소비뇽 블랑 와인은 높은 산도와 생기 가득한 풍미로 유명하다.

보르도산의 드라이한 스타일은 병 속에서도 숙성력을 발휘하며 받아 마땅한 명성을 누리고 있어서 대체로 고가에 거래된다. 프랑스의 루아르 밸리는 섬세하고 활기찬 상세르 블랑과 부싯돌의 알싸함을 지닌 푸이 퓌메를 통해 이 소비뇽 블랑의 아주 독특한 특색 두 가지를 선보인다. 하지만 대다수 사람들은 뉴질랜드산 와인으로 소비뇽 블랑의 첫 여정을 시작하는 것이 보통이다(또 그래야 한다). 아주 향기로우면서 강렬하고 순수한 패션프루트와 풀의 아로마, 부담 없이 편하고 활기 넘치는 미감을 띠고 있어 소비뇽 블랑을 처음 접해보기에 제격이다.

잠재적 풍미: 열대과일, 사과, 승도복숭아, 복숭아, 시트러스, 흰색 꽃, 풀, 밀짚, 허브, 이국적 과일, 채소, 부싯돌

이 포도로 만드는 와인: 바르삭(스위트 와인), 보르도 블랑, 앙트르 되 메르, 푸이 퓌메, 상세르 블랑, 소테른(스위트 와인), 소비뇽 드 투렌

주요 산지: 칠레, 이탈리아(프리울리 베네치아 줄리아), 프랑스(보르도, 루아르 밸리), 뉴질랜드, 남아프리카공화국, 미국(캘리포니아 주)

이 품종의 취향 저격자들을 위한 추천 품종: 알바리뇨, 리슬링, 토론테스

세미용

세미용은 프랑스 보르도 지역에서 펼치는 역할로 가장 유명하다. 보르도 블랑에 사용이 허용되는 포도 품종에 들어, 레드 와인의 생산이 주를 이루고 있는 이 지역에서 전 세계적으로 가장 유명하고 가장 수명 긴 화이트 와인의 원료로 쓰이고 있다. 지금껏 가장 사랑받고 있는 디저트 와인이라고 말할 만한 디저트 와인, 즉 '귀부병'에 걸린 포도를 손으로 일일이 따서 잊을 수 없는 (그리고 고가의) 맛을 경험하게 해주는 바로 그 소테른의 핵심 원료이기도 하다.

    드라이한 화이트 와인으로서의 세미용은 황금빛 자태, 낮은 산미, 미디엄에서 풀의 중간 정도인 보디감을 띠는 경향이 있다. 이런 특색으로 인해 지금까지 수많은 와인 작가들이 세미용의 끈적끈적한 질감을 '오일리'하다고 묘사해왔다. 비교적 선선한 지역의 세미용 와인이 사과와 시트러스 풍미, 밀짚과 라놀린 향이 더 진하게 드러난다면 온난한 지역의 세미용 와인에서는 열대과일 풍미가 더 두드러진다.

잠재적 풍미: 사과, 시트러스, 배, 열대과일, 라놀린, 밀짚, 생강, 흰색 꽃

이 포도로 만드는 와인: 보르도 블랑, 소테른

주요 산지: 호주(헌터 밸리), 프랑스(보르도), 남아프리카공화국

이 품종의 취향 저격자들을 위한 추천 품종: 알바리뇨, 슈냉 블랑, 피노 그리/피노 그리지오, 비오니에

시라/시라즈

(호주에서는 대개 시라즈로 불리기도 하는) 시라는 발음이 페르시아어처럼 들리긴 해도 프랑스가 원산지일 것으로 추정되는 품종이며, 프랑스가 대표적 생산지이기도 하다(1960년대 이후부터 재식량이 폭발적으로 증가해왔다). 햇볕이 잘 들고 바람이 센 론 밸리의 레드 와인들을 평정하고 있는 품종이며 레드 와인과 로제 와인 모두 대개 그르나슈, 무르베드르와 블렌딩한다. 론 밸리에서는 시라를 청포도와 함께 발효시켜 최종 레드 와인에 향긋한 경쾌함을 부여하기도 한다.

    시라는 보통 플럼 풍미와 과즙미, 풀 보디, 중간 정도의 타닌감, 중간과 낮은 정도 사이쯤의 산미, 작렬하는 블랙베리와 블루베리 풍미를 띤다. 특히 대표적인 특징 중 하나는 말린 후추 열매의 알싸한 향으로, 선선한 지역에서 재배될 경우 (말린 허브의 아로마와 함께) 풍미를 지배한다.

    호주에서 시라즈라는 이름으로 불리며 급속도로 퍼져 현재 호주에서 가장 많이 재배되는 품종으로 올라섰으며, 호주는 프랑스 다음으로 시라를 가장 많이 생산하는 국가다. 호주의 시라는 잼 같은 과일 풍미에 박하와 유칼립투스 향이 뚜렷한 편이다. 단순한 데다 별로 인상에 남지 않을 만한 시라즈 와인이 시장에 범람해온 와중에도, 호주는 수령이 100년이 넘기도 하는 나무에서 수확한 시라를 원료로 와인을 빚어내 여전히 남반구 최고의 레드 와인 대열에 올려놓고 있다.

잠재적 풍미: 블루베리, 블랙베리, 나무딸기, 말린 후추 열매, 말린 허브, 훈제 고기, 초콜릿, 시가, 유칼립투스

이 포도로 만드는 와인: 코르나스, 코트 뒤 론, 코트 로티, 크로즈 에르미타주, 에르미타주, 생조제프, 론 남부 지역의 레드 와인(샤토뇌프 뒤 파프 등)

주요 산지: 아르헨티나, 호주(특히 바로사 밸리, 맥라렌 베일), 칠레, 프랑스(랑그독 루시옹, 론 밸리), 이탈리아(풀리아, 라치오, 토스카나), 뉴질랜드, 남아프리카공화국, 미국(캘리포니아 주, 워싱턴 주)

이 품종의 취향 저격자들을 위한 추천 품종: 그르나슈, 메를로, 프티 시라

템프라니요

동의어가 여타 포도 품종보다 많다는 사실은 그만큼 템프라니요가 성공을 거두었다는 하나의 증거다. 리오하 지역에서 적포도의 왕으로 군림하는 이 품종은 센시벨, 틴토 델 파이스, 틴타 데 토로, 피누엘라, 틴타 데 나바, 울 데 예브레, 친칠라나로도 불리고 있다. 이 많은 이름도 스페인 내의 리오하 지역 외에서 불리는 명칭들일 뿐이다. 인근 지역인 포르투갈에서는 템프라니요가 아라고네스나 틴타 로리스라고 불리면서, 포르투갈의 최상급 포트와인의 원료로도 쓰이고 있다.

템프라니요는 스페인에서 가장 많이 재배되는 와인용 포도 품종이다.

템프라니요는 대담하게 세계 곳곳을 누비고 있긴 해도 가장 빛을 발하는 곳은 고향이다(즉 추정상 원산지일 가능성이 가장 높은 스페인의 라 리오하). 스페인어를 잘하는 사람들이라면 이미 감 잡았을 테지만 템프라니요라는 이름은 'temprano(일찍)'라는 말에서 따왔으리라고 추정되는데, 싹이 트는 시기나 숙성 시기가 대부분의 적포도 품종보다 앞선 특성에서 이런 이름이 붙었던 듯하다.

템프라니요 와인은 중간 정도의 알코올 함량과 보디감, 중간 정도의 산도, 풍부하지만 마시기에 부담 없는 타닌감을 띠고, 풍미는 산딸기(입문자 단계)에서부터 더 짙은 플럼·블랙체리(고급 와인)에 이르기까지 다양하다. 이내 풍겨오는 향신료, 가죽, 특유의 은은한 담배 아로마에서 품격이 느껴지기도 한다. 리오하산 템프라니요에서는 대체로 오크 숙성에서 배어나온 구운 빵, 코코넛, 시가, 삼나무의 아로마와 한결 부드러운 마우스필을 선사해준다.

템프라니요의 가장 흥미로운 특징을 꼽으라면 이 품종으로 만들어진 최상급 와인의 긴 수명이다. 특히 오래된 나무에서 뛰어난 빈티지에 수확한 포도로 빚어진 와인일수록 더 뛰어나다.

잠재적 풍미: 레드/블랙체리, 딸기, 플럼, 향신료, 가죽, 담배

이 포도로 만드는 와인: 알렌테주의 레드 와인, 도우로의 레드 와인, 포트, 리오하

주요 산지: 아르헨티나, 멕시코, 포르투갈(알렌테주, 도우로, 포르투), 스페인(리베라 델 두에로, 리오하), 미국(애리조나 주, 캘리포니아 주, 오리건 주, 텍사스 주, 워싱턴 주)

이 품종의 취향 저격자들을 위한 추천 품종: 그르나슈/가르나차, 모나스트렐/무르베드르, 산지오베제

리오하 템프라니요의 등급

스페인 리오하의 템프라니요는 아주 뚜렷이 구별되면서도 종류가 몇 가지 안 되는 스타일을 가지고 있어, 실험과 탐험을 펼쳐보기에 좋은 가장 소비자 친화적인 와인이다. 이번 시음에서는 템프라니요가 척추처럼 받쳐주고 있는 네 가지 와인을 통해, 리오하의 주요 등급을 살펴보도록 하자.

엘 코토 리오하 로제

리오하 알라베사에서 재배된 포도로 빚어진 이 로제 와인을 맛보고 나면 느끼게 될 테지만, 템프라니요에는 비교적 부드러운 면도 있다. 수박처럼 빨간색을 띠고, 장미 꽃잎, 딸기, 시트러스 껍질의 아로마와 활기차고 생기 있는 미감이 어우러져 있어 저렴한 가격으로 핑크빛 로제 와인을 즐기기에 탁월한 선택지다.

CVNE 쿠네 크리안자 리오하

이 유서 깊은 생산자의 제품은 전반적으로 훌륭하지만 새콤하고 순수한 풍미의 크리안자 스타일 레드 와인이 특히 뛰어나다. 리오하의 크리안자 스타일 와인들은 오크통에서 1년간 숙성을 거치면서 진홍색의 와인에 오크의 스파이시한 향이 배어나오며 그 레드 베리의 상쾌한 과일 풍미와 미디엄 보디에 품격이 더해진다. 타파스에 곁들여 맛보길 권한다. 리오하의 특산 요리인만큼 같은 지역의 와인과 환상의 궁합을 이루는 편이다.

무가 리오하 레세르바

무가는 1930년대부터 쭉 리오하를 만들어왔고 그동안 쌓아온 전문성을 이 템프라니요 블렌딩 와인을 통해 잘 보여주고 있다. 리오하 레세르바 와인은 비교적 어린 크리안자와 풍미가 더 진전되는 오크 숙성 그란 레세르바 사이의 중간 범주에 들어 살짝 더 긴 기간의 오크 숙성을 거친다. 이 와인의 경우엔 오크통에서 숙성되면서 루비처럼 붉은색의 가장자리로 벽돌색이 감돌고, 마우스필에는 깊이감이 더 생기는 동시에 담배 향으로 가득한 아로마에 바닐라 향이 더해진다. 라즈베리와 짙은 체리 풍미가 흘러넘치는 데다 밸런스 잡힌 맛 좋은 마우스필도 느껴진다.

베로니아 그란 레세르바 리오하

리오하의 그란 레세르바는 의무적으로 최소 2년의 오크 숙성과 3년의 병입 숙성을 거쳐야 한다. 그리고 이런 숙성의 결과로 우수한 명품 레드 와인이 탄생한다. 그것도 보데가(와이너리)나 와인 저장고에서 이미 숙성 문제를 거의 다 알아서 맞춰 나온 상태라 언제가 음봉 석기일시를 가늠할 필요도 없다! 그란 레세르바 레드 와인은 베로니아의 이 와인처럼 굉장한 별미를 선사하기도 한다. 오렌지빛에 가까운 색에 삼나무, 향신료, 코코넛, 바닐라, 시가의 아로마가 풍겨온다. 또 입안에서는 위엄 있는 짙은 과일 풍미에 뛰어난 산미가 부여하는 힘과 집중력이 어우러진다. 바비큐 파티처럼 풍성한 식사에서 이 와인을 개봉하면 더욱 별미가 되어줄 것이다.

비오니에

비오니에는 보통 풀 보디에 부드러운 질감을 갖추고 매력적인 황금빛 자태를 드러내 샤르도네 애호가들이 무언가 다른 것을 원할 때 관심을 돌리는 품종이다. 샤르도네처럼 비교적 가볍고 활기찬 스타일(예: 버지니아 주의 비오니에)도 있지만, 잘 익은 열대과일 풍미에서 오크 숙성의 기운이 느껴지는 스타일이 더 많다. 풍부한 꽃향기(인동과 백장미가 연상되는 향)와 더불어 기분 좋은 떫은맛이 어우러져 있는데, 이 떫은맛은 와인 양조 과정에서 제대로 잘 다루면 풍만한 마우스필에 구조감과 '톡 쏘는 느낌'을 더해준다.

원산지가 달마티아(현 크로아티아)로 추정되는 비오니에는 현재 와인을 양조하는 곳이라면 어디에서든 재배되고 있으며, 프랑스 론 밸리에서 최절정의 경지에 올라 있다. 그중에서도 특히 숙성 가치 높은 콩드리유의 와인이 주목할 만하다(비오니에는 콩드리유에서 사용이 허용된 유일한 청포도 품종이다).

....

잠재적 풍미: 복숭아, 귤, 열대과일, 흰색 꽃, 장미 꽃잎
이 포도로 만드는 와인: 콩드리유(프랑스), 호주의 블렌딩 화이트 와인 다수, 늦수확 디저트 와인
주요 산지: 호주, 프랑스(론 밸리), 이스라엘, 남아프리카공화국, 미국(캘리포니아 주)

이 품종의 취향 저격자들을 위한 추천 품종: 샤르도네, 그르나슈 블랑

진판델

진판델은 흔히 전형적인 '미국' 적포도로 지칭되지만(금주법 시행 전후를 가릴 것 없이 미국에서 왕성히 재배되고 있는 품종이지만), DNA 프로필상 입양 품종이다. 실제로 (크로아티아의) 츨레냑 카스텔란스키와 트리비드라그, (이탈리아 남부의) 프리미티보와 같은 품종이다. 최근 몇십 년 사이에 캘리포니아에서 진판델의 재식이 확산된 계기는 셔터 홈 와이너리의 밥 트린케로로 거슬러 올라간다. 1972년에 트린케로가 화이트 진판델이라는 달콤한 맛의 블러시(blush, 로제 와인) 스타일을 개척해낸 영향이 컸다. 라이트 보디, 달콤한 맛, 수박을 연상시키는 풍미가 특징인 이 화이트 진판델은 여전히 미국에서 생산되는 진판델의 80% 이상을 차지하고 있다.

하지만 진판델 레드 와인은 드라이하고 짙은 루비색, 묵직한 보디감, (블랙체리에서부터 건포도에 이르는) 짙은 색 과일류의 터질 듯한 풍미가 특징이다. 진판델의 포도송이는 고르게 익지 않는 경향이 있다. 다시 말해 충분히 익은 포도와 함께 덜 익거나 과도하게 익은 포도도 수확되고, 때로는 같은 포도송이에서도 그런 경우가 생긴다는 이야기다. 이러한 영향으로 최종 와인에 잼 같은 과일 풍미뿐만 아니라 후추에서부터 건포도에 이르는 다양한 아로마가 생겨난다. 힘이 있으면서 마시기에 무난한 맛과 스파이시한 복합미까지 어우러져 있어 미국 소비자들 사이에서 인기 있는 레드 와인으로 자리 잡고 있다.

잠재적 풍미: 블랙라즈베리, 블랙커런트, 블랙체리, 블루베리잼, 건포도, 무화과, 플럼, 후추, 소두구, 감초

이 포도로 만드는 와인: 캘리포니아 주 전역의 단일 품종 와인과 필드 블렌드(같은 포도밭에서 난 두 종류 이상의 포도를 섞어 만든 와인-옮긴이), 화이트 진판델

주요 산지: 이탈리아(풀리아, 이 지역에서는 '프리미티보'라는 품종명으로 불림), 미국(캘리포니아 주의 아마도르, 로디, 나파 밸리, 파소 로블레스, 샌 루이스 오비스포, 산타 크루즈 마운틴, 소노마 카운티 등지)

이 품종의 취향 저격자들을 위한 추천 품종: 네그로아마로

비교적 덜 알려진 포도 품종 11가지

흔히 아는 와인용 포도 품종 외에 또 다른 품종도 접해보고 싶은 이들을 위해 필자가 개인적으로 선호하는 품종 중 인지도는 낮은 편이지만 모두 흥미로운 와인으로 빚어지는 몇 가지 포도를 소개하고 싶다.

청포도

아시르티코: 멋진 그리스 섬에서 상쾌함과 기분 좋게 취기를 자극하는 특징을 지닌 화이트 와인으로 빚어지고 있다.

카리칸테: 새콤하고 복합적인 풍미를 가진 품종으로, 시칠리아 곳곳에서 여러 종의 최상급 화이트 와인으로 거듭나고 있다.

푸르민트: 헝가리의 다재다능한 포도. 오랜 세월 전부터 유명한 역사를 가진 헝가리의 디저트 와인 토카이 아수의 원료로 쓰여왔고, 현재는 기막히도록 매력적인 드라이 화이트 와인으로도 빚어진다.

가르가네가: 소아베의 주원료로 들어가 여름날에 홀짝이기에 제격인 화이트 와인으로 거듭난다.

마르산: 론 밸리 북부에서 샤르도네에 대한 응수 격으로 사용하는 품종.

베르멘티노: 시트러스와 견과류의 풍미를 갖춘, 이탈리아의 숨겨진 보석과도 같은 화이트 와인용 품종 중 하나.

적포도

아기오르기티코: 그리스 펠로폰네소스 반도의 토착 품종으로, 스파이시하고 부드러운 질감의 레드 와인으로 빚어진다.

네로 다볼라: 이 적포도와 시칠리아의 관계는 카베르네 소비뇽과 나파 밸리의 관계와 같다.

프티 베르도: 섬세한 꽃향기와 우람한 질감을 겸비하고 있어 여러 블렌딩 레드 와인을 보강해주는 데 활용되고 있다.

사그란티노: 스파이시하고 짙은 풍미의 이탈리아 품종으로, 고급 수제 버거와 잘 맞는 짝꿍.

타나: 프랑스에서 바스크의 영향이 미치는 지역들, 특히 마디랑에서 처음 두각을 나타낸 우람한 성질의 적포도 품종. 현재는 세계적으로 재배되고 있고 우루과이의 기후와 특히 잘 맞는다. 타닌 함량이 (그에 따라 산화방지제 함량도) 아주 높아 힘 있고 파워풀한 레드 와인을 좋아하는 이들에게 매력 만점으로 다가갈 만한 와인이다.

이탈리아의 유서 깊은 베네토 지역에서 생산되는 활기찬 화이트 와인 소아베를 빚어내는 데 쓰이는 가르가네가 포도.

제 3 장

와인 양조와 풍미

와인메이커들이 으레 하는 말마따나 질 나쁜 포도로는 훌륭한 와인을 만들 수 없다. 하지만 뛰어난 포도를 가지고 질 나쁜 와인을 만들 수는 있다. 우리가 맛보게 될 와인의 풍미에 포도 다음으로 큰 영향을 미치는 것이 바로 양조 과정이며, 와인메이커들에게는 양조를 제대로 잘 해낼 기회가 매년 딱 한 번씩(수확기)밖에 없다.

지금부터는 다양한 스타일의 와인이 어떻게 만들어지는지 알아보고자 한다. 포도에서부터 와인 잔에 이르기까지의 와인 여정을 쭉 짚어나가며 와인 양조의 각 단계가 와인의 맛, 질감, 향, 숙성을 좌우하는 데 어떤 역할을 하는지 살펴보도록 하자.

와인 양조 과정

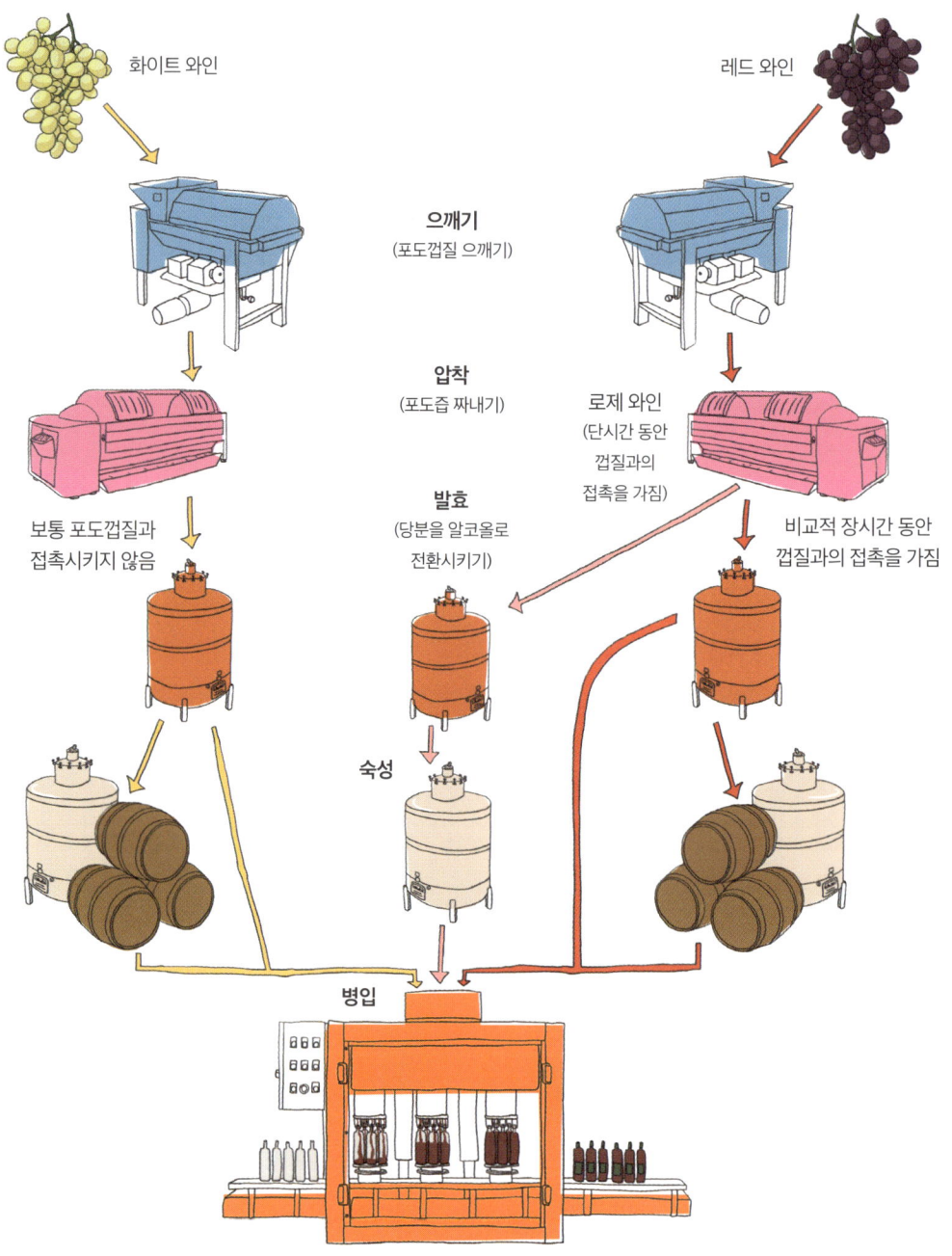

으깨기, 담그기, 압착

비니피케이션(vinification, 와인 양조 과정)은 수확한 포도가 와이너리에 도착하자마자 바로 시작된다(포도가 아직 이른 순간에 압착될 일이 없도록 얕은 용기에 담겨 실려오는 것이 보통이다). 또 와이너리까지 오는 도중에 산화되지 않도록 보호되는 것이 이상적이다(공기에 과도하게 노출되면 색과 향에 문제를 일으킬 소지가 있고, 이는 청포도일 경우에 더 문제가 된다).

포도가 일단 와이너리에 도착하면 발효에 들어가기 전에 먼저 포도의 선별 작업부터 이루어진다(더러 수작업으로 진행되기도 하지만 대체로 자동화되어 있다). 기준 이하의 포도를 (그리고 종종 포도원에 서식하고 있는 생물들도 함께) 걸러내기 위한 과정이다. 이후부터는 생산 와인의 유형에 따라 와인 양조 단계가 달라지면서, 풍미 여행의 다음 정거장으로 이어진다.

화이트 와인

화이트 와인의 경우 가장 중요한 첫 단계는 포도의 껍질이 손상되지 않은 상태로 와이너리까지 실려오는 것이다. 그래야 그 주변의 효모가 포도의 당분을 아직 이른 시점에 발효시켜버리는 불상사가 생기지 않는다. 그다음에 이어 와인메이커는 포도알을 통째로 압착하기보다 포도알을 으깨고 포도알에서 줄기를 분리하기

줄기에서 쓴맛이 생길 수 있는 만큼 포도는 압착에 들어가기 전 줄기를 먼저 분리하는 것이 보통이다.

로 결정할 수 있다(이 부분은 잠시 뒤에 더 자세히 알려주겠다). 통째로 압착할 경우엔 포도 머스트(grape must, 압착 후에 포도즙이 껍질·씨·줄기와 함께 섞여 있는 상태)에서 풍미가 더 잘 추출된다. 한편 으깨기는 (원치 않는 쓴맛을 생성시킬 수도 있는) 포도알 속의 씨를 부스러뜨리지 않은 채로 포도알을 분쇄하기 위해 활용되고, 줄기 분리는 (역시 쓴맛을 생성시킬 수 있는) 줄기를 포도알에서 분리하기 위한 것이다.

화이트 와인은 대체로 껍질과의 접촉을 피한다(레드 와인은 껍질과의 접촉이 필수다). 경우에 따라 와인메이커가 화이트 와인이나 로제 와인에 부여하고 싶은 풍미 성분이 껍질에 있을 수도 있는데, 이럴 땐 압착 전에 '저온 침용'을 시킨다. 이런 저온 침용은 포도에서 순조롭게 색과 풍미를 뽑아내되 며칠 동안 저온(10도 이하)에 담가놓아 효모가 포도 당분을 알코올로 발효시키지 않도록 막기 위한 방법이다.

고품질 와인을 빚어내기 위해서는 포도 압착 시에도 타이밍을 세심히 조절해 조심스럽게 작업해야 한다.

다음 단계는 포도에서 즙을 뽑아내는 작업, 즉 압착이다. 대체로 압착 시에는 온도가 13~24도 사이여야 한다. 압착 시에는 여러 가지 방법을 활용할 수 있지만 어떤 방법을 쓰든 가능한 한 조심스럽게 진행해야 한다. 압착 작업은 시간이 별로 걸리지는 않지만(또 즙이 산화되지 않도록 빠르게 마칠 필요도 있지만) 최종 와인의 품질에 직접적인 영향을 미치는 데다, 그 영향력도 단시간의 짧은 작업치고는 상당히 크다.

화이트 와인과 로제 와인은 대개 머스트에서 고형물을 제거하기 위해 침전 과정을 거친다. 포도즙을 아주 낮은 온도(0도에 가까운 온도)로 통에 담아놓아 원치 않는 침전물을 통의 바닥으로 가라앉혀 제거하는 방법이다.

로제 와인

로제 와인은 발효 전까지의 과정이 화이트 와인과 똑같지만 두 가지 차이점이 있다. 우선 천연 산미를 지키기 위해 이른 시기에 수확한 레드 와인용 포도를 원료로 쓰는 것이 보통이다. 단시간 동안 껍질과의 접촉을 거쳐 껍질에 함유된 성분에서 색과 풍미를 아주 살짝만 우려내기도 한다. 로제 와인용 포도는 좀 전에 설명한 저온 침용 단계를 거칠 수도 있다.

껍질 접촉 방법 대신 세니에(saignée, 출혈) 법을 써서 로제 와인을 만들 수도 있다. (껍질과 함께 담겨) 침용 과정의 초기 단계에 있는 레드 와인 머스트의 즙을 '수혈'받는 방법이다. 이렇게 수혈받은 이후부터는 화이트 와인과 흡사한 양조 방식을 따른다.

그냥 최종 화이트 와인과 레드 와인을 블렌딩해 로제 와인을 만들면 되지 않느냐고? 사실 대다수 와인 양조 법규상 그런 방법은 불법이다(최종 결과물도 그다지 좋지 않은 편이다). 단 샴페인의 경우는 예외로, 2차 발효 전에 레드 와인과 화이트 와인을 블렌딩할 수 있다.

의외의 다양성을 지닌 로제

핑크빛 와인이라고 하면 무조건 진판델의 희석되고 달콤한 버전만 생각하는가? 그렇다면 로제 와인을 통해 느껴볼 수 있는 최고의 경험들을 놓치게 된다. 로제 와인은 거의 모든 적포도 품종으로 만들어지고 있으며, 이번 시음이 현재 로제 와인 시장이 얼마나 다양한지 느껴보는 기회가 되어줄 것이다.

도멘 드 칼라 코토 바루아 앙 프로방스(프랑스 프로방스)
와인 애호가라면 누구나 로제 와인 여행의 첫발을, 드라이 로제 와인의 벤치마크 지역인 프랑스 남부에서 떼야 한다. 도멘 드 칼라의 프로방스산 로제 와인은 그르나슈, 시라 외의 여러 품종을 블렌딩해서 만들며 현대의 로제 스타일에 입문하기에 제격이다. 옅은 핑크색, 상쾌한 맛, 허브와 꽃의 향기, 딸기와 레몬껍질의 매혹적인 풍미를 띤다.

시글래스 로제 오브 피노 누아(캘리포니아 주 중부 연안)
여러 종의 끝내주는 스파클링 로제 와인의 원료로 쓰이는 품종인 피노 누아라면 뛰어난 드라이 로제 와인으로도 빚어질 만하다. 시글래스가 몬터레이에서 자란 피노 누아로 빚어낸 이 짙은 핑크빛 보석에서는 우아한 향이 말린 장미 꽃잎을 연상시키고 새콤한 마우스필에서는 막 여문 체리의 풍미를 선사한다.

비오호프 프라치 로제(오스트리아 니더외스터라이히)
유기농으로 재배한 포도 여러 종을 원료로 한 오스트리아산 로제 와인. 옅은 붉은빛을 띠고, 복숭아와 배 향기를 풍긴다. 풍미도 향의 특징을 따라 신맛의 상쾌함으로 아주 기분 좋게 마무리된다.

샤토 다케리아 타벨 로제(프랑스 론 밸리)
타벨은 레드 와인 애호가의 로제를 만들어내기로 유명한 지역이다. 밝은 붉은빛이 도는 핑크색에서 그르나슈, 클레레트, 생소, 무르베드르를 블렌딩한 이 와인의 풀 보디한 무게감이 얼핏 암시된다. 그 짙은 라즈베리 향은 단번에 마음을 사로잡는 매력을 뿜어 평상시에 로제를 마셔볼 생각도 안 해본 사람들마저 관심을 기울이게 할 만하다. 여기에 길고 힘차게 이어지는 수박 풍미의 여운이 매력을 더한다.

크리오스 드 수사나 발보 로제 오브 말벡(아르헨티나 멘도사)
우람한 체급의 말벡은 로제 와인용으로 선택될 만한 품종 같지 않겠지만 잘만 다루면 그 야수적인 힘을 놀라운 결과물로 벼려낼 수도 있다. 수사나 발보의 이 로제 와인은 핏빛에 가까운 붉은색을 띠고, 스파이시한 향과 은은한 산딸기·나무딸기의 향이 어우러져 있다. 미감은 로제 와인치고는 풀 보디한 편이면서도 물씬한 다크 베리 풍미로 새콤하고 맛이 좋다.

레드 와인

레드 와인 양조에서는 침용이 중요한 단계다. 침용 과정이 없다면 거의 모든 레드 와인용 포도가 화이트 와인으로 만들어질 것이다(극소수의 예외를 제외하면 적포도는 과육 색이 투명하기 때문이다). 침용을 통해 포도즙에 우려지는 색깔, 풍미, 구조감 성분(즉 타닌)은 포도껍질에 들어 있다.

침용에 이어 발효 과정(83쪽 참조)에 들어가게 되는데 침용 시간이 길수록 껍질에서 즙으로 추출되는 풍미, 타닌, 색깔도 강해진다. 입문 단계에 적합한 과일 맛 나는 와인 스타일을 위해 이 과정을 며칠 동안만 짧게 이어갈 수도 있고, 장기간의 병입 숙성을 염두에 둔 레드 와인을 만들기 위해 수 주 동안 이어갈 수도 있다.

침용이 끝나면 (이제는 껍질에서 바라는 만큼의 풍미 성분이 우려진) 즙을 머스트에서 분리해야 한다. 대체로 이 과정은 껍질을 압착한 후 (효모가 즙 속의 당분을 알코올로 전환시켜줄) 발효를 완료시키기 위해 즙을 철제 탱크로 옮겨 담는 식으로 진행된다. 때때로 압착을 가하기 전에 침용즙에서 자연스럽게 흘러나오는 즙이 소량 생기는데, 이 즙을 '프리런(free run)' 즙이라고 한다. 프리런 즙은 품질이 높아 따로 빼서 고급 와인의 양조에 쓰거나 나중에 '압착 와인(압착액)'에 다시 블렌딩해 넣을 수 있다.

타닌

너무 오래 우린 차를 마셨다가 혀와 입이 마르면서 쌉싸래한 맛으로 덮이는 느낌이 들었던 적이 있었을 것이다. 바로 타닌 때문이나. 타닌은 넓은맛을 내는 폴리페놀 성분으로, 와인용 포도의 껍질을 비롯해 여러 식물에 들어 있다(포도의 씨와 줄기뿐만 아니라 와인을 숙성시키는 오크통에도 들어 있다).

타닌은 와인의 질감에 구조감을 더해준다. 또 단백질과 결합하는 성질을 가지고 있어서 입안에서 그런 떫은맛이 나게 하기도 한다(말 그대로 침의 윤활유 역할을 떨어뜨린다). 타닌이 있는 레드 와인이 스테이크 같은 단백질 풍부한 음식과 짝을 이룰 때 아주 좋은 맛을 내주는 이유가 여기에 있다.

타닌은 천연 산화방지제이기도 하다. 따라서 병입 숙성 중인 와인이 산화되지 않게 막아준다(와인을 마시는 우리의 건강에도 도움을 준다). 포도껍질이 두꺼울수록, 또 침용 시간이 길수록 레드 와인에 타닌 함량이 더 높아진다. 피노 누아, 가메, 그르나슈, 바르베라 같은 일부 포도 품종은 본래부터 타닌 함량이 낮다. 네비올로, 프티 시라를 비롯해 이름도 딱 걸맞은 타나 등 타닌이 그야말로 괴물급인 품종도 있다. 메를로, 카베르네 소비뇽 등의 수많은 품종은 그 중간쯤에 속한다.

타닌: 와인의 구조감에 입문하기

자, 입술을 좀 오므려보자! 이번 시음에서는 타닌의 느낌과 친숙해져볼 시간으로 마련했다. 포도껍질에서 나온 성분으로 와인에 구조, 숙성력, 입안을 덮는 떫은맛을 부여하는 바로 그 성분에 주목해보자.

조시 셀러스 피노 누아(캘리포니아 주 중부 연안)

잠깐, 산도가 높고 타닌이 낮은 이 포도가 왜 여기에 등장하냐고? 미각을 측정해보기 위한 차원에서다(필요할 경우 시음을 마치고 미각을 개운하게 씻어내기에도 좋다). 그 달콤한 오크 향, 레드 베리의 아로마와 풍미를 (미디엄 보디에 잘 맞는 그 연한 붉은색과 함께) 즐기면서 타닌이 부족해 와인의 과일 맛을 더 부각시켜주는 면에도 주의를 기울여보자. 활기찬 미감 사이에서 구조감이 어렴풋이 느껴질 수는 있지만, 딱 어렴풋이만 느껴지고 말 것이다.

테일러스 웨이크필드 에스테이트 시라즈(호주 클레어 밸리)

비교적 짙은 붉은색에 후추와 고기의 향기를 풍기고, 블루베리와 초콜릿의 풍미를 가진 이 시라즈 와인이 처음엔 풍부한 보디와 어우러져 무난하게 느껴질 만하다. 하지만 입안에 잠깐 머금고 있으면 가죽 같은 질감의 '움켜쥐는' 듯한 느낌이 들기 시작할 것이다. 이 포도의 살짝 높은 타닌 함량이 와인에 전해진 덕분에 생기는 느낌이다.

페드론셀리 프티 시라(캘리포니아 주 소노마 카운티)

어두운 자주색에서 벌써 암시해주고 있듯, 이 레드 와인에서는 훨씬 더 강한 타닌의 작용을 경험하게 될 것이다. 풀 보디에 블루베리와 플럼의 풍미, 바닐라와 훈연 향이 물씬하다. 구조감이 훨씬 더 잘 갖추어져 있기도 하다. 할 수 있다면 1분 정도 입안에 머금고 있으면서 그 타닌 분자들이 차츰 잇몸을 '마르게' 하는 그 느낌을 느껴보길. 이만한 구조감이 갖추어져 있으면 병 속에서 숙성이 잘 이루어질 만하므로 이 정도면 저렴하게 구입하는 것이다. 사실 이런 구조감은 프티 시라의 작은 포도알 크기에서 직접적인 영향을 받은 결과다. 포도알이 작을수록 과즙 대비 껍질의 비중이 높아져 와인에 더 많은 타닌을 함유할 수 있다.

가르손 타나 리제르바(우루과이 가르손)

타나는 우루과이의 토착 품종은 아니지만 이 작은 남미 국가의 테루아에서 정신적 고향을 찾아냈다. 타닌에서 유래해 이름 붙여진 품종이라는 점에서 충분히 짐작이 될 테지만 타나는 여타 품종에 비해 타닌 함량이 아주 높다. 짙은 자주색, 담배의 알싸한 향, 검은색 과일류의 풍미를 띠는 이 와인에서는 산미와 타닌 모두가 높은 편이다. 가르손은 이 우람한 체급의 포도에서 우아함을 끌어내는 어려운 일을 해냈지만 타나의 움켜쥐는 듯한 그 억센 힘에 미감이 붙잡히면 벗어날 길이 없다!

스파클링 와인과 디저트 와인

스파클링 와인과 디저트 와인은 이 양조 단계에서는 (당연히 포도 품종에 따라) 화이트나 로제, 레드 와인과 똑같이 다루어진다. 두 와인 특유의 풍미 마법은 이후의 발효 단계에서 생겨난다(발효에 대해서는 잠시 후에 더 자세히 이야기해보자).

일단 여기에서는 다음을 기억해두자.

- 스파클링 와인은 보통 산도가 높고 잠재적 알코올 강도가 낮은 포도를 원료로 쓴다. 먼저 스틸 '베이스' 와인(스틸 와인은 탄산이 없는 일반 와인을 말한다-옮긴이)을 만들고 나서 2차 발효 과정에서 기포를 생성시킨다.
- 디저트 와인은 당분이 높은 과숙성 포도를 원료로 만들거나, 와인메이커가 발효 과정에 의도적으로 개입해 당분이 남아 있게 하거나 당분을 추가하는 방식으로 만든다(포트, 마데이라, 셰리 같은 주정강화 와인이 이런 인위적 개입을 통해 만들어진다).

발효

와인 양조의 쇼가 펼쳐지는 주무대는 발효다. 이 발효 과정에서 효모가 포도즙의 당분을 알코올로 전환시킨다(탄산가스와 열을 배출하기도 한다). 당분이 많을수록, 또 포도의 숙성도가 높을수록 최종 와인의 잠재적 알코올 강도가 높아진다. 발효는 알데하이드, 산, 글리세롤, 에스테르를 생성시키기도 하는데 이 모두가 풍미, 질감, 아로마에 영향을 미치면서 흔히 말하는 와인의 2차 아로마(발효 과정에서 더해지는 향)를 만들어낸다.

와인메이커들은 경우에 따라 주변 환경의 효모나 야생 효모(포도원과 와이너리에서 자연적으로 생겨나는 효모)를 써서 자연 발생적으로 발효가 일어나게 놔두기도 한다. 이렇게 하면 더 개성 강한 와인이 만들어지지만 발효 과정을 예측하기가 힘들어진다. 따라서 (경우에 따라 특정 풍미를 높이려는 의도로) 특정 효모 균주를 주입하는 방법이 통상적으로 활용된다. 효모는 온도에 민감하므로 발효 중에는 효모가 증식해 제 역할을 잘할 수 있도록 따뜻한 온도(약 12도)가 유지되도록 제어한다.

레드 와인

레드 와인의 발효는 침용 중에 시작되어 압착즙을 탱크나 목제 통에 넣은 후 완료되는 것이 보통이다. 통은 와인메이커가 만들어내려는 와인의 스타일에 맞추어 쓰지만 철제 탱크가 가장 많이 쓰인다.

일단 발효가 시작되면 열이 올라가고 탄산가스가 배출된다(그래서 통을 가득 채우지 않는 것이 중요하다). 이런 과정이 효모가 먹을 당분을 더 이상 못 찾을 때까지(그래서 양분이 없어 죽을 때까지) 계속된다.

현대 와인 양조에서는 온도가 조절되는 발효 탱크를 사용하고 있다.

대다수의 레드 와인(일부 화이트 와인의 경우에도)은 이후 젖산 발효(혹은 줄여서 ML)라는 과정에 들어간다. 젖산 발효가 일어나면 유산균이 와인의 말산(풋사과 맛이 남)을 젖산(우유처럼 부드럽고 크리미한 질감 부여)으로 전환시키면서 더 많은 탄산가스를 배출한다. 젖산 발효를 일으키기 위해서는 따뜻한 온도(20도)를 맞춰줘야 하며, 이 젖산 발효는 많은 고급 와인에서 추구하는 실크처럼 부드러운 보디감 생성에서 아주 중요한 단계다.

침용

레드 와인의 침용 방법에는 여러 가지가 있다. 와인메이커가 포도껍질에서 풍미와 색깔을 뽑아내는 동시에 와인의 타닌 함량을 최소화하고 싶을 경우엔, 일부 화이트 와인과 로제 와인의 양조 방식처럼 발효 단계 전에 '저온 침용' 방법을 활용할 수 있다.

발효 중에는 즙 위로 포도껍질이 둥둥 떠올라 표면을 덮는데 이런 덮개층(cap)을 흐트러뜨리고 즙을 다시 섞어주어야 한다. 이때는 휘젓개를 가지고 손으로 직접 (아니면 심지어 발로) 내리쳐서 가라앉힐 수도 있고, 유압 장치나 회전날을 이용해 자동화시킬 수도 있다. 경우에 따라 탱크 바닥의 와인을 덮개층 위로 펌핑해 올리는 일명 르몽타주(remontage)를 하기도 한다. 이렇게 하면 덮개층이 포도즙에 적셔 들고 더 잘 섞여 색과

침용은 레드 와인의 빛깔, 풍미, 구조의 생성에서 중요한 단계다.

풍미가 더 많이 추출된다.

침용의 적절한 시간에 관한 한 마법의 공식 같은 건 없으며, 와인의 스타일에 따라 달라진다. 침용 시간이 부족한 와인은 색깔, 보디, 구조가 충분히 갖추어지지 못하는 반면 너무 지나치면 '과잉 추출된' 맛을 띠고 질감과 풍미가 너무 농축되며 공격적인 듯한 인상을 풍기게 된다.

어릴 때 음용할 수 있는 와인을 만들기 위한 방법으로 때때로 탄산 침용(carbonic maceration)이라는 기술이 활용되기도 한다(특히 보졸레에서 유명한 방법이다). 탄산 침용은 포도알들을 으깨지 않고 통째로 밀폐된 통에 담고 맨 위를 탄산가스로 덮어주는 것이다. 이런 환경에서는 포도알 한 알 한 알에서 일종의 미니 발효가 일어나 밝은색을 띠고 달콤하면서 과일 풍미가 주된 풍미를 이루는 와인이 만들어진다.

화이트 와인과 로제 와인

화이트 와인과 로제 와인의 발효는 보통 철제 통에서 이루어진다(때때로 풀 보디 화이트 와인을 위해 목재 소재도 사용된다). 온도는 일부러 레드 와인에 허용되는 온도보다 더 낮게 맞춘다. 그렇게 하면 발효 시간이 연장되고 나중에 더 많은 침전물을 추출해낼 수 있다.

일부 화이트 와인(특히 유명한 사례인 힘 있고 버터 같은 질감의 샤르도네 등)은 이어서 젖산 발효를 거치며 크림의 느낌과 더 부드러운 질감이 더해진다. 고급 화이트 와인의 경우 (포도 품종에 따라) 바토나주(bâtonage, 앙금 휘젓기) 작업을 거치는 경우도 많다. 앙금은 발효 후에, 그리고 때때로 숙성 중에도 와인 속에 침전되는 죽은 효모 세포를 말한다. 듣기엔 좀 거부감이 들기도 할 테지만 중간중간 이 앙금을 휘저어 와인과 다시 섞어주면 크리미하면서도 매력적인 브리오슈 아로마가 더 많이 우려진다.

아황산염과 와인

안타깝게도 아황산염은 와인에서 천대받는 신세다. 와인 속의 아황산염은 안 좋은 것처럼 취급되지만 알고 나면 놀랄 만한 존재감을 가지고 있다. 사실 아황산염은 와인의 화학작용에서 없어서는 안 될 존재로서 와인 양조 과정 전반에 걸쳐 활용된다. 아황산염이 없다면 대다수 와인은 (완전히 상해버리는 정도까진 아니라도) 유통기한이 단축될 것이다. 통상적으로 화이트 와인이 레드 와인보다 아황산염의 함유량이 높다.

와인 라벨에 아황산염에 대한 경고 문구가 들어가는 이유는 약 1%의 사람들이 아황산염에 심각한 천식 알레르기 반응을 일으키기 때문이다. 따라서 당신이 와인을 (너무 많이) 마시고 난 뒤에 두통이 생기는 원인은 아황산염 때문이 아닐 수도 있다. 어떤 관점에서 보면, 말린 과일의 아황산염 함유량이 대다수 화이트 와인의 병 속에 들어 있는 것보다 대략 다섯 배는 더 많다.

스파클링 와인

이번엔 와인 양조에서 정말 흥미롭고 또 복잡하기도 한 이야기를 해볼 차례다.

스파클링 와인은 산도가 높고 알코올 강도가 낮은 '베이스' 와인으로 생을 시작한다. 이 스틸 베이스 와인이 이어서 2차 발효에 들어가 그 매혹적인 기포를 생성하게 되는 것이다. 기본적으로 따지자면, 기포를 생성시키는 방법에는 두 가지가 있다. 병 속에서 두 번째 발효 거치기와 탱크에서 두 번째 발효 거치기다.

샴페인 방법(Champagne method 혹은 méthode traditionnelle)은 샴페인을 만드는 데 활용되는 방법으로, 카바, 프랑스 전역의 크레망 스파클링 와인 대다수, 이탈리아의 프란치아코르타, 미국·캐나다·호주·태즈메이니아·영국의 최상급 스파클링 와인 대부분이 이 방법으로 만들어진다. 이 방법에서는 스틸 베이스 와인에 리쾨르 드 티라주(liqueur de tirage), 즉 효모와 당분의 혼합물을 섞어 병 속에 넣고 병을 밀봉한다. 이후 이 병들이 (지하 저장고나 냉방시설이 갖춰진 저장실에) 저장되면 드디어 마법이 시작된다.

각각의 병 속에서 효모가 당분을 먹기 시작하면서 또 한 번의 발효가 개시되지만 효모가 당분을 먹고 내놓는 탄산가스는 나갈 곳이 없어서 와인 속으로 흡수된다. 이 과정에서 와인에 그 매혹적인 기포가 생겨나는 동시에 효모 세포에서 질감, 아로마, 풍미가 전해지기도 한다.

그다음엔 이 병들을 돌려주는 작업이 이어진다. 이때는 랙에 꽂힌 와인 병들을 손으로 일일이 돌려주거나(즉 리들링해주거나), 기로팔레트라는 자동화 설비로 돌려준다. 이런 리들링은 2차 발효에서 생겨나는 침전물을 병목으로 모아준다. 이 과정이 완료되면 이렇게 모아진 침전물을 병목에서 제거한 후 재빨리 리쾨르 덱스페디시옹(liqueur d'expédition)이라는 당분과 와인의 혼합물을 보충해 넣어준다. 대체로 이 리쾨르 덱스페디시옹에 따라 최종 와인의 당도가 결정된다. 그다음엔 마지막으로 병에 코르크 마개를 끼우고 캡을 씌운 뒤 모든 성분이 융합되도록 숙성에 들어간다.

프로세코 같은 일부 스파클링 와인은 병이 아닌 탱크에서 2차 발효가 이루어지는 샤르마 방법(Charmat method)을 활용한다. 베이스 와인을 여과한 후에 (압력이 유지되는) 밀폐된 압력 탱크로 옮겨 담아 2차 발효를 시킨 후 병입 전에 리쾨르 덱스페디시옹을 섞어 넣는 방법으로, 샴페인 방법에 비해 간편하고 빠르면서 비용도 저렴하고, 과일 맛이 더 풍부해 어릴 때 즐길 수 있을 만한 와인이 만들어진다.

어떤 경우든 스파클링 와인의 기포와 산미는 와인의 단맛을 약화시키기 때문에 오프 드라이 스파클링 와인조차도 맛이 비교적 드라이하게 느껴지기 마련이다(더 드라이한 스파클링 와인은 상당히 드라이하게 느껴진다).

현대의 창의성과 고대 리들링 기술의 만남: 2차 발효 숭인 스파클링 와인 병을 돌려주는 기로팔레트.

다양한 스파클링 와인의 세계

스파클링 와인은 다양한 스타일로 출시되며 꼭 비싸야 좋은 것은 아니다. 이번 시음에서는 평범한 제품에서부터 세계 정상급으로 평가받는 제품까지 다양한 스파클링 와인을 살펴보도록 하자.

라 마르카 프로세코(이탈리아 베네토)
이탈리아의 프로세코는 세계에서 가장 인기 있는 스파클링 와인의 스타일 중 하나이며 옅은 밀짚색에 기포가 보글보글 올라오는 이 와인은 프로세코가 왜 그토록 많은 사랑을 받는지 알게 해준다. 샤르마 방법으로 만들어져 포도의 과일 맛이 부각되어 있고 라이트 보디, 생기 넘치는 산미, 풍부한 풋사과 풍미, 인동과 시트러스의 아로마가 특징이다.

세구라 비우다스 브뤼(스페인 카바)
스페인의 카바는 카탈로니아 지역에서 재배된 포도(마카베오, 파렐라다, 사렐로)를 원료로 써서 샴페인의 생산 방식을 활용해 생산되는 스파클링 와인이다. 이런 조합에 따라 부담 없는 가격의 옅은 청동색을 띠는 고급스러운 와인으로 빚어져 (앙금 접촉 숙성에서 우러진) 아몬드와 토스트의 은은한 풍미와 (포도에서 나온) 상큼한 사과 풍미가 어우러지게 된다.

랑글루아 샤토 크레망 드 루아르 브뤼 로제(프랑스 루아르 밸리)
프랑스 소뮈르 지역에서 재배된 카베르네 프랑과 피노 누아 포도의 첫 번째 압착즙(퀴베)만을 사용해 전통적인 샴페인 방법으로 만들어진 로제 스파클링 와인. 기포가 올라오는 활기찬 레드 와인을 블렌딩해 넣어 베리, 오렌지, 장미 꽃잎의 강한 아로마가 피어올라오는 동시에, 홍사과와 토스트의 섬세한 풍미도 느껴진다.

글로리아 페레 블랑 드 블랑(캘리포니아 주 카네로스)
블랑 드 블랑은 청포도만을 원료로 쓴다(이 와인의 경우 샤르도네). 황금빛 도는 옅은 레몬색과 레몬 아로마가 조화를 이루고 있고, 새콤한 맛이 느껴지다 피니시로 갈수록 살짝 크리미해진다(샤르도네와 효모의 접촉으로 빚어진 피니시).

로랑 페리에 브뤼 L-P(프랑스 상파뉴)
로랑 페리에의 하우스 스타일은 샴페인의 블렌딩 품종 3종(샤르도네, 피노 누아, 피노 뫼니에)을 모두 쓰고, 우아한 맛을 특징으로 내세운다. 특히 이 와인은 비교적 고가인 스파클링 와인에 발을 들여보기에 아주 좋은 출발점이다. 맛이 가벼우면서도 깔끔하고 활기찬 데다 그 옅은 황금빛만큼이나 세련미를 갖추었다. 시트러스, 브리오슈, 토스트의 향에 이어 레몬껍질과 배의 풍미가 다가오다 은은한 훈연 향으로 마무리된다.

디저트 와인과 주정강화 와인

대다수의 디저트 와인은 과숙성된 포도로 만든다. 포도나무에 더 오래 매달려 있게 놔두어 당분이 더 쌓이게 한 ('늦수확' 혹은 독일어로 슈페트레제) 포도를 쓴다는 이야기다. 때로는 말라서 건포도가 될 때까지 놔두거나 수확 후에 건포도로 말려 당분을 더 농축시키기도 한다. 와이너리에서 양조 시에는 농축된 당분 모두를 알코올로 전환시키지 않아 최종 와인이 더 달콤하고 찐득찐득해진다. 늦수확 와인은 과일 풍미가 풍부하면서 달콤한 아로마와 감미롭고 달콤한 맛을 띠는 경향이 있다(이런 특징은 비교적 낮은 산도 덕분이기도 하다).

주정강화 와인은 디저트 와인과는 완전히 다르다(주정강화 와인 모두가 디저트용으로만 만들어지는 것은 아니다). 진중함을 띠는 와인이며 대체로 알코올 함량이 20%를 넘는다. 이런 주정강화 와인으로는 호주의 루더글렌 뮈스카, 포르투갈의 포트와 마데이라, 스페인의 셰리, 시칠리아의 마르살라, 프랑스의 바뉠스·리브잘트 등이 있다. 주정강화 와인의 제조법은 기본적으로 두 가지로 나뉘는데, 발효 중에 알코올을 추가하거나 발효 후에 알코올을 추가하는 방식이다.

포트와 마데이라를 비롯한 대다수의 주정강화 와인은 발효 과정을 막는 식으로 만들어진다. 발효를 막는 방법은 발효 도중에 중성 주정(보통은 포도를 증류한 주정)을 첨가하는 것이다. 주정의 알코올 함량이 워낙 높아 효모가 죽으면서 발효가 중단되고 와인의 천연 당분 중 일부가 지켜지는 것이다(와인의 최종 알코올 함량도 크게 끌어올려진다). 그에 따라 와인의 달콤함, 보디, 질감에도 영향이 미칠 뿐만 아니라(시럽 같은 느낌의 단맛이 더해지고 너 풀 보니를 띠며 보다 부드러운 질감이 생긴다) 복합적인 아로마도 지켜진다.

셰리의 경우엔 발효가 완료된 베이스 와인을 오크통에 공간을 조금 남긴 상태로 채우는데, 그러면 통 안에서 플로르(flor)라는 일종의 효모가 와인에 막을 형성해주어 산소에 노출되지 않게 막아준다. 발효 후에는 포도 브랜디를 첨가해 최종 와인의 주정을 강화하고, 더 드라이하거나 더 달콤한 맛을 가진 다양한 스타일을 만들어낸다.

강인함 뒤에 숨은 매력: 주정강화 와인

이번에는 드라이한 맛에서부터 스위트한 맛에 이르기까지 힘과 균형이 한데 어우러져 있는 주정강화 와인의 전형적인 표본을 소개하고자 한다.

오스본 만사니야 셰리 (스페인 헤레스)
오스본의 옅은 청동색 만사니야 스타일 셰리 같은, 드라이한 편에 속하는 스페인의 셰리는 때때로 흥미로움을 일으킨다. 캐모마일(만사니야는 '캐모마일 차'라는 뜻)과 인접한 바다에서 전해진 소금기가 이 스타일의 트레이드마크 격 아로마이며, 이 와인의 경우엔 바닐라와 미네랄 풍미까지 두루 갖추고 있다. 입안에서는 파워풀한 맛이 이어지다 오크통 숙성을 거치며 발현된 구운 풋사과와 아몬드의 풍부한 풍미로 마무리된다.

그라함 식스 그레이프스 리저브 포트 (포르투갈 포르투)
이 와인은 그라함의 상징적 포도 6종에 착안해 이름이 붙여진 것으로, 과일 맛이 직설적으로 드러나는 루비 포트 스타일에 입문하기에 아주 좋다(루비 포트는 원액의 소량만 오크통 숙성을 거치는 스타일인데, 이 스타일이 취향에 맞는다면 가격이 더 높은 빈티지 포트도 맛보길 권한다). 푸른빛 도는 불투명한 자주색에 풀 보디의 풍부한 풍미를 띠면서, 블랙베리와 향신료의 향이 풍기고 (포도에서 전해진) 플럼과 (주정강화를 통해 부여된) 럼의 풍미가 진하다.

다우스 파인 토니 포트 (포르투갈 포르투)
청동빛 도는 갈색은 긴 오크통 숙성과 의도적 산화를 거치는 특유의 제조법에 따른 영향이다. 우람한 골격을 갖추고 있으며, 캐러멜과 피칸의 아로마와 함께 (루비 포트의 싱싱한 과일 풍미와 대비되는) 은은한 말린 과일의 풍미가 전해진다.

샌드맨 파인 리치 마데이라 (포르투갈 마데이라)
짙은 호박색의 이 와인은 마데이라 중에서 달콤한 편에 속하며 초콜릿류 디저트에 곁들여 마시기에 좋다. 에스투화(estufa, 일종의 화덕으로 와인에 의도적으로 열을 가해 숙성시킴으로써 구운 과일과 향신료 향을 부여하는 가열실)에서 보낸 시간의 영향으로 생겨난 토스트와 오크 향이 느껴진다. 무화과와 대추야자 열매의 농축된 풍미가 돌면서 그 달콤함 사이로 기분 좋은 신맛이 퍼져나온다.

칸티네 플로리오 마르살라 파인 스위트 (이탈리아 시칠리아)
시칠리아의 마르살라는 사람들 사이에서 별로 인상적이지 않은 요리용 와인으로 통하지만 (익힌 포도 머스트를 써서 특유의 색을 내는) 깊고 어두운 호박색의 이 마르살라에는 소화제 같은 용도 외에도 훨씬 더 많은 매력들이 있다. 기분 좋게 취기를 자극하는, 칸티네 플로리오의 이 마르살라만 해도 주정강화와 와인 양조 과정에서 캐러멜과 황설탕의 향이 부여되며 조려서 향신료를 뿌린 과일의 풍미와 달콤하고 기름진 맛을 갖추고 있다.

숙성

숙성은 어느 정도 낭만적인 감성을 일으킨다. 은은한 빛이 돌고 오크통으로 가득찬, 그 황홀한 와인 저장고에 와인 잔을 들고 들어가보고 싶지 않은 사람이 있을까? 하지만 숙성에는 한동안 이렇게 따로 저장해놓는 것 외의 실질적인 요소도 있다. 바로 와인의 정화다.

래킹(racking, 찌꺼기 분리)이라는 과정은 (보통 오크통이나 철제 탱크 소재의) 통에 담긴 와인을 다른 통으로 부어 넣는 식으로 와인에서 앙금(죽은 효모)과 침전물을 분리해내는 방법이다. 이런 과정을 통해 와인을 정화하고 (질감이 더 부드러워질 수 있도록) 잠깐 동안 공기에 노출시키고 발효 중에 생성된 남은 탄산가스를 배출한다.

숙성, 할 것인가 말 것인가

보통 와인은 다음의 경우에만 숙성이 이루어진다.

- 법에 따른 의무 사항일 경우
- 생산자가 해당 와인이 산소 노출, 오크통, 안정화 시간을 통해(혹은 이 셋 중 하나를 통해) 품질이 향상될 것으로 판단하는 경우
- 특정 스타일(포트, 셰리, 마데이라 등)을 내기 위한 경우

일부 화이트 와인은 발효의 부산물인 앙금과 함께 숙성시켜 와인에 크림 같은 질감과 효모, 빵, 요구르트의 향을 더해준다(이런 숙성 방식을 일명 '쉬르 리(sur lie)'라고 한다). 명품 스파클링 와인은 대체로 탄산과 효모 성분이 융합될 시간을 갖게 해주기 위해 대체로 숙성을 거친다.

(특히 스페인, 프랑스, 이탈리아, 포르투갈을 위시한) 유럽의 대다수 와인 생산지는 와인의 오크통 숙성과 병입 숙성에 대한 최소한의 의무 숙성 기간을 정해두고 있다(그리고 생산자들 중에는 이 의무 기간보다 더 오래 숙성시키는 경우도 많다). 하지만 대부분의 데일리 와인(가격이 적당한 일상 소비용 와인-옮긴이)은 숙성을 시키지 않거나 정화와 여과를 위해 아주 단기간만 숙성시킨다. 명품급 와인은 대개 수개월에서부터 수년에 이르는, 장기간의 숙성을 거친다. 포트와 마데이라 같은 일부의 경우엔 오크통 숙성 기간이 수십 년에 이르기도 한다.

오크통 숙성

와인이 숙성용 통은, 옛 방식인 점토 항아리(암포라)에서부터 콘크리트 통에 이르기까지 일반적인 생각에 비해 종류가 많다. 하지만 명품 레드 와인과 일부 화이트 와인에서 가장 많이 사용하는 통은 오크통이다(향기로운 화이트 와인, 섬세한 와인, 로제 와인들은 오크통에서 보내는 시간이 거의 없다. 오크통에 담기면 그 주된 아로마와 풍미가

풍미를 지닌 나무통: 오크의 영향

오크통에서의 와인 발효와 숙성은 때때로 그 와인의 최종 맛, 향, 마우스필에 지대한 영향을 미친다. 이번 시음에서는 오크의 영향 유무에 따른 화이트 와인과 레드 와인의 차이를 비교·대조해보며 그 차이를 직접 느껴보는 시간을 가져보자.

장 마크 브로카르 도멘 생트 클레어 프티 샤블리(프랑스 부르고뉴)

부르고뉴의 프티 샤블리 아펠라시옹(원산지 명칭 통제 지역)에서는 샤블리 지역에서 샤르도네가 어떻게 빚어지는지, 중가의 가격대에서 접해볼 수 있게 해준다. 다시 말해 금속성의 순수한 풍미와 오크와 접촉하지 않은 특징을 느껴볼 수 있다. 레몬색, 가벼운 보디, 힘찬 질감, 뛰어난 산미를 띠는 이 와인에서는 레몬껍질과 미네랄의 아로마, 자몽과 상쾌한 레몬의 풍미가 느껴질 테지만 오크에 영향을 받은 흔적은 조금도 느껴지지 않을 것이다.

로드니 스트롱 '트라이 카운티' 샤르도네(캘리포니아 주)

캘리포니아 주의 와인 양조 카운티 세 곳에서 재배된 포도를 블렌딩한 이 샤르도네 와인은 샤블리와는 아주 다르다. 이 와인은 원액의 60%가 오크통에서 발효 후 6개월간 오크통 숙성을 거친다(이때 앙금을 휘저어 섞어주어 크리미한 질감을 더한다). 황금색을 띠고, 레몬 커드와 황사과의 향과 더불어 입안 가득 퍼지는 열대과일 풍미가 느껴진다. 더 부드러운 질감에서부터 토스트, 바닐라, 제빵용 향신료 향에 이르기까지 오크의 뉘앙스도 느껴질 것이다.

G. D. 바즈라 돌체토 달바(이탈리아 피에몬테)

피에몬테 최고의 생산자로 꼽히는 곳에서 빚어낸 이 레드 와인은 100% 스테인리스스틸 통 숙성을 거쳐서 오크 처리가 되지 않는다. 밝은 자줏빛 빛깔과 사워체리, 나무딸기, 제비꽃의 아로마가 조화를 이루는 특징에서 포도 품종의 흔적이 드러난다. 부드럽고 유혹적인 미디엄 보디의 미감, 체리 풍미와 기운찬 산미가 오크의 치장 없이도 스스로 빛을 발하고 있다.

트라피체 오크 캐스크 말벡(아르헨티나 멘도사)

자두 같은 풍미에 진한 레드바이올렛 색을 띠는 이 말벡 와인은 (와인명에서도 암시되어 있듯) 오크통에서 9개월간 숙성을 거친다. 풀 보디의 풍부한 마우스필, 힘찬 느낌과 입안을 조이는 떫은맛, 말린 허브, 토스트, 삼나무의 향, 진한 체리의 풍미, 바닐라, 향신료, 흙내음 도는 버섯 풍미의 여운을 지니고 있는데, 이런 특색은 거의 모두 와인이 오크통에서 보내는 시간 동안 생겨나는 것이다.

압도되어버리기 때문이다). 오크통은 크기도 다양하다. 30갤런 용량의 드미 바리크에서부터 역사가 수백 년에 이르고 그 안에 성인이 들어갈 수도 있을 만큼 커서 수백 갤런의 와인이 담기는 푸드르 캐스크에 이르기까지 여러 가지다. 가장 많이 쓰는 크기는 보르드레즈다. 약 60갤런이 담기는 용량으로, 통 제조업자들이 와인 숙성을 위해 특별히 만드는 통이다. 주로 슬로베니아, 프랑스, 미국, 헝가리산 오크를 쓰지만 더러 다른 나무(아카시아나무와 밤나무 등)도 사용된다.

와인용 통은 사용 전에 통 내부를 다양한 강도로 굽는 (혹은 숯처럼 까맣게 태우는) 열처리를 해서 와인메이커들에게 통 숙성 와인에 풍미를 더하기 위한 선택지들을 갖게 해준다. 가볍게 구우면 오크의 색이 살짝만 변해 와인에 캐러멜, 정향, 바닐라의 향을 더할 수 있다. 중간 정도 구우면 색이 갈색으로 변하면서 삼나무, 커피, 구운 견과류와 같은 보다 진한 향을 더한다. 강하게 구우면 색이 눈의 띄게 짙어져 숯과 제빵용 향신료(시나몬, 생강, 육두구 등)의 향을 부여해준다.

오크의 산지, 굽기의 강도, 나뭇결, 오크통의 나이 모두가 최종 와인에 부여되는 풍미와 아로마에 일조한다. 프랑스산 오크가 향신료와 토스트의 아로마를 더해준다면, 풍미가 더 뚜렷한 미국산 오크는 코코넛과 캐러멜의 향을 내준다. 오래된 오크통은 비교적 새것인 오크통에 비해 영향력이 약하다.

오크통 숙성에서는 크기도 중요한 문제다. 통이 작을수록 와인과 오크 사이의 접촉이 늘어 풍미와 질감에 대한 오크의 영향이 커진다. 반면 통이 클수록 접촉 비율이 줄어 그 영향도 줄어든다.

와인 숙성통은 다양한 강도로 열처리되고, 그에 따라 와인의 풍미에 영향을 준다.

어릴 때 즐기도록 만들어진 와인 7종

농담이긴 하지만, 대다수 와인의 적정 숙성 기간은 와인이 와인 매장에서 집까지 안전하게 실려오는 정도의 시간이면 족하다는 말이 있다. 실제로 현재 생산되고 있는 와인의 대다수는 와인 셀러 보관용이 아니라, (구입 후 12개월 내에) 바로 즐기도록 만들어지는 것이다. 감사하게도 현재는 과거의 그 어느 때보다도 어릴 때 마시도록 만들어진 와인들을 탐색해보기에 좋은 시대다. 보다 다양해진 포도 품종과 스타일, 낮은 가격으로도 더 높은 품질을 구매할 수 있게 된 여건 덕분이다. 그러면 지금부터 인내의 부족이 미덕인 와인 7종을 시음해보자.

조닌 프로세코 퀴베 1821(이탈리아 베네토)

조닌은 이탈리아의 최대 개인 소유 와인업체로, 자체 재배한 글레라 포도를 원료로 사용해 단박에 호감이 가고 마시기 편한 데다 기포가 보글보글 올라오는 프로세코를 빚어내고 있다. 샤르마 방법이 활용되어 (기포를 더 생성시키는 2차 발효가 철제 탱크에서 이루어져) 생생한 과일 풍미가 부각되어 있다. 황금빛 도는 흰색에 보글보글 기포가 피어오르는 자태에서부터 꽃, 시트러스, 견과류의 아로마까지 부담 없이 편한 느낌을 준다. 가벼운 오프 드라이 스타일이며 편안하고 활기찬 산미가 입안을 상쾌하게 채워준다.

샤토 생 미셸 게뷔르츠트라미너(워싱턴 주 컬럼비아 밸리)

청동색에 가까운 색의, 쉽게 마음이 끌리는 (하지만 발음하기는 쉽지 않은) 이 화이트 와인은 맛을 보자마자 만족감을 선사한다. 어떤 포도로 만들어졌는지를 그대로 드러내주는 꽃, 정향, 리치의 아로마에 이어 배의 풍미와 풍부한 질감이 다가오고, (워싱턴 주의 높은 일조량에 힘입어 포도가 한껏 숙성되는 덕분에) 부드러운 맛이 입안을 감싸온다. 살짝 단맛과 스파이시함이 어우러져 있어, 어릴 때 마시기에 아주 좋다(그리고 태국 포장 음식과도 잘 맞는 조합이다).

얄룸바 'Y 시리즈' 비오니에(호주 남부)

일부 비오니에는 장기간의 병입 숙성에 잘 맞도록 만들어진다. 그런가 하면 호주의 신뢰할 만한 생산자 얄룸바에서 내놓는 이 'Y 시리즈'처럼 그냥 화요일 밤에 조금의 운치를 더하도록 만들어지는 비오니에도 있다. 선명한 밀짚색을 띠며, 풍부한 미감에 오렌지꽃, 생강, 멜론, 백무화과의 풍미가 은은히 돌다 크림과 토스트 향으로 마무리된다.

반피 로사 리갈 브라케토 다퀴(이탈리아 피에몬테)

살짝 기포가 올라오는 프리잔테(frizzante, 세미 스파클링) 와인. (이탈리아의 북부 피에몬테 지역에서 재배되는 과일 풍미 가득하고 기분 좋은 브라케토 포도로 빚어진) 이탈리아 북부의 전형적인 스타일로, 잔에 담자마자 흥을 돋우는 와인이라는 표현이 가장 잘 들어맞는다. 설사 그 생생한 크랜베리색을 한 번 보는 것으로 흥이 돋워지지 않더라도 상쾌한 레드 베리와 장미 꽃잎 향을 맡고 나면 기분이 좋아지지 않을 수 없을 것이다. 입안에서 살짝 기포가 터지면서 달콤한 라즈베리 풍미와 찌릿한 신맛이 돌다 드라이한 여운으로 마무리된다.

조르주 뒤뵈프 보졸레 누보(프랑스 보졸레)
'지금' 당장 마셔야 할 와인이 있다면 그것은 보졸레 누보다. 이 보졸레 누보는 부르고뉴 인근에서 재배되는 가메 포도를 원료로 써서 그해 빈티지의 최초 와인을 기리는 의미를 담아 출시되자마자 바로 즐기도록 특별히 만들어진다. 자줏빛 도는 붉은색의 이 레드 와인은 과일 풍미가 두드러지게 해주는 탄산 침용법을 활용해 레드 베리 풍미와 은은한 풍선껌의 단맛이 상쾌하고 활기찬 느낌을 준다. 원료인 가메가 원래 타닌이 낮은 만큼 마시기에 편한 맛을 갖추고 있어 어떠한 식사 자리에 내놓든 다양한 요리와 잘 어울릴 만하다.

보글 빈야즈 올드 바인 캘리포니아 진판델(캘리포니아 주)
큰돈을 쓰지 않고도 큰 즐거움을 얻을 만한 와인의 훌륭한 표본이다. 보글의 이 진판델은 수령이 평균 60~80년인 포도나무를 관개시설 없이 키운 포도로 만들어 미국산 오크통에서 1년 동안 숙성시키는 와인으로, 가성비가 아주 뛰어나다. 색은 짙은 붉은색이며, (오크 덕분에 얻은) 후추, 블랙라즈베리, 바닐라의 아로마는 어릴 때 맛봐야 최상의 즐거움을 안겨주지만 과일 맛이 나는 미감이 여전히 강력하고 당차다.

카테나 '알라모스' 말벡(아르헨티나 멘도사)
아르헨티나는 낮은 생산비 덕분에 가성비가 아주 뛰어난 와인들을 선보이고 있다. 입문 단계에 잘 맞는 이 말벡도 그러한 사례에 든다. 고지대 포도원에서 재배된 포도를 원료로 써서 기운차고 부담 없는 스타일로 만들어지는 와인이다. 색은 불투명한 빛깔이며 제빵용 향신료, 잘 익은 플럼, 은은한 제비꽃의 향이 풍긴다. 강한 보디감에 더해 구조감도 잡혀 있어 스테이크나 햄버거에 곁들이기에 좋다.

병입 숙성

와인은 경우에 따라 병에 담기고 나서 추가 숙성을 거치기도 한다. 여러 성분이 융합해 조화를 이룰 만한 시간을 주면 이로운 면이 있기 때문이거나, 법으로 규제된 의무사항이기 때문이거나 두 이유가 모두 해당될 때 이런 숙성을 거친다.

대다수 와인은 맑고 화학적으로 안정된 상태에서 병입해야 하며, 그런 이유로 이때 아황산염을 첨가한다. 병입 공정은 까다로워서 기계에 맡기는 것이 최선책이다. 상품 선반에 무사히 진열될 가능성을 최대화하기 위해 적절한 온도와 산소 접촉이 최소화된 상태에서 와인을 병입하려면 그 방법이 좋다.

복합미를 띠고 숙성 가치가 높은 와인일수록 출시 전 병입 숙성 시간을 갖는 것이 좋다. 이 시간 동안 와인의 여러 성분(방향 성분, 타닌, 산미, 당분, 방부제 등)이 차츰 융합을 이루며 화학적으로 안정되어간다. 게다가 강한 타닌감을 지닌 레드 와인의 경우엔 병입 숙성을 통해 타닌을 좀 부드럽게 누그러뜨린 후에 출시할 수 있다는 장점도 있다.

와인 병들이 와이너리를 떠나기 전 마무리 작업을 하고 있는 병입 자동화 라인.

블렌딩

블렌딩은 포도 품종이나 포도원, 와인의 최종 특징들 같은 여러 구성 성분을 서로 섞음으로써, 블렌딩이 아니면 다른 방법으로는 만들어낼 수 없는 특정 스타일의 풍미나 질감 혹은 아로마로 만들어내는 기술이다.

와인은 대부분 블렌딩 와인이다. 샴페인에서부터 보르도, 샤토뇌프 뒤 파프, 포트에 이르기까지 세계의 벤치마크 와인들 모두 블렌딩 와인이다. 단일 품종 와인들조차 다른 품종을 소량 섞어 넣거나 다른 포도원에서 재배된 같은 품종을 블렌딩하는 것이 보통이다. 때때로 여러 포도를 재배하고 수확해서 같이 블렌딩해 양조하는 '필드 블렌드' 와인같이 최종 블렌딩이 포도원에서 결정되는 경우도 있지만 대체로 와인은 양조를 다 마친 뒤 블렌딩된다.

와인의 양조와 숙성 과정 동안엔 와인이 어떻게 진전되고 있는지 판가름하기 위해 여러 차례 시음을 하게 된다. 단일 품종 와인의 경우에도, 여러 오크통이나 탱크별로 다른 풍미, 아로마, 질감을 띨 수 있는 만큼 와인메이커에게는 병에 담기 전 최종 와인을 어떻게 조합시킬지에 대해 여러 가지 선택지가 놓여진다.

다시 말해 와인은 여러 가지 포도 품종으로 만들어진다는 이야기다. 어떤 품종은 색깔을 내기 위해, 또 어떤 품종은 질감이나 구조감, 마우스필을 위해서나 복합적 아로마를 위해, 산미를 위해, 풍미를 위해 사용된다. 최종 블렌딩 와인은 대체로 여러 와인 양조 담당자들이 애써 수차례의 시음 작업을 벌인 끝에 끌어내는 결과다. 일부 지역에서는 (사용 가능한 블렌딩 포도 품종을 비롯해) 블렌딩 비율을 규제하고 있긴 하지만 대체로 블렌딩에 내해서는 아수 엄밀한 규제가 없으며, 최종 블렌딩의 결정은 과학보다는 예술에 가깝다.

블렌딩은 양조 과정 중 거의 어느 시점에서든 할 수 있지만 보통은 와인의 숙성 전이나, 숙성 후 병입 전에 한다. 때때로 블렌딩 작업을 몇 차례로 나누어 하기도 한다. 블렌딩의 목표는 부분의 합보다 큰 결과를 이루어내는 데 있다. 개인적 경험을 고백하자면, 나는 그동안 나무랄 데 없이 훌륭하게 양조된 수많은 와인들을 가져와서 함께 섞어본 적이 여러 번 있었는데 그 결과는 누구도 입안에 머금고 싶어 하지 않을 만큼 끔찍한 맛이었다. 그런 이유로 나는 이런 블렌딩을 잘하는 와인 전문가들을 존경해마지 않는다!

우수 블렌딩 와인 10종

당연한 이야기지만 와인 양조에 있어 블렌딩의 힘을 느껴보기 위해서는 블렌딩 와인 몇 가지를 직접 맛보는 것이 가장 좋은 방법이다. 하지만 블렌딩은 단순히 여러 가지 포도 품종을 조화시키는 문제만은 아니다. 여러 원료에서 얻은 과일 풍미를 화합시키거나 서로 상관없어 보이는 포도들로 경이로운 조합을 이뤄내는 차원일 때도 있다. 그러면 지금부터 블렌딩의 예술을 보여주는 와인 10종을 살펴보자.

다렌버그 '더 스텀프 점프' 화이트(호주 맥라렌 베일)
서로 블렌딩 짝으로 자주 만나는 두 가지 청포도(마르산과 루산)에 서로 짝을 이루는 경우가 없는 소비뇽 블랑과 리슬링을 블렌딩한 흥미로운 와인이다. 이런 조합은 결국 옅은 황색, 아주 향기로운 꽃향기, 새콤한 자몽 풍미가 어우러져 단박에 흥미가 끌릴 만한 와인으로 빚어지고 있다.

파미유 페랑 '파미유 뒤 론' 레제르브 화이트(프랑스 코트 뒤 론)
론 밸리는 블렌딩 와인으로 명성이 높은 곳이며, 이 와인은 별개의 요소들이 모여 얼마나 맛 좋은 합을 이루어낼 수 있는지를 잘 보여주고 있다. 이 지역의 전통적 품종 네 가지를 블렌딩한 노란빛 도는 황금빛 와인으로 비오니에의 흰색 꽃향기, 그르나슈 블랑의 부드러운 마우스필, 마르산과 루산의 열대과일과 시트러스 풍미를 담아냈다.

모엣 & 샹동 브뤼 임페리얼(프랑스 상파뉴)
유명한 샴페인 하우스의 이 브뤼 샴페인은 이 지역의 세 가지 전통적 품종(피노 누아, 피노 뫼니에, 샤르도네)만이 아니라 자체 재고분의 100종도 넘는 와인들(일명 '라이브러리 와인'으로, 이 중 약 25%는 오래된 빈티지의 와인들)의 원액도 블렌딩한다. 이런 블렌딩의 결과로 밝은 황금색을 띠면서 토스트, 구운 사과, 브리오슈의 향과 풍미로 입안을 풍성하게 채우는 특징이 선보여진다.

샤토 데스클랑 '위스퍼링 앤젤' 로제(프랑스 코트 드 프로방스)
프로방스의 로제 와인은 대부분 여러 종의 포도를 블렌딩한다. 이 와인의 경우 전통적인 적포도 품종인 그르나슈, 생소, 카리냥, 시라로 연어 살색, 장미 꽃잎 향, 레드 베리 풍미를 내고 여기에 청포도 베르멘티노로 산미와 향긋한 생기까지 더했다.

M. 샤푸티에 '벨르뤼스' 루즈(프랑스 코트 뒤 론)
론의 레드 와인은 대개 블렌딩 와인이다. 이 와인은 블렌딩 방식이 간단한 편으로 보디, 알싸함, 힘을 끌어내기 위해 그르나슈와 후추 향기와 함께 짙은 붉은색, 붉은색 과일의 과즙미 있는 풍미를 위해 시라를 블렌딩한다.

보글 빈야즈 올드 바인 에센셜 레드(캘리포니아 주)
캘리포니아의 오래된 포도나무에서 수확한 프티 시라, 시라, 진판델을 원료로 쓰고 미국산 오크통에 숙성시켜 만든 짙은 진홍색의 저렴한 와인이다. 진판델의 보디와 알싸함에, 시라의 다가가기 쉬운 부드러움, 프티 시라의 플럼 풍미가 두루 느껴지다 코코넛과 삼나무 향의 여운으로 마무리된다.

에스포라옹 콜레이타 틴토(포르투갈 알렌테주)
알렌테주의 최대 생산자인 에스포라옹이 포르투갈의 토착 품종 투리가 나시오날, 스페인의 아라고네스(템프라니요), 프랑스의 카베르네 소비뇽을 모두 유기농으로 재배된 포도로 블렌딩한 와인이다. 스파이시하고 뚜렷한 향과 과일 맛을 지닌 이 짙은 루비빛 붉은색 와인에서는 투리가 나시오날의 제비꽃 아로마, 템프라니요의 담배 향, 카베르네 소비뇽의 레드·블랙커런트 풍미가 흥미로운 조화를 이룬다.

샤토 그레이삭 메독(프랑스 보르도)
메를로와 카베르네 소비뇽을 주원료로 해서 소량의 카베르네 프랑과 프티 베르도를 블렌딩하는 와인으로, 그 뛰어난 맛을 느끼기 위해 무리해서 큰돈을 쓰지 않아도 될 정도로 가격도 착하다. 진홍색을 띠고 있고, (메를로의) 커런트, 레드 베리 풍미, (카베르네 소비뇽의) 희미한 향신료와 허브, (메를로와 카베르네 소비뇽의 조합이 빚어낸) 밸런스 잡힌 입안의 무게감이 느껴진다. 전체가 부분의 합을 넘어서는 면모를 보여줌으로써 보르도가 블렌딩 레드 와인의 대가인 이유에 대해 눈 뜨기 위한 선택으로 아주 좋다.

샤토 생 미셸 인디언 웰스 레드 블렌드(워싱턴 주 컬럼비아 밸리)
여러 종의 품종(시라, 메를로, 말벡, 그르나슈, 카베르네 소비뇽, 카베르네 프랑, 생소, 바르베라, 무르베드르)뿐만 아니라 컬럼비아 밸리의 여러 구역에서 재배된 포도를 원료로 쓰는 이 블렌딩 와인은 워싱턴 주의 최대 장점을 뽐내며, (그르나슈와 말벡의) 강한 보디감, (생소의) 밸런스 잡힌 산미, (그 외 온갖 포도에서 부여하는) 붉은색과 검은색 과일의 강한 풍미, 진한 제빵용 향신료의 향을 두루 갖추고 있다.

드라이 크릭 빈야드 메리티지 레드 블렌드(캘리포니아 주 소노마 카운티)
'메리티지(meritage)'는 보르도의 포도 품종(메를로, 카베르네 프랑, 말벡, 프티 베르노, 카베르네 소비뇽)을 블렌딩한 미국산 레드 와인을 가리키는 말이다. 이 와인은 카베르네 프랑과 프티 베르도가 말린 허브와 제비꽃 향, 짙은 진홍색을 내주고 메를로, 말벡, 카베르네 소비뇽이 풀 보디와 플럼, 카시스, 코코아의 풍미를 부여하는 블렌딩 와인이다.

여과 및 정제

일단 와인이 적기에 이른 것으로 여겨지면 여과를 시켜 병입할 수 있다. 여과의 주된 목적은 두 가지다. 심미적으로 호감도가 높아지도록 와인을 더 맑게 만들고 불필요한 미생물을 제거해 와인을 보다 안정화시키기 위해서다. 이 여과가 제대로 잘 되면 와인의 마우스필이 더 부드러워질 수 있지만 제대로 되지 않을 경우 와인의 아로마와 풍미를 약화시킬 소지가 있다.

저장고에서 와인을 더 맑게 만들기 위해서는 정제라는 방법을 활용한다. 이 정제 과정에서는 (콜로이드라는) 불필요한 소립자들을 다른 성분에 엉기게 해 병입 전 여과 시에 걸러내기가 더 쉬워질 만큼 크기를 키우는 방법을 활용한다.

와인 양조에서 활용하는 정제 매개물에는 여러 가지가 있는데, 미리 말해두지만 별로 식욕을 돋우지 않는 것들이다. 가장 많이 쓰이는 매개물로 몇 가지만 소개하자면 벤토나이트(오래전부터 전통적 민간요법으로 쓰인 점토의 일종), 탄소, 카세인(우유계 단백질), 달걀흰자, 젤라틴(동물성 콜라겐 성분), 아이징글라스(물고기에서 추출한 젤리 같은 성분) 등이 있다. 이런 정제 매개물 중에는 동물성 성분이라 와인이 비건 제품으로 인정받지 못하게 할 만한 것들도 있다.

정제는 수많은 와인에서 중요한 단계지만 때때로 풍미를 억누르고 와인의 질감을 바꿀 수도 있다. 따라서 일부 와인메이커들은 (특히 레드 와인인) 고급 와인의 경우엔 원래의 풍미와 질감을 가능한 한 많이 지키기 위해 정제나 여과를 피한다. 대체로 라벨에 비정제나 비여과에 대한 문구가 특별히 언급되어 있지 않는 한 모든 와인은 정제와 여과(혹은 정제나 여과)를 거친다. 비건 와인을 찾고 있다면 비정제 문구가 적힌 와인을 찾아보길 권한다.

최종 상품

모든 일이 순조롭다고 가정한다면, 이제는 와인을 병입하고 출하해 판매하거나 나 같은 평론가에게 리뷰를 위해 제공할 차례다(새삼 드는 생각이지만 정말 끝내주는 직업이다!). 하지만 이 최종 상품 안에는 어떤 성분이 들어 있고, 그 성분들은 맛에 어떤 영향을 미칠까?

알코올 함량

와인은 85%가량이 물이고 나머지가 알코올, 휘발성 풍미 및 아로마 성분들이다. 그리고 바로 이 나머지 15% 안에서 마법이 일어난다.

주정을 강화하지 않은 디저트 와인, 오프 드라이 와인, 스파클링 와인은 대체로 알코올 함량이 낮아 보통

8~11%다. 드라이한 화이트 와인과 레드 와인은 12~16%대이고 주정강화 와인은 약 20%에 이른다.

알코올은 최종 와인에 보디감과 입안의 무게감을 더해주는 역할뿐만 아니라, 풍미와 아로마가 감지되는 방식에도 직접적인 영향을 미치는 만큼 최종 알코올 함량은 중요한 요소다(과음할 경우 얼마나 정신줄을 놓게 될지 가늠하는 용도로만 중요한 게 아니라는 이야기다). 어쨌든 이런 영향을 미치는 이유를 알려면 다시 화학의 세계로 돌아가야 한다.

아로마 분자들은 분자의 구조 방식에 따라 여러 액체 속에서 다르게 작용한다. 일명 소수성(疏水性)인 분자는 물에 잘 녹지 않아 물속에 섞여 있으면 다소 빠르게 공기 중으로 배출된다(그래서 우리에겐 감지하기가 더 쉽다). 그런가 하면 물을 좋아하는 친수성(親水性) 분자는 풀려나오기가 그만큼 더 힘들기 때문에 냄새를 맡기도 더 어렵다.

내추럴 와인과 오렌지 와인

내추럴 와인과 오렌지 와인은 (서로 다른 와인이지만) 둘 다 갈수록 인기가 높아지고 있고, 언론에서도 점점 많이 다루어지고 있어 당신도 와인 여정 중 언젠가 접해볼 가능성이 높다. 그런 의미에서 간략하게 알아보고 넘어가자.

내추럴 와인은 딱히 적절한 명칭은 아니다. 실제로 공식적인 정의도 없다. 이런 와인은 더 정확히 말하자면, 첨가제가 와인의 자연스러운 풍미 표출을 해칠 수도 있다고 여겨 양조 과정에서 와인에 너무 많은 첨가제(아황산염 등)를 넣는 것에 반대하는 와인메이커들이 서로 합심해 세계적으로 일고 있는 운동이라고 할 수도 있다. 대체로 이런 와인메이커들이 만드는 와인은 병입 전에 정제나 여과를 거치지 않는다. 내추럴 와인은 개입을 최소화한 와인이라고 생각할 수도 있는데, 이는 그만큼 박테리아로 인해 변질될 가능성도 높아져 와인 양조 중에 더 많은 신경을 써야 한다는 이야기다.

오렌지 와인은 실제로 빛깔이 오렌지색이고 슬로베니아와 이탈리아 북부의 고대 와인 양조 기술에 대한 현대식 해석으로 생각할 만하다. 이 와인은 청포도를 원료로 써서 (레드 와인을 만들 때와 똑같이) 껍질과 접촉시켜 짙은 호박색을 내는 동시에 타닌, 풍미, 구조감이 더 많이 부여되게 한다. 오렌지 와인은 대개 정제나 여과를 거치지 않아 흐릿한 색을 띠기도 한다. 구조에 쓴맛이 더해진 탓에 처음엔 별로이다가 접할수록 좋아할 만한 맛이시만 잘 만들어지면 매력적일 수도 있다.

알코올 함량이 높을수록 친수성 아로마 분자를 더 많이 감지하게 된다(그리고 알코올 함량이 낮을수록, 즉 물의 함량 비율이 높을수록 그 반대가 된다). 그렇다고 해서 알코올 함량이 높은 와인이 더 좋다는 이야기가 아니라, 같은 포도 품종으로 만들어졌더라도 알코올 함량이 높은 와인과 낮은 와인은 서로 다른 냄새와 맛을 지니게 된다는 이야기다.

우리는 와인의 마우스필과 보디를 통해서도 알코올을 경험한다. 아무리 알코올 강도가 강한 와인이라도 입안에서 어느 정도의 밸런스가 느껴질 수 있다(그리고 그런 밸런스가 느껴져야 한다). 입안에서 너무 묽은 느낌이거나 입안이 너무 '얼얼해' 취기가 확 도는 듯한 와인은 둘 다 당분, 산미, 알코올 함량의 상호작용에 관한 한 밸런스가 제대로 잡히지 않은 와인이다. 알코올 함량이 높은 와인은 (제트 연료라도 마시는 듯) 위압감을 일으키지 않으면서 입안을 꽉 채우는 풍부한 느낌을 줘야 한다. 또 알코올 함량이 낮은 와인은 부드러운 느낌의 가벼운 마우스필을 갖추거나 산미에 따른 새콤함이 부각되어야 한다.

와인 양조 방법과 연관된 시음 노트

이번엔 와인 양조 과정의 여러 단계에서 부여되는 아로마, 풍미, 질감 몇 가지를 간략히 살펴보자. 범위가 포괄적이진 않지만 그래도 향을 맡거나 맛을 볼 때 그 맛과 향을 이해하는 데 도움이 될 것이다.

근원	아로마	풍미 및 질감
젖산 발효	크림, 버터	버터, 요구르트, 실크 같은 감촉, 매끄러움
효모	브리오슈, 토스트, 빵	토스트, 구운 빵, 크림, 부드러움
오크 숙성	삼나무, 샌들우드, 코코넛, 캐러멜, 헤이즐넛, 정향, 제빵용 향신료, 시나몬, 바닐라, 커피, 코코아, 토스트, 감초	코코넛, 차(타닌), 토피, 토스트, 감초, 가죽, 입안을 조이는 듯한 느낌
병입 숙성 - 화이트 와인	꿀, 구운 견과류, 말린 과일, 흙	말린 과일, 토스트, 훈훈함, 풍성하고 부드러운 미감
병입 숙성 - 레드 와인	숲바닥, 버섯, 초콜릿, 가죽, 사냥고기, 호두	트러플, 코코아, 훈제 고기, 보다 부드럽고 더 유연한 미감

산미

와인의 산미에 대해 논할 때는 와인에서 가장 논란이 많은 주제인 미네랄 특성을 언급하지 않을 수 없다.

일부 와인 생산지(특히 프랑스)에서는 미네랄 특성이 산미와 동의어로 통한다. 하지만 와인 애호가, 평론가, 신세계의 수많은 와인메이커들은 그 둘은 서로 별개라고 말한다. 미네랄 특성은 다루기가 까다로운 문제다. 일부 와인에서 강가의 젖은 돌, 슬레이트, 분필, 부싯돌, 소금기 등등을 연상시키는 아로마와 풍미가 나는 이유를 정확히 알지 못하기 때문이다. 하지만 확실한 것은 이런 연상 요소들이 pH가 높은 와인(알칼리성)에서는 거의 감지되지 않는다는 점이다. 따라서 미네랄 특성이 감지되기 위해서는 높은 산도가 필요하다. 그런 이유로 산도 높은 화이트 와인이 산도 낮은 레드 와인보다 미네랄의 특성을 띠는 것으로 묘사되는 경우가 더 많은 것이다.

여기에서 중요한 대목은 따로 있을지 모른다. 산미는 입안에서의 와인의 밸런스와 무게감이 감지되는 방식에 큰 역할을 맡고 있다는 것. 산미는 와인을 더 드라이하게 느끼게 해서 산도가 높은 와인은 입안에서 더 밸런스감을 느끼기 위해 어느 정도의 잔당이 필요할 수 있다. 산미가 부족하면 와인이 밋밋하게 느껴진다. 또 너무 많아도 (레몬을 빨아먹을 때처럼) 혀와 잇몸이 마비되는 느낌이 든다. 어느 정도의 산미가 적절한지는 기호의 문제지만 산미가 높은 와인이라도 입안에서 새콤함과 생기가 기분 좋게 느껴지면서 침샘을 자극해 입맛을 돋워줘야 한다.

타닌 함량

포도껍질과 오크 숙성에서 나오는 떫은맛의 타닌은 와인에 구조를 잡아준다. 남들보다 떫은맛을 더 잘 감당하는 사람들이 있다. 당신이 강한 차를 좋아한다면 타닌이 있는 와인을 마셨을 때의 입이 오그라드는 듯한 감각에 대해 더 높은 내성을 가지고 있을 가능성이 높다. 타닌 함량이 높은 와인이라고 해도 타닌이 와인 속에 충분히 잘 융합되어 있다면 밸런스가 느껴질 수도 있다. 이럴 경우엔 구조감과 힘이 느껴지면서도 입안이 쓸리는 듯한 느낌은 없다.

타닌은 와인의 질감과 숙성에 중요한 역할을 한다. 내가 좋아하는 개념대로 말하자면, 타닌은 와인의 나머지 요소들이 자리 잡도록 뼈대 역할을 해준다. 타닌이 부족하면 그 와인은 입안에서 밋밋하게 느껴진다. 너무 많으면 거친 구조감이 계속 느껴진다(물론 마시기에 고통스러운 것은 말할 것도 없다). 타닌은 숙성이 요구되는 레드 와인에서는 없어서는 안 될 존재다. 그래서 바로 마시도록 만들어지지 않은 어린 레드 와인 중에는 풍미가 닫혀 있고 젊음의 야수성이 느껴져 병 속에서 시간을 보내며 타닌이 침전된 이후에야 기적같이 부드러워지는 경우도 있다.

타닌에서 '풋내'나 강한 쓴맛이 느껴지는 와인은 경계하길. 이런 느낌은 대개 줄기, 씨와 너무 많이 접촉한 결과이며, 이런 와인은 우아하게 숙성되는 경우가 드물다(우리 같은 평론가들이 너그럽게 쓰는 표현대로라면 '투박한' 와인이다). 와인은 타닌이 낮을 수도 있고 높을 수도 있지만 어떤 경우에 속하든 타닌의 자극은 하나의 융합을 이루는 한 부분으로서 느껴야 한다.

보디

앞에서 이야기한 모든 요소를 하나로 아우르면, 이른바 와인의 '보디'가 된다. 보디란 입안에서의 와인의 질감과 무게감이 합쳐진 것이다. 이번에도 기호와 스타일이 우선이지만 어쨌든 간에 그런 스타일 내에서도 밸런스가 느껴져야 한다. 다시 말해 와인은 타닌과 알코올이 모두 부드러우면서도 산미 덕분에 맥없이 느껴지지 않을 수 있는, 그런 밸런스를 갖추어야 한다. 물론 한 요소가 다른 요소보다 더 두드러질 수는 있지만 모든 요소는 와인의 본질적 존재 목적, 즉 즐거움을 선사할 수 있어야 한다.

　와인의 보디를 알코올, 산미, 타닌이 3개의 꼭짓점을 이루는 삼각형이라고 생각하면 편하다. (와인 양조 과정에서의 여러 선택에 따른 결과인) 각 요소는 다른 요소들이 감지되는 방식에 꽤 큰 영향을 미친다. 각도를 바꾸면 전체 삼각형의 모양이 크게 바뀔 수 있다. 밸런스가 잘 잡힌 와인은 독자적인 '삼각형'을 갖추면서 특유의 특색들 각각이 전체에 이바지할 수 있다(그리고 그래야만 한다).

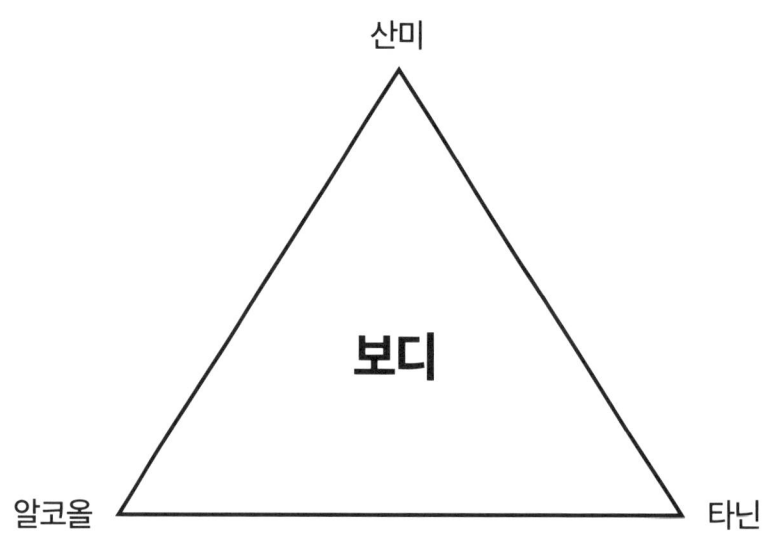

양조법의 영향

이번 시음은 와인 양조 시의 결정들이 마침내 당신의 잔 속에서 자태를 드러내는 그 와인에 어떤 차이를 끌어내는지 느껴보기 위해 마련했다. 와인 양조 기술이 와인의 풍미, 질감, 아로마를 어떻게 변화시키는지 알아보자.

A to Z 와인웍스 '버블스'(미국 오리건 주)

옅은 핑크색에 아주 흥이 돋는 묘미까지 갖춘 로제 스파클링 와인. 피노 누아와 샤르도네를 원료로 쓰고 색깔만 약간 우러질 만큼 포도껍질과 접촉 시간을 짧게 갖는다. 그런 다음엔 스테인리스스틸 통에서 발효되어 상쾌함을 지킨다(또한 기포를 더 생성시킨다). 수박, 체리, 승도복숭아의 과일 풍미에 활기찬 마우스필이 기포가 올라오는 이 와인을 부담 없이 술술 넘어가게 해준다.

비에티 카스치네타 모스카토 다스티(이탈리아 피에몬테)

모스카토 다스티는 일부러 이른 시점에 발효를 중단시켜 효모가 포도의 모든 당분을 알코올로 전환시키지 못하게 해서 만드는 와인이다. 이 옅은 노란색 와인은 이탈리아 북부 지역에서 만든 모스카토 다스티로, (살짝 올라오는 기포로 인해 가볍고 부드러운 미감에서 그 느낌이 약해진) 단맛이 기분 좋을 만큼 은은하게 느껴진다. 매력적인 꽃향기가 풍기면서 여기에 생강과 복숭아 향, 살구 풍미가 어우러져 있다.

비뇨블 라세토 쉬르 리 뮈스카데 세브르 에 멘(프랑스 루아르 밸리)

프랑스의 길게 뻗은 루아르 강 와인 생산지의 서쪽 끝에서 생산되는 뮈스카데 화이트 와인은 보통 라이트하고 상쾌한 편이다. 하지만 일부의 경우엔 와인메이커들이 와인을 죽은 발효 효모(쉬르 리)와 함께 놔두어 브리오슈 향을 더하고 미감을 살짝 크리미하고 부드러워지게 한다. 이 화이트 와인은 레몬 풍미가 옅은 레몬색, 시트러스 알갱이의 아로마와 조화를 이루고 있고, 앙금 접촉 숙성 덕분에 섬세한 미감으로 마무리된다.

몬티 몬테풀치아노 다브루초(이탈리아 아브루초)

어떤 와인메이커들은 레드 와인의 병입 시에 주된 풍미와 아로마를 지키기 위해 일부러 정제나 여과를 생략한다. 활기찬 인상에 풀 보디한 몬티의 몬테풀치아노도 정제나 여과를 거치지 않는 레드 와인이다(이렇게 저렴한 가격대의 와인에서는 드문 경우다). 그래서 짙은 붉은색을 띠고 있고 (감초와 향신료 아로마와 더불어) 복합적인 향이 풍기며 순수한 느낌의 블랙베리와 다크체리 풍미도 더해져 있다.

볼라 아마로네 델라 발폴리첼라 클라시코(이탈리아 발폴리첼라)

아마로네는 일부러 건포도처럼 될 때까지 말린 포도를 원료로 쓰고 저온 침용으로 당분과 추출 성분 함량이 높은 즙을 만들어내는 스틸 레드 와인이다. 이 당분이 발효되면 육중한 보디, 강한 알코올, 풍부한 산미, (효모가 알코올로 전환시키지 않은 소량의 당분에서 생긴) 은은한 숙성 과일의 단맛을 띠게 된다. 볼라의 아마로네에는 이 모든 특색이 담겨 있으며, 칠흑 같은 진홍색에서부터 그 힘이 암시된다. 잘 익은 체리 풍미, 잼 같은 향과 더불어 (슬라보니아산 오크통에서 2년 이상 숙성되며 우려진) 오크 특유의 향신료 향까지 갖추고 있다. 가격이 다소 비싼 편이지만 대신 맛볼 만한 괜찮은 대안도 있다. 같은 지역(발폴리첼라)에서 생산된 '리파소(ripasso)' 스타일의 레드 와인이다. 리파소는 아마로네 포도즙을 짜낸 찌꺼기에다 와인을 다시 한 번 발효시켜서 만든다(그래서 명칭도 '다시 넣는다(repassing)'는 뜻의 리파소다). 이런 리파소 방식으로 만들어지는 레드 와인은 아마로네와 비슷한 특징을 띠지만 보디감이 살짝 더 가볍다.

라 플라야 레이트 하비스트 소비뇽 블랑(칠레 콜차과 밸리)

늦수확 디저트 와인은 생산 방식에서 이름 붙여진 것이다. 과숙성될 때까지 따지 않고 놔두어 당분과 강도를 농축시킨 포도로 만들어서 그렇게 부른다. 이렇게 과숙성된 포도로 빚어진 와인은 당분을 간직하고 있고 드라이한 와인에 비해 더 농축된 풍미가 발현된다. 칠레의 라 플라야에서는 청포도 소비뇽 블랑으로 이런 늦수확 디저트 와인을 그 맛깔스러운 맛에서 일관성을 꾸준히 지키며 빚어내고 있다. 이 와인은 황금빛 도는 레몬색, 꿀, 황설탕, 귤의 아로마, 자몽과 스타프루트의 농축된 풍미가 특징이다. 미감이 확실히 달고 부드러우면서도 소비뇽 블랑 특유의 높은 산도 덕분에 활기찬 느낌을 함께 갖추고 있다.

제 4 장

세계의 주요 와인 생산지

이번 장에서는 전 세계의 주요 와인 생산지를 둘러보며 생산지별 와인 스타일, 그러한 스타일의 와인을 만드는 이유와 방법, 아울러 이 모든 것이 궁극적으로 우리의 잔을 채워주는 그 와인에 있어 무엇을 의미하는지 알아보도록 하자.

이번 장에 소개되는 와인 생산국들은 와인 매장에서 접하게 될 가능성이 가장 높은 곳들로, 와인 생산량이 높은 순서로 배치되어 있다. 이 글을 쓸 당시 기준으로 세계 5대 와인 생산국은 1위인 이탈리아를 필두로 프랑스, 스페인, 미국, 아르헨티나의 순이다.

이탈리아

이탈리아 북부 랑게 지역의 완만하게 경사진 언덕지대까지 살며시 다가온 포도나무 재배.

주요 포도 품종: **청포도**-아르네이스, 카타라토, 샤르도네, 피아노, 프리울라노, 가르가네가(소아베용 품종), 글레라(프로세코용), 그레케토, 그릴로, 말바지아, 모스카토 블랑, 피노 그리지오, 리슬링, 소비뇽 블랑, 트레비아노, 베르디키오, 베르멘티노, 베르나챠 **적포도**-알리아니코, 바르베라, 보나르다, 카베르네 소비뇽, 코르비나(아마로네용), 돌체토, 프라파토, 람브루스코, 메를로, 몬테풀치아노, 네비올로(바르바레스코 및 바롤로용), 네그로아마로, 네로 다볼라, 피노 네로, 프리미티보, 레포스코, 사그란티노, 산지오베제, 시라, 테롤데고

주요 생산 와인: 여러 토착 품종과 이식 품종으로 만드는 온갖 스타일의 단일 품종 와인 및 블렌딩 와인, 아마로네, 바르바레스코, 바롤로, 브루넬로 디 몬탈치노, 키안티, 프란치아코르타, 람브루스코, 마르살라, 모스카토 다스티, 프로세코, 소아베, 발폴리첼라, 비노 노빌레 디 몬테풀치아노

이탈리아 와인 라벨 읽기

이탈리아는 프랑스가 개척한 유럽의 와인 라벨 표기 기준에 따라 생산 방식과 포도 품종을 지역과 연계시킨다(단 종종 포도 품종이 표기되고, 이탈리아인들은 와인에 '재미있는 착상의' 이름을 넣는 것을 좋아하기도 한다). 다음은 이탈리아의 와인 라벨에서 마주치기 쉬운 용어 몇 가지다.

클라시코(Classico): 유서 깊은 지역에서 생산된 DOC 와인(아래 참조. 예: 키안티 클라시코)

DOC(Denominazione di Origine Controllata): 말 그대로 '원산지 명칭 통제' 와인으로 포도 재배, 와인 양조, 품질 기준에 대한 규제가 있는 특정 지역의 와인

DOCG(Denominazione di Origine Controllata e Garantita): '원산지 명칭 통제 및 보증'이라는 뜻으로, 가장 엄격한 품질 및 통제 기준을 따르는 지역의 최고 품질 와인

IGT(Indicazione Geografica Tipica): Vini IGP(Protected Geographical Indication) 역시 지리적 명칭이 보호되는 와인으로, 지역명 표시 와인을 가리킴

리제르바(Riserva): 오크통이나 병, 혹은 둘 모두에서 최소한의 기간 동안 숙성을 거친 와인(의무 기간은 지역과 포도 품종에 따라 다양하며 대체로 이 의무 기간을 초과해 숙성시킴)

수페리오레(Superiore): 비교적 알코올 함량이 높고 수확 조건도 더 엄격한 와인

비노 다 타볼라(Vino da Tavola): 테이블 와인(일상적으로 소비되는 와인으로, 원산지명 표기 등의 통제를 받지 않는다-옮긴이)

가끔씩 이탈리아 와인은 어디에나 가도 있는 듯한 느낌이 드는데, 그 이유는 실제로 그렇기 때문이다. 이탈리아는 연간 와인 생산량에서 세계 최고의 자리를 놓고 프랑스, 스페인과 경쟁을 벌이는 나라로 포도 경작 면적이 약 150만 에이커에 이른다. 전 세계에서 팔리는 와인의 20%를 이탈리아 와인이 차지하고 있고, 와인용 토착 포도 품종의 보유에서도 이탈리아를 따라올 나라가 없다.

이탈리아의 뛰어난 와인 생산력의 잠재성은 고대 시대부터 이미 뚜렷했다. 이탈리아에서는 에트루리아인의 시대와 그리스 시대부터 와인을 생산했다. 이후에 로마인들이 와인 양조를 새로운 차원으로 끌어올려 포도 재배를 곳곳으로 확장시킴으로써 현재 모습의 이탈리아를 만들었다. 이탈리아는 현재 상상 가능한 거의 모든 종류의 와인을 만들고 있다. 가벼운 화이트 와인(소아베 등)에서부터 오프 드라이하면서 탄산의 톡 쏘는

재미까지 있는 와인(모스카토 다스티), 강렬한 레드 와인(아마로네), 과즙미를 뿜는 디저트 와인(대체로 파시토라는 건포도 원료의 와인)까지 그 종류가 다양하다.

다양한 와인 양조 기술, 포도 품종, 전통, 생산지, 기후, 지리 덕분에 이탈리아 와인은 하나의 스타일로 특징 짓기가 불가능하다. 오히려 이탈리아를 둘로 나누어서 보는 것이 도움이 된다. 이탈리아를 절반으로 나누면 북쪽은 비교적 선선하고 대륙성 기후를 갖추고 있는 반면, 남쪽은 지중해성 기후이면서 온난한 편이다. 이런 환경이 재배되는 포도와 생산 가능한 와인 스타일에 영향을 미치고 있다. 지금부터 북쪽에서부터 남쪽으로 내려가면서 두 지역 내의 주요 생산지 몇 곳을 둘러보며 생산지별로 가장 유명한 특산품 와인은 무엇이 있는지도 함께 알아보자.

피에몬테

언덕이 많은 이 북서쪽 지역은 이탈리아에서 가장 다채로운 와인 생산지라고 할 만하며 지역 내에 아펠라시옹이 여러 곳 있는데, 저마다 스타일에서 큰 차이를 보인다. 피에몬테는 일조량이 많고 생장기의 기후가 선선해 여러 포도 품종이 잘 자라고, 완전히 숙성되어도 여전히 기운찬 산미를 머금고 있다. 기포로 재미를 주는 그 유명한 모스카토 다스티 와인이 바로 여기에서 만들어진다. 바르베라 다스티뿐만 아니라, 이탈리아에서 가장 수명이 길고 가장 파워풀한 구조감을 가진 레드 와인인 바롤로와 바르바레스코 역시 이곳이 생산지다(두 레드 와인 모두 네비올로 포도로 만든다).

롬바르디아

롬바르디아는 이탈리아 중북부에 자리해 있고, 알프스 산맥과 관광 명소인 가르다 호 등의 그림같이 아름다운 수많은 호수로부터 두루 영향을 받는 선선한 대륙성 기후 지대. 숙성 가치가 높고 기운 넘치는 (베르디키오의 친척뻘인 투르비아나 포도 원료의) 루가나 화이트 와인이 여기에서 빚어지고 있다. 하지만 롬바르디아의 가장 유명한 와인 수출품은 샴페인과 포도 종류와 양조 방식이 똑같은 스파클링 와인 프란치아코르타다(이 와인은 품질 면에서도 샴페인에 필적할 만하다).

트렌티노 알토 아디제

이 북쪽 지역은 오스트리아와 인접한 환경으로부터 영향을 받고 있다(알토 아디제 지역의 3분의 2에서는 여전히 독일어를 쓰고 있으며, 이곳에서 쥐트티롤로 부르는 독일어가 종종 와인 라벨에도 표기된다). 이탈리아의 다른 지역에서는 보기 드문 청포도 품종(리슬링 등)을 다수 재배하고 있기도 하다. 이곳에서는 특히 피노 그리지오가 그 진가를 발휘해, 새콤하고 상쾌한 화이트 와인으로 빚어지고 있다. 이 산악지대는 비교적 서늘한 기후 때문에 전통적 방식의 스파클링 와인으로도 유명하며(특히 트렌토 DOC의 명성이 높다), 대체로 샴페인과 같은 포도를 이 와인의 원료로 쓰고 있다.

프리울리 베네치아 줄리아

이탈리아 북중부에 인접한 산악지대 프리울리 베네치아 줄리아는 라이트 보디에 활기 넘치는 특징의 산도 높은 와인으로 유명하다. 이곳의 와인은 남쪽 지역 와인에 비해 구조감이 더 탄탄하기도 하다. (특히 콜리오의 남쪽 지역을 중심으로) 프리울라노와 리볼라 지알라를 원료로 써서 화이트 와인을 만들고 있는가 하면, 카베르네 프랑과 메를로로 레드 와인도 만든다.

베네토

베네치아 인근의 이 북동쪽 지역은 기후가 선선하며 알프스 산맥의 보호를 받아 혹독한 추위를 면하고 있다. 여러 가지 스타일의 와인을 만들고 있지만 네 곳의 아펠라시옹이 특히 유명하다. 그중 한 곳인 프로세코에서는 글레라 포도로 과일 풍미가 두드러지고 맛보는 재미까지 주는 스파클링 와인을 만든다. 또 한 곳인 소아베는 가르가네가로 라이트와 미디엄의 중간 보디에 새콤하고 시트러스 풍미가 있는 화이트 와인을 만든다. 마지막 두 곳은 이 화이트 와인들과는 극과 극을 이루는 와인인 발폴리첼라와 아마로네를 빚어내고 있다. 둘 다 코르비나 포도를 베이스로 한 레드 와인이며 포도를 건조시켜 알싸함, 농축도, 잠재적 알코올 강도를 높여서 만든다.

에밀리아 로마냐

볼로냐 인근의 이 북쪽 지역은 이탈리아에서 가장 넓고 가장 생산력 높은 와인 생산지로 꼽힌다. 대부분 이름을 들어봤을 만한 람브루스코의 원산지가 바로 이곳이다. 동명의 적포도로 만들어 레드 베리 풍미가 있고 대체로 오프 드라이한 세미 스파클링 와인인 람브루스코는 잘 빚어지면 가성비가 뛰어나다(그리고 맛보는 재미도 상당하다).

토스카나

토스카나의 와인은 완만한 기복을 이루는 이 지역의 아름다운 풍경만큼이나 유명하며, 그런 명성을 얻기에 손색이 없다. 중부 지역에 속하는 이곳은 이탈리아에서 세 번째로 큰 와인 생산지이며 키안티뿐만 아니라 풀보디의 여러 화이트 와인들과 디저트 와인 스타일인 빈 산토의 고향이기도 하다. 이곳의 대표적 포도 품종인 산지오베제로 산미가 두드러지고 톡 쏘는 맛과 알싸함이 느껴지면서 미디엄에서 풀의 중간 보디감을 띠는 레드 와인이 빚어지기도 한다. 토스카나에서는 산지오베제의 여러 클론 변형 품종을 원료로 쓰고 있는데 그 중 한 품종이 농후한 풍미가 층을 이루는 레드 와인, 브루넬로 디 몬탈치노로 거듭나고 있다. 이 지역은 카베르네 소비뇽 같은 세계적 품종들을 활용하는 명품 와인, '슈퍼 투스칸'의 고향이기도 하다. 이 슈퍼 투스칸으로 말하자면, 지역의 규제를 받지 않는 포도 품종들을 원료에 포함시키는 바람에 라벨에 '더 낮은' 품질 등급을 표기할 수밖에 없었지만 잇따른 극찬을 얻게 되며 더 상급으로 취급받는 DOC 와인들보다도 높은 가격을 호가하게 된 와인이다. 슈퍼 투스칸의 성공으로 규제에 변화가 생길 수밖에 없게 되어 볼게리 같은 개척적인 하위 구역들이 DOC 등급을 부여받기도 했다.

움브리아

토스카나 남쪽에 위치한, 해안지대가 없는 지역이다. 이곳은 트레비아노와 그레케토 두 가지 포도로 만드는 화이트 와인이 유명하지만 가장 높은 등급은 레드 와인들이 차지하고 있다. 그중 가장 유명한 와인은 몬테팔코 지역에서 만드는 사그란티노다. 사그란티노 적포도는 플럼 풍미뿐만 아니라 농축미, 타닌감, 힘에서도 이탈리아 포도 중 단연 으뜸이다. 그 타닌을 길들이기 위해 (산지오베제 등) 다른 품종을 블렌딩하거나 더 오랜 기간 동안 숙성시키는 것이 보통이다.

아브루초

이 동중부 지역은 산이 많아 포도 경작지가 한정되어 있지만 이에 굴하지 않고 이탈리아 내에서 최고의 와인 생산지로 올라섰다. 이곳의 가장 유명한 레드 와인의 원료는 몬테풀치아노로(토스카나의 마을인 몬테풀치아노와 혼동하면 안 된다), 아브루초의 온난한 기후에서 잘 여문다. 이 몬테풀치아노로 빚어지는 와인은 풀 보디에 색이 칠흑빛에 가깝고 산미가 적당하면서 농축된 붉은색과 검은색 과일의 풍미가 강하다. 원숙하고 유연한 타닌감을 갖추어 입안에서 부드러운 질감을 일으킨다.

캄파니아

장화 모양의 이탈리아 지형에서 정강이 부분에 위치한 곳이다. 이탈리아에서 가장 역사 깊은 와인 생산지 중 한 곳이며, 햇볕이 잘 들면서 온난하고 건조해 포도가 비교적 잘 여문다. 캄파니아는 (특히 팔랑기나, 피아노, 그레코를 원료로 써서) 매력적인 화이트 와인들을 만들어내고 있지만 알리아니코로 만드는 레드 와인이 가장 유명하다. 알리아니코 와인은 산미, 타닌감, 보디감, 블랙체리의 과일 맛이 강하게 두드러진다.

풀리아

이탈리아의 장화 지형에서 '뒤꿈치'에 해당하는 지역으로 지중해를 따라 길게 뻗은 해안지대 덕분에 따뜻하고 적당한 기후를 누리고 있다. 프리미티보(별칭으로는 진판델)로 만드는 레드 와인이 가장 유명하지만 다재다능한 포도 네그로아마로에 주력하고 있기도 하다. 이 네그로아마로는 감초, 담배, 프룬을 연상시키는 스파이시한 레드 와인으로 빚어질 수 있는 저력이 있다(놀라울 정도로 상쾌하고 꽃향기 그윽한 로제 와인으로도 거듭난다).

사르디니아 및 시칠리아

이탈리아의 큰 섬인 두 지역은 별개의 와인 문화를 가지고 있다. 두 곳 중 살짝 더 작은 섬인 사르디니아는 이탈리아 서쪽 해상으로 241km 떨어져 있다. 이곳은 수많은 문화적 영향 때문에 이탈리아 본토에서는 보기 드문 카리냥과 칸노나우(그르나슈) 같은 품종을 재배하고 있다. 가장 높은 등급의 와인은 베르멘티노로 빚는 화이트 와인으로, 시트러스 풍미에 아몬드와 허브의 향이 어우러져 활기차다.

여전히 활동 중인 에트나 화산이 우뚝 솟아 있는 시칠리아는 지중해에서 가장 큰 섬이다. 지금까지 아랍인, 그리스인, 페니키아인, 이탈리아인의 지배를 받아왔고 그에 따라 뒤섞인 문화가 이곳의 다채로운 와인 무대에 그대로 반영되어 있다. 이곳의 와인 중에서 가장 많이 보게 될 만한 와인으로는 그릴로로 만드는 화이트 와인(백도 풍미와 흰색 꽃의 아로마가 풍기는 미디엄 보디의 맛깔스러운 와인), 네로 다볼라로 만드는 레드 와인(짙은 색에 풀 보디를 띠고, 향신료와 과즙미 있는 플럼 풍미 가득한 와인), 마르살라(무화과, 견과류 풍미의 깊고 풍부한 주정강화 와인으로, 드라이(secco, 세코)에서부터 달콤한(dolce, 돌체) 스타일까지 다양하다)가 있다.

토스카나는 멋진 산비탈 도시들과 맛 좋은 레드 와인으로 가장 유명하다.

시음 투어: 이탈리아 북부

이탈리아 북부는 유럽에서 가장 유명하고 다채로운 와인 생산지로 꼽히는 지역 몇 군데를 품고 있다. 이번 시음은 이탈리아 북부 와인의 잠재성을 느껴보고자 마련했다.

페라리 브뤼 (트렌토)
밀짚색의 이 스파클링 와인은 트렌티노 알토 아디제의 산비탈에서 재배되는 샤르도네를 원료로 써서 전통적인 샴페인 방법을 활용해 만든다. 미세 기포가 올라오면서 재스민, 황사과의 아로마가 전해오고 라이트 보디의 미감 속에서 사과와 레몬의 풍미가 터지며 풍부한 산미를 뽐낸다. 효모 앙금 접촉 숙성에서 배어난 은은한 구운 빵 향도 있다.

칸티나 델라 볼타 람브루스코 디 모데나 스푸만테 (에밀리아 로마냐)
람브루스코 포도는 언제나 최상의 평만을 얻어왔던 품종은 아니지만 이 밝은 핑크빛의 세미 스파클링 와인처럼 정말로 맛 좋은 와인으로 빚어질 수도 있다. (선선한 기후에서 재배된 포도에서 직접 전해진) 석류, 레드 베리, 장미 꽃잎의 아로마와 라즈베리 풍미가 발랄한 미감과 맛보는 재미를 선사해준다.

이나마 빈 소아베 클라시코 (베네토)
가르가네가 포도로 만드는 소아베의 화이트 와인은 라이트한 보디감에 재스민, 견과류, 레몬라임(탄산음료의 일종) 향과 풍미가 있으며 상쾌하면서도 풍부한 과일 향이 미각을 자극한다.

레나토 라티 바르베라 다스티 (피에몬테)
이탈리아 북부 지역에서 가장 잘 자라는 바르베라로 빚어낸 짙은 루비빛 붉은색의 풀 보디 와인. 향신료, 제비꽃, 블랙 체리의 아로마, 잘 익은 야생 라즈베리의 풍미, 위압감을 주지 않는 풍부한 미감을 갖추고 있다. 그리고 그 사이로 바르베라의 산미가 진가를 발휘하며 입안에 활기찬 느낌을 일으킨다.

빌라도리아 '브리코 마뇨' 랑게 네비올로 (피에몬테)
이탈리아 북부 레드 와인의 왕과 여왕인 바롤로와 바르바레스코는 입안에서 타닌 괴물처럼 다가와 어릴 때는 맛보기 힘들 수도 있다. 가격도 비싸서 거액의 돈을 들이기 전에 이 와인들의 원료인 네비올로가 부여하는 풍미가 자신의 기호에 맞는지부터 확인해야 한다. 그런 면에서 다행스럽게도, 비교적 어리고 타닌이 적은 (게다가 가격도 더 저렴한) 이 와인 같은 네비올로 와인들도 만들어지고 있다. 벽돌빛이 도는 짙은 루비색의 이 와인은 가장 먼저 장미 꽃잎, 바닐라, 삼나무, 다크 초콜릿의 아로마가 풍겨나온다. 미감을 주도하는 잘 익은 레드플럼 풍미는 네비올로의 높은 산도와 입안을 죌 정도의 타닌 덕분에 풍부하고 강렬한 기운을 갖추고 있다.

시음 투어: 이탈리아 남부

지중해성 기후를 가진 이탈리아 남부는 포도를 재배하기에 일조량이 풍부하고 기온이 따뜻해 원숙하고 풍만한 와인을 빚어낸다. 섬 지역에서부터 움브리아에 이르는, 이번 이탈리아 남부의 시음 투어를 하다 보면 어느새 당신이 즐겨 보는 이탈리아 요리책으로 손을 뻗게 될지도 모른다.

칸티네 아르지올라스 '코스타몰리노' 베르멘티노 디 사르데냐(사르디니아)

베르멘티노는 비교적 인지도가 낮지만 이탈리아에서 가장 섹시한 비밀 무기인 청포도일지 모른다. 이 연한 황금빛 와인은 아르지올라스에서 베르멘티노로 만든 와인으로 소나무, 박하, 허브의 향이 레몬의 아로마와 어우러져 있다. 미디엄 보디에 상쾌한 미감과 여운이 오래 남는 돌과 시트러스 풍미가 있어 (이 섬의 와인과 최고의 궁합인) 해산물과 이상적인 짝을 이룬다.

돈나푸가타 '수르수르' 그릴로(시칠리아)

연노란색의 이 와인은 그릴로 포도로 만들며, 시칠리아의 포도원에 서식하는 귀뚜라미의 아랍어 명칭에서 이름을 따 붙였다. 젖은 돌, 풀, 레몬껍질의 아로마가 상쾌하고 깔끔한 미감과 조화를 이루고 있다. 시트러스, 열대 특유의 풍미가 위험스러울 정도로 마시기 편한 맛을 선사한다.

칸텔레 네그로아마로 로사토(풀리아)

네그로아마로 레드 와인은 타닌이 입안을 가득 채울 수도 있지만 이 드라이한 로제 와인은 그 거친 성질이 길들여져 있다. 루비빛에 가까운 붉은색에서부터 말린 장미 꽃잎과 체리의 아로마, 산뜻하고 가벼운 보디, 잘 익은 레드 베리 풍미에 이르기까지 모든 요소가 적절히 갖추어져 있다.

비셀리아 '테레 델 불카노'(캄파니아)

캄파니아의 화산토에서 자란 두꺼운 껍질의 알리아니코 포도로 만든 불투명한 진홍빛 붉은색 와인. 블랙베리, 감초, 제비꽃 향에 플럼, 다크체리 풍미가 풍긴다. 파워풀하지만 비교적 미디엄 보디에 부드럽고 매끄러운 타닌감을 가졌다.

아르날도 카프라이 몬테팔코 로소(움브리아)

산지오베제, 메를로, 사그란티노(몬테팔코 지역의 상징적 포도)를 블렌딩한 레드 와인. 풀 보디에 야생의 붉은색 과일, 후추, 말린 허브의 아로마와 다크플럼 풍미가 물씬하다. 사그란티노의 거친 구조감이 메를로의 부드러움과 산지오베제의 산미로 억제되어 바로 즐기기에도 부담 없는 풀 보디 와인으로 거듭났다.

프랑스

동화 속에 나올 법한 아름다운 풍경과 농업이 어우러져 있는 와인 생산지, 프랑스 알자스.

주요 포도 품종: **청포도**-샤르도네, 슈냉 블랑, 게뷔르츠트라미너, 마르산, 뮈스카 블랑 아 프티 그랭, 리슬링, 루산, 소비뇽 블랑, 세미용, 비오니에 **적포도**-카베르네 프랑, 카베르네 소비뇽, 카리냥, 생소, 가메, 그르나슈, 말벡, 메를로, 무르베드르, 피노 뫼니에, 피노 누아, 시라

주요 생산 와인: 알자스 단일 품종 와인, 보졸레, 보르도, 부르고뉴, 크레망 드 루아르, 샹파뉴, 코트 뒤 론, 소테른

프랑스 와인 라벨 읽기

보통 프랑스의 와인 라벨에는 포도 품종을 표기하는 대신 아펠라시옹으로 해당 와인에 어떤 포도가 사용되었는지에 대한 단서를 알려준다. 일부 지역에서는 와인을 재배한 포도원의 등급을 나타내는 문구의 사용을 허용하지만 이 문구들이 지역에 따라 다른 의미인 경우도 있다.

다음은 라벨에서 비교적 자주 보게 되는 몇 가지 문구들이다.

아펠라시옹 도리진 콩트롤레(Appellation d'Origine Contrôlée, AOC 또는 AC), 또는 **아펠라시옹 도리진 프로테제**(Appellation d'Origine Protégée, AOP): 가장 엄격한 품질 및 통제 기준이 규정된 지역의 상급 와인

블랑(Blanc): 화이트 와인

샤토(Château): 에스테이트(포도원이나 자체 포도농장을 가진 와이너리-옮긴이)

코트(Côte): 언덕 비탈

크뤼(Cru): 매우 우수한 포도원(알자스)이나 와인 생산 마을(보졸레)

크뤼 부르주아(Cru Bourgeois): 우수 등급의 생산자(생테밀리옹)

크뤼 부르주아 익셉시오넬(Cru Bourgeois Exceptionnel): 매우 우수한 등급의 생산자(생테밀리옹)

크뤼 부르주아 슈페리에(Cru Bourgeois Supérieur): 우수 등급의 생산자(생테밀리옹)

크뤼 클라세(Cru Classé): 뛰어난 생산사(프로방스)

그랑 크뤼(Grand Cru): 매우 우수한 최상급 포도원(부르고뉴)이나 와인 생산 마을(상파뉴)

그랑 크뤼 클라세(Grand Cru Classé): 메독, 그라브, 소테른의 매우 우수한 생산자(1855년에 제정된 1등급에서 5등급까지 등급 체계)

그랑 뱅(Grand Vin): '위대한 와인(great wine)'이라는 뜻. 규제를 받지 않는 마케팅 문구로, 미국의 'Winemaker's Selection'에 상응함

밀레짐(Millésime): 빈티지

프리미에 크뤼(Premier Cru): 뛰어난 2등급 포도원(부르고뉴)이나 와인 생산 마을(상파뉴)

프리미에 그랑 크뤼 클라세(Premier Grand Cru Classé): 매우 우수한 생산자(생테밀리옹)

루즈(Rouge): 레드 와인

비에이유 비뉴(Vieilles vignes): 수령이 오래된 포도나무

비네롱(Vigneron): 포도원 경영자

뱅(Vin): 와인

뱅 드 페이(Vin de Pays) 또는 **인디카시옹 제오그라피크 프로테제**(Indication Géographique Protégée, IGP): 지역명 표기 와인

뱅 드 타블(Vin de Table)/**뱅 드 프랑스**(Vin de France): 테이블 와인

많은 이들에게 프랑스는 와인과 동의어로 통하지만 그것은 프랑스가 포도 경작 면적이 200만 에이커에 이르고, 와인 생산량에서 세계 3위 안에 든다는 사실 때문만은 아니다. 가장 유명한 포도 품종의 상당수에서, 프랑스산이 그 품종 와인의 전 세계적 벤치마크로 여겨지면서 다른 모든 와인 생산국에서 이 품종들을 재배하는 방식에 영향을 미치고 있기 때문이기도 하다. 가장 역사 깊은 프랑스 지역의 최상급 와인들은 수집가들에게 선망의 대상이 되고 있고 종종 최고가를 호가하기도 한다.

프랑스에서는 '테루아'라는 개념이 와인의 양조 방법과 떼려야 뗄 수 없이 얽혀 있고, 극소수의 예외를 제외하고 포도 품종이 라벨에 표기되지 않아 지역명을 보고 유추해야 한다(그래서 미국 와인 구매자들의 머리를 꽤나 아프게 한다). 놀라운 이야기도 아니겠지만 EU 전역에서 와인 생산을 규제하기 위해 사용하고 있는 현재의 품질 등급 체계는 프랑스에서부터 시작된 것이었다.

프랑스의 와인 양조 역사는 2,500년도 더 되는 과거로 거슬러 올라간다. 기원전 6세기에 페니키아인이 가장 먼저 와인을 양조했을 가능성이 높으며, 이후에는 로마인들에 의해 포도 재배 기술이 전파되었다. 전 역사에 걸쳐 프랑스는 다른 유럽 국가들과의 교역 부상과 (상당한 규모의 포도원 땅을 소유하고 있던) 가톨릭교의 영향에 힘입어 와인 산업이 번창했다. 1850년대에는 프랑스가 필록세라 전염병의 진원지가 되기도 했고, (어쩌다 우연히 미국에서 들여오게 된) 포도나무뿌리진디가 촉발시킨 이 전염병으로 당시 유럽의 포도원 대부분이 초토화되고 말았다. 이러한 내력이 현재 유럽의 포도 품종들이 필록세라 내성이 있는 미국 포도나무의 접본에 접붙이기를 하고 있는 이유이자, 프랑스의 포도 품종이 남미 전역에서 빠르게 확산되고 있는 이유의 하나이기도 하다(당시 와인 생산자들은 전염병을 피해 남미로 일거리를 찾으러 들어오면서 포도나무 가지를 가져왔다).

프랑스의 와인 생산은 그 어느 나라보다도 다양하고 광범위하다. 지금부터 가장 흔히 접하게 될 만한 프랑스 와인 생산지 몇 곳에 대한 기본 상식을 알아보자.

알자스

보주 산맥을 경계로 해 독일과 인접해 있는 알자스는 한때 독일의 영토였고, 따라서 와인 라벨에 포도 품종을 표기하는 등 현재까지도 독일의 영향이 남아 있다. (스파클링 와인과 스위트 와인을 비롯해) 여러 가지 스타일의 와인을 생산하고 있지만 선선한 기후인 알자스에서는 화이트 와인이 주를 이룬다. 주로 리슬링, 피노 누아, 피노 블랑, 게뷔르츠트라미너를 원료로 써서 숙성 가치가 높고 산미가 풍미를 주도하는 와인들을 빚어내고 있다(이런 스타일의 와인에 관한 한 알자스가 세계적 기준이다).

보졸레

과일 풍미와 흥행 요소를 갖추고 있지만 자주 비방의 대상이 되는 그 보졸레 누보의 고향이다. 프랑스 동중부의 부르고뉴 남쪽에 위치한 이곳은 선선한 기후를 지니고 있고 가메가 주요 재배 품종이다. 라이트 보디에 낮은 타닌감의 레드 와인으로 가장 유명하며 대체로 와인 양조 시에 탄산 침용 방식을 활용해 가메의 풍부한 과일 아로마를 부각시킨다. 하지만 이 지역 최상급 와인(열 군데의 크뤼 마을에서 생산하는 와인들)은 품질과 수명 모두에서 높은 수준에 들기도 한다.

보르도

보르도는 30만 에이커에 가까운 포도 경작 면적, 8,500곳의 생산자, 54개의 아펠라시옹, 연간 생산량 7억 병을 자랑하는 곳으로 프랑스 와인계에서 가장 규모가 크다. 남서쪽에 위치한 이곳은 도르도뉴 강과 가론 강, 두 강이 합류해 흘러드는 지롱드 강을 끼고 있다. 지롱드 강둑에는 역사적으로 유명한 생산자들이 자리 잡고 있는데, 그런 이유로 보르도의 레드 와인에 대해 말할 때 주된 품종이 카베르네 소비뇽인 그라브와 메독 등지를 '좌안'으로, 또 주된 품종이 메를로인 생테밀리옹과 포므롤 등지를 '우안'으로 칭하는 것이다.

보르도는 나폴레옹 3세가 파리 국제박람회에서 프랑스 와인을 알리기 위해 요구하면서 제정된 1855년의 와인 등급으로도 유명하다. 이 등급 체계에서는 메독 레드 와인의 생산자들과 달콤한 소테른 바르삭의 생산자들을 가격에 따라 5등급으로 분류했다. 이 등급의 개념이 고착되어 지금도 여전히 이 1~5등급에 드는 유명한 샤토 일부가 세계 최상급 레드 와인을 생산하는 최고 등급의 생산자들과 나란히 거론되고 있다.

부르고뉴

프랑스 동부에 위치한 곳으로, 특히 코트 도르를 중심으로 한 비교적 선선한 지역은 피노 누아와 샤르도네에 관한 한 세계적 기수 역할을 하고 있다. 각각의 품종에서 최상급 와인들은 생산량이 소량에 그쳐 경매에서 어마어마한 가격에 낙찰되고 있다. 부르고뉴의 하위 아펠라시옹들은 워낙 유명하며, 지역명 표기와 테루아 간의 관계가 프랑스의 그 어느 곳보다 긴밀하다. 부르고뉴의 대표적 와인 생산지는 (북쪽에서부터 서쪽으로 쭉 나열하면) 다음과 같다.

샤블리: 부르고뉴 북쪽에 위치해 있는 곳으로 미숙성 샤르도네의 고향이다. 산미가 주도하는 상큼한 스타일에 대체로 샤르도네의 순수한 과일 풍미가 느껴지는 것이 이 미숙성 화이트 와인의 특징이다.

코트 드 뉘: 피노 누아를 주로 생산하는 곳이자 주브레 샹베르탱과 유명한 본 로마네의 고향이며, 세계 최고가에 꼽히는 와인들도 만들어내고 있다.

코트 드 본: 북쪽에서는 피노 누아, 남쪽에서는 샤르도네를 주로 재배하는 지역으로 포마르, 볼네, 뫼르소, 풀리니 몽라셰 등의 아펠라시옹을 보유하고 있다.

코트 샬로네: 부르고뉴의 대표적 와인 생산지이며 대부분의 와인이 메르퀴레 아펠라시옹에서 생산되고 있다.

마코네: 주로 샤르도네를 생산하며 유명한 푸이 퓌세가 여기에 속해 있다.

샹파뉴

샹파뉴라는 이름은 모르는 사람이 드물 정도여서 이제는 스파클링 와인의 대명사가 되었다. 벨기에 인근에 위치해 프랑스에서 가장 서늘한 와인 생산지에 속한다. 백악질 토양이 주를 이루며, 로마인들이 파놓은 채굴 동굴이 남아 있고(이 가운데 일부에서는 동굴을 파면서 썼던 고대 도구들의 흔적이 여전히 발견되고 있다) 현재는 대부분의 샴페인이 이런 동굴에서 숙성되고 있다. 샹파뉴는 중세 시대 이후로 스틸 와인 생산으로 유명했다가 불안정한 와인의 저장 용기에서 자연 발생적인 2차 발효가 일어나면서(그리고 아마도 폭발하기도 하면서) 스파클링 와인이 우연한 계기로 '발견'되었다. 1600년대에는 유리 제조술이 안정성 있는 수준으로 높아져 의도적인 2차 발효로 기포를 생성시키면서 와인을 안전하게 보관할 수 있게 되었다.

(화이트 와인도 로제 와인도 될 수 있는) 샴페인 블렌딩에는 세 가지 포도를 쓴다. 적포도인 피노 뫼니에와 피노 누아, 청포도인 샤르도네다.

스타일은 사용하는 포도에 따라 구분하거나(샤르도네로 만들면 블랑 드 블랑이고 적포도로만 만들면 블랑 드 누아가 된다) 당도에 따라 분류한다. 빈티지가 표기되어 있지 않다면 대체로 여러 해의 빈티지를 블렌딩한 샴페인이다. 대형 브랜드에서 독자적인 '하우스' 스타일을 차별화하기 위해 이런 블렌딩을 활용한다.

랑그독 루시옹

프랑스의 다른 와인 생산지에 비해 규제가 적고 남부 해안지대에 속하는 랑그독 루시옹은 크기 면에서 프랑스의 최대 와인 생산지. 비교적 혁신적인 실험이 많이 펼쳐져 프랑스 전역에서 생산되는 여러 포도 품종(메를로, 카베르네 소비뇽, 무르베드르, 그르나슈, 시라, 비오니에, 소비뇽 블랑 등)을 재배하고 있다. 대체로 풍부한 풀 보디의 특징을 내세워 스파클링 와인(크레망 드 리무 등)과 스위트 와인(뮈스카 드 리브잘트 등)을 비롯한 다양한 스타일을 만들고 있어 흥미진진한 지역이다.

샴페인 라벨 읽기

샴페인 라벨에는 당도를 가늠할 만한 단서가 되는 스타일 관련 용어가 들어간다. 비교적 달콤한 스타일 중 상당수에 세크(sec, 드라이)라는 용어가 찍혀 있어 혼란을 주기도 한다. 다음은 가장 드라이한 스타일부터 가장 달콤한 스타일까지 순서에 따라 정해진 규정 용어다.

- 브뤼 나투르(Brut Nature)
- 엑스트라 브뤼(Extra Brut)
- 엑스트라 세크(Extra-Sec)
- 세크(Sec)
- 드미 세크(Demi-Sec)
- 두(Doux)

샴페인 라벨에는 다음과 같이 생산 유형을 알려주는 작은 글씨들도 찍혀 있다.

NM: 네고시앙 마니퓔랑(Négociant-Manipulant) 포도를 구입해서 만드는 샴페인

RM: 레콜탕 마니퓔랑(Récoltant Manipulant) 포도 재배자가 직접 만드는 샴페인. 다른 말로 'Grower Champagne'이나 'Farmer Fizz'라고도 부름

CM: 코페라티브 드 마니퓔랑(Coopérative de Manipulation) 소규모 재배업자들이 협동 생산한 샴페인

RC: 레콜탕 쿠페라퇴르(Récoltant-Coopérateur) 재배업자들이 협동해서 생산하되 각 재배업자가 독자적인 브랜드명을 붙이는 샴페인

SR: 소시에테 드 레콜탕(Société de Récoltants) 포도 재배업자들이 하나의 와이너리 시설을 공유하되 각자 독자적으로 생산하는 샴페인

ND: 네고시앙 디스트리뷔퇴르(Négociant Distributeur) 양조된 샴페인을 구매해 자신의 브랜드로 판매하는 것

MA: 마르케 다쿼퇴르(Marque d'Acheteur) 마트 체인 납품용 같은 주문 제작 브랜드

루아르 밸리

1,012km 길이에 이르는 루아르 강줄기의 대부분이 뻗어 있어 선선한 기후에 속하고, 위치와 빈티지가 87개 아펠라시옹에서 생산되는 각지의 와인 스타일과 풍미에 큰 영향을 미치는 지역이다. 규모 면에서 보르도 못지않으며 특히 크레망 드 루아르는 프랑스에서 상파뉴 다음으로 스파클링 와인을 많이 생산하고 있다.

몇 가지 와인만 맛봐서는 루아르 밸리의 수많은 아펠라시옹을 그저 겉핥기식으로밖에 알지 못할 것이다. 규모와 와인의 다양성을 느껴보기 위해서는 루아르 밸리를 다음과 같이 세 구역으로 나누어 생각해보는 것이 유용하다.

어퍼 루아르: 가장 동쪽 지대로, 상세르와 푸이 퓌메가 속해 있고 생기 있는 소비뇽 블랑이 주로 생산된다. 소비뇽 블랑 외에 다른 여러 품종도 재배되면서 피노 누아로 섬세한 레드 와인과 로제 와인이 빚어지고 있기도 하다.

미들 루아르: 시농, 투렌, 소뮈르, 부브레를 품고 있으며 주로 카베르네 프랑(레드 와인용)과 슈냉 블랑(드라이한 화이트 · 스위트 · 스파클링 와인용)을 재배한다.

로어 루아르: 대서양 연안까지 뻗어 있는 서쪽 지대. 믈롱 드 부르고뉴로 섬세하고 해산물과 잘 어울리는 뮈스카데 와인을 빚어내고 있다.

프로방스

남동쪽 끝에 위치해 있어 지중해성 기후를 누리고 있는 프로방스는 프랑스에서 드라이한 로제 와인 생산의 중심지이며, 특히 코트 뒤 프로방스의 로제 와인이 유명하다. 코트 뒤 프로방스는 이 지역 동쪽에 자리한 80개 이상의 구역을 아우르는 대규모 아펠라시옹이다(무르베드르로 레드 와인을 만드는 지역인 방돌도 유명한 아펠라시옹이다). 강한 미스트랄(프랑스에서 지중해를 향해 부는 한랭건조한 국지풍-옮긴이) 때문에 전통적 화학 물질의 사용을 피하는 농경법을 쓰고 있다.

론 밸리

프랑스 남부 론 강 주변에서 포도가 재배된 역사는 기원전 6세기까지 거슬러 올라가지만 본격적인 포도 재배가 이루어진 때는 교황청이 아비뇽으로 옮겨온 13세기부터다(론 남부에서 가장 유명한 아펠라시옹의 명칭인 샤토뇌프 뒤 파프(교황의 새로운 성)가 이런 내력에서 유래된 것이다). 현재 론 밸리는 풀 보디 화이트 와인과 우람한 골격을 갖춘 레드 와인의 요람이며 그중 상당수를 코트 뒤 론 아펠라시옹에서 만들어내고 있다(론 밸리에서는 로제 와인과 스파클링 와인도 생산된다). 론 밸리의 레드 와인은 대체로 가리그(garrigue) 아로마, 즉 타임, 로즈메리, 라벤더 등의 다양한 야생 지중해 허브가 한데 섞인 향을 띤다.

론 밸리는 기후와 주요 포도 품종이 서로 다른 다음 2개 구역으로 뚜렷이 구별된다.

북부 론: 이 지역은 대륙성 기후에 속해 겨울엔 춥고 여름엔 따뜻하며 강한 미스트랄의 영향을 받는다. 주된 품종은 시라이며 코트 로티, 에르미타주, 생조제프 같은 아펠라시옹에서 후추 풍미가 나는 근육질의 레드 와인을 만들어낸다. 콩드리유와 샤토 그리예에서는 비오니에로, 그 밖의 아펠라시옹 대다수에서는 마르산과 루산으로 꽃향기 풍기는 화이트 와인을 빚기도 한다.

남부 론: 이 지역은 비교적 지중해성 기후이고 미스트랄의 영향을 덜 받으며 여러 아펠라시옹 사이에서 다양한 미세 기후를 띤다. 여러 구역에서 (갈레, 즉 '조약돌'이라고 하기엔 다소 무리인) 큰 돌들이 포도원을 점령하고 있어 태양의 열을 흡수해 들였다가 이후에 포도로 방출해준다. 로제 와인(타벨이 가장 유명한 생산지임)과 주정강화 와인도 만들고 있지만 특히 샤토뇌프 뒤 파프를 중심으로 나무딸기 풍미의 농후하고 파워풀한 레드 와인에 주력하고 있다. 이 레드 와인들은 여러 품종을 블렌딩해 만든다(그중에서도 그르나슈, 시라, 무르베드르, 카리냥, 생소를 가장 많이 쓰고 있다). 기분 좋게 취기를 자극하고 풍미 가득한 남부 론의 화이트 와인 역시 블렌딩 와인으로 주로 루산, 부르블랭, 픽풀, 클라레, 위니 블랑을 원료로 쓴다.

프랑스의 서늘한 지역

프랑스를 반으로 나누어 서늘한 기후에 드는 지역은 세계에서 가장 표현력 뛰어난 와인의 생산지 몇 곳의 터전이다. 이번 시음에서는 은행 잔고를 바닥내지 않으면서 빠르게 이 지역을 여행하는 시간을 가져보자. 프랑스 와인의 시음에 대해 더 자세히 알아보고 싶다면 다음 시음 가이드들을 참고하길 바란다. 보졸레 누보 그 이상의 가메 46쪽, 보르도를 넘어: 프랑스의 유명한 블렌딩 품종 52쪽, 편견의 이면: 피노 그리/피노 그리지오 59쪽, 다양한 스파클링 와인의 세계 88쪽, 풍미를 지닌 나무통: 오크의 영향 92쪽, 우수 블렌딩 와인 10종 98쪽, 양조법의 영향 105쪽.

도멘 데 코트 블랑슈 상세르(루아르 밸리)
루아르 동부 지역에서 만들어낸 밀짚빛 노란색에 미디엄 보디의 소비뇽 블랑으로, 이 지역에서 가장 보편적 스타일인 가벼운 풍미를 선보인다. 섬세하고 새콤한 질감, 가벼운 자몽 풍미를 띠면서 레몬, 건초, 부싯돌의 아로마를 수줍은 듯 감추고 있다.

트림바크 리슬링(알자스)
한결같이 뛰어난 품질을 선보이고 있는 이 초록빛 도는 밀짚색 와인은 알자스 스타일의 리슬링이 어떤 것인지를 이상적으로 대변한다. 향신료, 허브, 잘 익은 레몬의 아로마에 이어 과즙미 있는 핵과일과 잘 익은 시트러스의 풍미가 활기차고 상쾌하게 입안을 채운다. 높은 산미로 강철처럼 탄탄한 감촉을 주면서도 맛이 좋아 마시기에 부담이 없다.

루이 자도 마콩 빌라주(부르고뉴)
코를 가져다 대면 황사과, 메이어 레몬, 허니듀 멜론의 향이 마중을 나오는 이 옅은 황금색 부르고뉴는 샤르도네 100%로 만든다. 풍미도 향을 거울처럼 되비쳐 미디엄 보디의 미감에 집중력 있고 순수한 느낌으로 전해오며, 포도가 서서히 여물면서 천연 산미를 간직할 수 있는 기후의 영향도 담겨 있다.

바통 & 게스티에 부브레(루아르 밸리)
슈냉 블랑에 특화되어 있는 미들 루아르 지역, 부브레에 부담 없는 가격으로 입문하기 좋은 와인. 맑은 노란색, 과일(파인애플과 백도)과 미네랄(강가의 젖은 돌멩이 느낌) 향, 싱그러움과 원숙함 사이에 밸런스가 잘 잡힌 열대과일 맛이 특징이다.

조셉 드루앵 코트 드 본 빌라주(부르고뉴)
드루앵은 (코트 드 본의 여러 마을에서 재배한 포도로 빚어낸) 이 피노 누아를 중가의 적정한 가격대로 선보이는 쉽지 않은 일을 해냈다. 향에서는 선선한 기후에서 자란 피노 누아의 전형적 특징이 살아 있어 레드 베리, 말린 시트러스 껍질, 향신료의 아로마가 느껴지고, 맛에서는 검은색 과일과 라즈베리의 풍미가 부드럽고 꽉 찬 질감으로 다가와 또 다른 느낌을 선사한다.

프랑스의 온난한 지역

프랑스 남부 지역은 북부에 비해 햇볕이 더 잘 들고 건조하면서 따뜻하다. 그에 따라 적포도와 보다 원숙한 스타일에 알맞은 와인이 빚어진다. 이번 시음에서는 프랑스에서 일조량이 풍부한 지역과 이 지역의 생산 와인들을 탐색해보자. 프랑스 남부 지역에 대해 보다 자세히 알고 싶다면 다음 시음 가이드를 참고하기 바란다. 의외의 다양성을 지닌 로제 80쪽, 우수 블렌딩 와인 10종 98쪽, 와인+음식: 보완과 대비 190쪽.

도멘 바롱 드 로칠드 '레장드' 보르도 블랑(보르도)

소비뇽 블랑과 세미용을 거의 같은 비율로 블렌딩해 보르도 블랑의 전형적 스타일로 빚어지는 화이트 와인. 초록빛 도는 밀짚색을 띠면서 아카시아, 흑연, 백도, 레몬의 향, 미디엄 보디, 입안을 가득 채우는 잘 익은 시트러스와 멜론 풍미를 갖추고 있다. 다수의 보르도 블랑 와인이 그렇듯 어릴 때는 수줍음을 타서 때때로 완전히 열리기 위해서는 몇 달간의 병입 숙성이 필요한 경우도 있다.

샤토 페조 몽타뉴 생테밀리옹(보르도)

메를로를 주원료로 쓰고 카베르네 프랑을 약간 섞어 만드는 이 레드 와인은 보르도 '좌안'의 전형이다. 가장자리에 보랏빛이 감도는 루비색을 담고 있으며 블랙플럼, 블랙올리브 향이 풍기고 메를로의 부드러운 미감이 기분 좋게 다가온다. 카베르네 프랑에서 전해준 구조감과 감초의 알싸함이 깊이감과 풍미의 차원을 높여준다.

폴 자불레 애네 '레 시프레' 바케이라(론 밸리)

론 남부의 전통적인 적포도 품종들을 블렌딩한 자줏빛 진홍색 풀 보디의 오크통 숙성 와인. 바케이라는 인근 지역 샤토뇌프 뒤 파프의 훨씬 더 고가인 레드 와인들과 비슷한 스타일의 와인을 정말 저렴한 가격으로 선보이는 곳이다. 이 와인에서는 가죽, 로즈메리, 다크체리의 아로마에 오크통 속에서 보내며 우려진 오크의 알싸한 향이 어우러져 있다. 타닌감이 제대로 융합을 이루면서 잘 익은 검은색 과일과 레드플럼 풍미가 부드러운 미감으로 다가오기도 한다.

M. 샤푸티에 '레 비뉴 드 빌라 오' 코트 뒤 루시옹 빌라주(랑그독 루시옹)

프랑스 남부의 아글리 밸리 비탈에서 생산되는 그르나슈, 시라, 카리냥의 블렌딩 와인. 오크 숙성을 거치지 않아 포도 품종의 과일 풍미가 순수하게 표현되어 있다. 풀 보디에 불투명한 자줏빛을 띠며, 꽉 찬 밀도감이 느껴지고 블랙베리와 블랙체리 풍미가 과즙미 있게 인안을 가득 채운다. 대담하고 흥미로운 복합적 향과 더불어 검은 감초, 타임, 후추의 향이 은은히 감돈다.

스페인

스페인에는 수령이 오래된 포도나무들이 흔하게 자라면서, 강렬한 풍미를 간직한 농축된 포도알을 키워내고 있다.

주요 포도 품종: **청포도**-아이렌(대부분 저렴한 화이트 와인용) / 알바리뇨(특히 리아스 바이사스 지역) / 샤르도네, 가르나차 블랑카, 마카베오, 파레야다, 사렐로(카바용) / 말바지아, 팔로미노, 페드로 히메네스, 모스카텔(셰리용) / 베르데호 / 비우라   **적포도**-카베르네 소비뇽, 카리냥(특히 카리녜나 지역), 가르나차, 메를로, 시라, 템프라니요

주요 생산 와인: 카바 / 프리오라트 / 리오하 / 셰리 / 카베르네 소비뇽, 가르나차, 메를로, 모나스트렐, 시라, 템프라니요로 만드는 단일 품종 · 로제 · 블렌딩 레드 와인 / 알바리뇨, 샤르도네, 베르데호로 만드는 단일 품종 화이트 와인

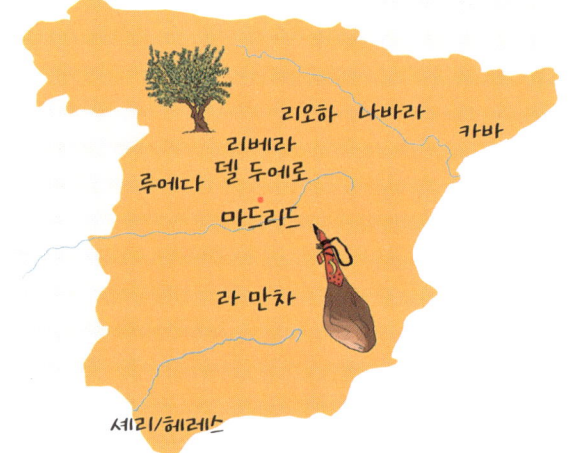

스페인 와인 라벨 읽기

스페인 와인을 구매할 때는 유럽의 와인 라벨에서 통상적으로 얻게 되는 (지역 명칭 등의) 정보 외에 다음과 같은 문구도 보게 될 테니 뜻을 알아두면 유용할 것이다.

아녜호(Añejo): 오래된/숙성된

바리카(Barrica): 오크통

보데가(Bodega): 와이너리 또는 와인 저장고

코세차(Cosecha): 수확

데노미나시온 데 오리헨(Denominación de Origen, DO): 규제에 정해진 포도 재배, 와인 양조, 품질 기준에 따라 표기된 지역 내의 포도로만 생산한 와인

데노미나시온 데 오리헨 칼리피카다(Denominación de Origen Calificada, DOCa): 가장 엄격한 품질 및 통제 기준에 따라 한 지역 내에서 생산된 최상급 와인

핀카(Finca): 에스테이트/농장. 대체로 직접 재배한 포도로 와인을 만든다는 의미

호벤(Joven): 어린. 출시되자마자 즐기도록 만들어진 와인이라는 의미

로블(Roble): 오크

로사도(Rosado): 로제

세미 둘세(Semi-dulce): 미디엄 스위트 스타일

세미 세코(Semi-seco): 오프 드라이 스타일

신 코세차(Sin cosecha): 논빈티지

벤디미아(Vendimia): 빈티지

비녜도(Viñedo): 포도원

비노 블랑코(Vino Blanco): 화이트 와인

비노 데 라 티에라(Vino de la Tierra): 지방 와인

비노 데 메사(Vino de Mesa): 테이블 와인

비노 틴토(Vino Tinto): 레드 와인

이베리아 반도에 속하는 스페인은 이탈리아와 프랑스에 이어 와인 생산량 3위 국가로, 포도원 면적이 300만 에이커에 육박하고, 포도 경작 면적으로는 1위에 든다. 스페인에서 포도가 재배된 역사는 대략 기원전 3000년으로 거슬러 올라간다. 이후 스페인이 식민지를 건설하고 선교 사업을 벌이면서 스페인의 포도 품종과 와인 양조 지식이 '신세계'로 널리 퍼져나갔다(그 과정에서 1769년에 캘리포니아 최초의 포도원과 와이너리가 설립되었다).

스페인의 기후는 대부분 덥고 건조하며 일부 지역은 지중해의 영향을 받는다. 포도를 숙성시키는 쪽으로는 별 문제가 없으며 포도나무가 여름의 더운 열기를 덜 받도록 대체로 높은 지대에 나무를 심는다. 스페인은 수많은 스타일의 와인을 솜씨 좋게 만들어내고 있으며, 와인 생산지가 140곳에 가까워 와인 무대가 다채롭고 흥미진진하게 펼쳐지고 있다.

이쯤에서 와인광이라면 으레 꿰고 다니는 잡학 상식 한 토막을 방출하자면, 재배 면적으로 따질 때 아이렌(Airén, 브랜디와 저렴한 화이트 와인의 원료로 쓰이는 품종)을 가장 많이 재배하는 곳도 스페인이다(특히 스페인의 전체 와인 생산량 중 3분의 1가량을 차지하고 있는 스페인 최대 와인 생산지 라만차에서 많이 재배한다). 아이렌 다음으로는 적포도가 스페인을 지배하고 있고, 그중에서 템프라니요가 왕이다. 템프라니요는 리오하의 레드 와인과 로제 와인을 받쳐주는 척추이자 나바라, 리베라 델 두에로, 루에다에서 미디엄에서 풀의 중간 보디에 씹히는 듯한 질감의 스파이시한 레드 와인으로 거듭난다. 소몬타노 같은 떠오르는 신흥 생산지에서 카베르네 소비뇽 등의 세계적 품종으로 생산한 와인으로 명성을 쌓아가고 있기도 하다.

가르나차(그르나슈)가 스페인 전역에서 널리 재배되고 있기도 한데 수령이 오래된 나무들도 흔하다(그중엔 50년부터 100년 이상까지 되는 나무들도 있다). 이렇게 오래된 나무에서 열리는 포도알은 수량이 적고 크기도 작아서 과육 대비 껍질의 비율이 높아 더 농축되고 구조감 있는 와인이 만들어진다. 프리오라트와 몬산트에서 특히 그런 경향이 강해서, 이곳의 가르나차 와인은 파워풀하고 과즙미 있으면서 플럼 풍미가 농후하다(가격도 비싸다). 나바라, 카리녜나, 캄포 데 보르하, 칼라타유드 지역 모두 가르나차를 생산하고 있어 이곳에서 생산된 품질이 뛰어나면서도 저렴한 레드 와인도 찾아보면 많다.

지금부터는 스페인에서 생산하는 주요 와인 스타일 몇 가지를 간략히 살펴보자.

카바

Cava는 '와인 저장고'라는 뜻이다. 말하자면 이 카탈로니아 지역의 스파클링 와인이 병에서 2차 발효와 숙성을 거치기 위해 보관되는 곳을 가리키는 말이다. 카바를 워낙 많이 생산하다 보니 이 지역이 자동으로 리들링 작업을 해주는 기계(87쪽 참조), 기로팔레트의 개발에서 아주 중요한 역할을 하기도 했다. 카바는 샴페인과 똑같은 포도 품종은 들어 있지 않지만(그 대신 토착 품종인 마카베오, 파레야다, 사렐로가 담기지만) 생산 방식은 샴페인과 똑같다. 복합미나 수명에서는 샴페인에 필적하진 못하겠지만 돈이 아깝지 않을 만큼 가성비가 좋다. 카바는 사과, 토스트의 아로마와 풍미가 물씬하고 효모와의 접촉 덕분에 크리미한 느낌을 띠는 라이트 보디 스타일을 선보이는 경향이 있다. 카바를 이야기할 땐 재미있고 세련된 무스도 빼놓을 수 없는데, '무스(mousse)'는 스파클링 와인을 따를 때 생기는 거품을 가리킨다(거품과 기포가 입안에서 일으키는 경쾌함을 표현할 때도 이 말을 쓴다).

리오하

에브로 강을 따라 자리 잡은 리오하는 스페인에서 가장 유명한 와인 생산지다. 화이트 와인(주로 비우라 포도로 만드는, 열대과일과 견과류 풍미의 산화 스타일 와인)뿐만 아니라 야생 딸기 풍미를 가진 아주 뛰어난 로제 와인도 만들고 있다. 하지만 리오하가 가장 명성을 얻게 된 두 가지 분야는 (템프라니요 베이스의) 레드 와인과 오크 숙성이다. 리오하의 품질 등급(크리안자, 레세르바, 그란 레세르바)은 모두 의무 숙성 기간이 다르며 와인이 오크통에서 보내는 시간은 코코넛, 토스트, 시나몬, 견과류의 아로마와 풍미에 극적인 영향을 미친다(더 자세한 이야기는 68쪽 '템프라니요' 항목 참조). 리오하 와인은 이미 숙성된 상태로 나오지만(따라서 출시되자마자 마셔도 되지만) 뛰어난 빈티지의 레세르바와 그란 레세르바 와인은 추가로 병입 숙성을 시키면 흙내음의 아로마와 풍미가 진전되어 더 두어도 좋다.

셰리/헤레스

스페인만의 독특한 주정강화 와인, 셰리는 헤레스 데 라 프론테라라는 안달루시아의 도시 인근에서 생산하고 있다. 뛰어난 셰리는 사실 '요리용 와인'으로만 활용하는 차원을 넘어 장기간 오크 숙성이 필요한 와인이라는 점에서 와인 세계에서 가장 독특한 경험을 해볼 기회로도 꼽힌다. 셰리는 발효 완료 후에 주정을 강화하고 '솔레라(solera)'라는 숙성 방법을 활용해 오래된 와인과 어린 와인을 블렌딩한다. 일부 셰리 스타일에서는 플로르라는 효모막을 형성시켜 와인을 산소로부터 보호하기도 한다. 셰리는 대부분 팔로미노 포도를 원료로 쓴다. 팔로미노 베이스 와인이 숙성 과정에서 3차 아로마와 풍미를 잘 띠기 때문이다(더 스위트한 스타일의 셰리에는 페드로 히메네스나 모스카텔 포도를 쓴다). 셰리의 라벨에 찍힌 다음의 문구들은 해당 와인이 어떻게 만들어졌고, 잔에 따랐을 때 어떤 경험을 하게 될지 헤이리는 데 요긴한 정보다.

피노(Fino): '섬세한(fine)'이라는 의미. 플로르 숙성을 거친 옅은 호박색의 드라이한 셰리로, 아몬드 향과 말린 무화과 풍미를 띤다.

만사니야(Manzanilla): 피노의 더 가벼운 스타일로, 특히 산루카 데 바라메다라는 항구 도시 인근에서 주로 생산한다. 만사니야 중에는 더 오랜 기간 동안 오크통 숙성을 시켜 견과류 풍미를 부여하고 농축미를 높이는 파사다도 있다.

아몬티야도(Amontillado): 그저 에드거 앨런 포의 뛰어난 단편(『아몬티야도 술통』)으로만 연상하지 말고, 일부러 산소에 노출시켜 견과류 향과 호박색을 더 진하게 만드는 피노 셰리로 기억해주길.

올로로소(Oloroso): 올로로소는 드라이한 편이고 대체로 알코올 강도가 최대 20%에 이르며, 오랜 오크통 숙성을 통해 더 짙어지고 농축되면서 풍미와 보디가 더 풍성해진다. 비교적 스위트한 스타일에는 라벨에 크림 셰리라는 문구가 들어가는 것이 보통이다.

팔로 코르타도(Palo Cortado): 기본적으로 아몬티야도 스타일로, 우연적으로든 의도적으로든 플로르를 소멸시켜 통 속의 와인이 산소에 더 많이 노출되도록 해서 만든다. 보다 드라이한 과일 풍미와 더 짙은 호박색을 띤다.

헤레스 둘세(Jerez Dulce): 스위트한 셰리이며 대체로 라벨에 페드로 히메네스(Pedro Ximénez) 포도를 뜻하는 문구인 'PX'가 찍혀 있다. 말린 포도로 만들어 빛깔이 검은색에 가까워진다. 강렬하고 달콤하며 구운 견과류, 초콜릿, 럼의 아로마와 말린 무화과, 대추야자 열매의 풍미를 선사한다.

다음 가이드들에 소개된 시음을 통해 스페인 여러 지역의 와인 속으로 빠져들어보길 추천한다.
- 카바: 다양한 스파클링 와인의 세계 88쪽, 저렴한 와인 고르기: 10달러 이하 가격대 173쪽
- 리베라 델 두에로: 와인+음식: 보완과 대비 190쪽
- 리오하: 리오하 템프라니요의 등급 69쪽
- 셰리: 강인함 뒤에 숨은 매력: 주정강화 와인 90쪽

템프라니요는 리오하에서 생장기의 따뜻한 기후와 다양한 토양 유형에 힘입어 잘 자라나는 품종이다.

미국

기후가 온화해 피노 누아의 재배에 이상적인 오리건 주의 윌라메트 밸리.

주요 포도 품종: 청포도-샤르도네, 슈냉 블랑, 프렌치 콜롱바드, 게뷔르츠트라미너, 머스캣 오브 알렉산드리아, 뮈스카 블랑, 피노 그리, 리슬링, 소비뇽 블랑, 비오니에 **적포도**-바르베라, 카베르네 소비뇽, 카베르네 프랑, 그르나슈, 메를로, 프티 시라, 프티 베르도, 피노 누아, 루비레드와 루비 카베르네, 시라, 진판델

주요 생산 와인: 단일 품종 및 블렌딩 화이트 · 레드 · 로제 · 스파클링 · 디저트(대체로 늦수확 디저트) 와인, 보르도 스타일의 블렌딩 레드 와인(때때로 라벨에 '메리티지'가 찍혀 나오기도 함)

북미에서 와인을 만들려는 시도가 이루어진 시기는 적어도 1500년대까지 거슬러 올라가며, 이런 시도들은 잘 되기도 하고 별로 잘 되지 않기도 했다. 현재의 플로리다, 버지니아, 뉴멕시코 주에서는 (유럽 정착민들의 기호에 맞지 않았던) 토착 품종과 (포도나무뿌리진디에 취약했던) 유럽 품종 모두를 원료로 써서 와인을 만들었다. 그러다 1800년대 무렵 켄터키, 캘리포니아, 오하이오 같은 여러 주에서 포도가 재배되며 미국의 와인 산업은 호황을 누렸다.

20세기 초 금주법의 시행으로 타당성 있는 규모의 와인 생산이 사실상 전면 불법화되며 이 모든 상황이 바뀌었다. 와인업계는 이때 큰 타격을 입은 뒤로 이후엔 더딘 회복을 이어갔고, 그 바람에 미국의 와인은 아무리 최상급이어도 유럽의 와인에는 상대가 되지 않는 수준으로 치부당하기 일쑤였다. 그러다 1976년에 전환기를 맞게 되었다. '파리의 심판(Judgment of Paris)'이라는 블라인드 테이스팅 품평회에서 캘리포니아 와인이 내로라하는 프랑스 와인들을 제치고 전 세계적 관심을 끌어 모으게 된 사건이 그 계기였다. 이후로 미국의 와인메이커들은 성공가도를 달려왔고 현재는 미국 와이너리의 수가 수천 개에 이르며(이 중엔 세계적으로 생산량 선두 대열에 올라 있는 곳도 두 곳이나 된다) 이제 미국의 최상급 와이너리는 어디에서나 최고로 인정받고 있다.

미국 와인은 대체로 지리적 위치와 기후 면에서 독특한 특성을 띠는 재배 지역에 따라 AVA(American Viticultural Areas, 미국 정부 승인 포도 재배 지역)로 분류된다. AVA는 유럽의 제도와는 크게 달라 와인 양조 방법과 포도 품종에 대한 의무 조건을 두지 않는다. 미국의 와인 라벨에는 대체로 포도 품종이 표기되며, 표기된 품종의 의무 함유 비율은 해당 AVA의 크기가 작을수록 높아진다.

캘리포니아 주

미국의 전체 와인 생산량 가운데 90% 가까이가 서해안 지역에서 생산되고 있고, 이 90%의 생산량을 단 하나의 주가 선점하고 있다. 바로 캘리포니아다. 독립 지역으로 볼 경우 캘리포니아가 세계 4위의 와인 생산지라고 말하면 그 규모가 어느 정도인지 보다 쉽게 와닿을 것이다.

스페인 선교사들이 현재의 캘리포니아에 처음 유럽 포도나무를 들여온 때는 수백 년 전이지만 캘리포니아의 현대 와인 산업이 제대로 시작된 것은 금주법 폐지 이후부터였다. 즉 1960년대에 하이츠 와인 셀러스와 로버트 몬다비 와이너리 같은 현재의 상징적 생산자들이 설립된 이후부터였고, 이런 개척자들이 싹틔워 놓은 품질 우선 문화는 그 뒤로도 반세기가 지나도록 꺾이지 않았다.

캘리포니아는 지역이 워낙 방대하므로 대표적인 생산지 네 곳을 중심으로 살펴보도록 하자.

미국 와인 라벨 읽기

미국의 와인 라벨은 대체로 포도 품종과 포도를 수확한 장소가 표기되어 있어 비교적 읽기 쉬운 편이다(아래쪽 라벨 사례 참조). 그 외에 다음과 같은 문구를 통해서도 와인에 대한 정보를 얻을 수 있다.

Bottled by: 와이너리에서 직접 병입했으나 발효나 숙성은 다른 곳에서 이루어졌을 수도 있는 와인

Contains sulfites: 아황산염이 함유된 와인의 경우 의무적으로 표기해야 하는 경고 문구

Estate bottled: 와이너리에서 직접 포도를 재배하고 와인을 양조해 병입까지 한 와인

Made and bottled by: 병입자가 와인의 최소 75%를 직접 발효함

Produced and bottled by: 병입자가 와인의 최소 75% 이상을 라벨에 표기된 주소지에서 발효함

Reserve: 규제를 받지 않는 마케팅 문구로, 대체로 오크 숙성 와인을 가리킴

Vintage: 표기 연도에 포도를 수확했다는 뜻

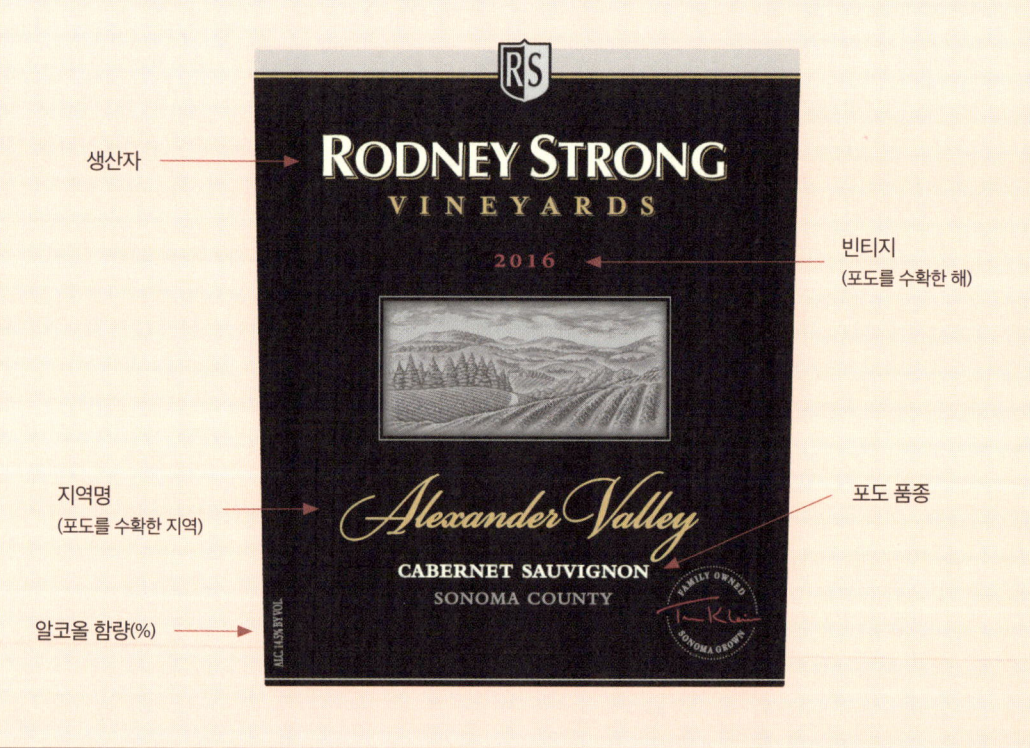

북부 연안

북부 연안은 6개의 카운티에 걸친 300만 에이커가량의 지역으로 6개의 카운티 모두 샌프란시스코 북부에 위치해 있고, 미국에서 가장 유명한 AVA인 나파 밸리와 소노마 카운티가 바로 이곳에 자리 잡고 있다. 이 지역을 묶는 공통점은 태평양의 영향권에 있다는 점이다. 태평양이 시원한 미풍과 안개를 통해 내륙에 영향을 미쳐 이 지역의 건조하고 뜨거운 환경을 상쇄해준다. 이런 영향은 잘 숙성되고 밸런스 잡힌 포도를 키워내 이 지역의 와인을 빚기 위해 꼭 필요한 요소다.

나파 밸리는 캘리포니아의 와인 생산량에서 차지하는 비중은 미미하지만 하위 AVA들(하웰 마운틴, 마운트 비더, 오크빌, 러더퍼드, 스택스 립, 욘트빌 등)의 최상급 와인들이 세계 최고의 와인들과 어깨를 나란히 할 만한 수준을 자랑하고 있어 미미한 비중에도 불구하고 큰 주목을 받고 있다. 이곳에서는 카베르네 소비뇽과 샤르도네가 왕과 여왕으로 군림하며 농후한 과일 풍미와 풍부한 아로마를 갖춘 풀 보디에 질감이 부드럽고 숙성 가치 높은 와인으로 거듭나고 있다. 메를로와 소비뇽 블랑, 그리고 두 품종과 연관된 보르도 스타일 블렌딩 와인 또한 이곳에서 두각을 나타내고 있다. 무게감 있는 이런 레드 와인에는 대체로 품질에 걸맞은 높은 가격표가 달린다.

나파 밸리보다 훨씬 더 큰 소노마 카운티 역시 거의 이웃에 못지않을 만큼 유명하다. 미국에서 가장 다채로운 와인 생산지로 꼽히며 알렉산더 밸리, 초크 힐, 드라이 크릭 밸리, 나이츠 밸리, 로스 카네로스, 러시안 리버 밸리, 소노마 코스트 등의 AVA가 여기에 속해 있다. 나파 밸리와 마찬가지로 샤르도네와 소비뇽 블랑을

소노마 카운티의 알렉산더 밸리는 여러 종의 포도 재배에 이상적인 기후를 가지고 있다.

많이 생산하는데, 산도가 살짝 더 높고 허브 향이 있지만 원숙감은 비슷하다. 피노 누아도 이곳에서 두각을 나타내 더 선선한 이곳의 연안 지역 기후가 입안에서 풍미 가득하고 상쾌한 느낌을 일으켜주는 표현력 뛰어난 레드 와인으로 빚어진다. 진판델이 오래전부터 이곳을 터전으로 삼아 밸런스 잡힌 미감과 스파이시하고 복합적인 향을 갖추며, 잼 같은 과일 풍미로 사람들의 사랑을 받고 있기도 하다.

북부 연안에서 또 한 곳의 유명한 AVA로는 앤더슨 밸리 AVA가 속해 있는 멘도시노를 들 수 있다. 이곳에서는 카베르네 소비뇽과 샤르도네가 주축을 이루지만 풀 보디의 피노 누아가 인상적이다. 다양한 미세기후의 영향으로 다양한 기후 지대가 형성되어 게뷔르츠트라미너, 리슬링, 슈냉 블랑, 그르나슈, 메를로, 프티 베르도 등 여러 종의 포도가 잘 자라나고 유기농과 지속가능한 포도 농경을 앞장서서 개척하고 있기도 하다. 멘도시노에서부터 마야카마스 산맥을 가로질러 자리해 있는 레이크 카운티는 인접한 클리어 호로부터 냉각 효과를 얻고 있는 곳으로, 몇십 종의 포도 품종을 재배하고 있지만 카베르네 소비뇽과 메를로로 만드는 와인들로 가장 주목을 받고 있다.

중부 연안

샌프란시스코 만에서부터 샌타바버라 카운티에 이르는 넓은 지역이다. 이 지역에서는 수많은 와인을 생산하고 있고 샤르도네의 재배 면적만 해도 5만 에이커가 넘는다. 다수의 AVA에서 밸런스 잡히고 표현력 높은 샤르도네와 아주 향기롭고 과즙미 있는 피노 누아 생산에 주력하고 있는데, 특히 몬터레이 카운티, 산타리타 힐스, 샌타바버라 카운티, 샌 루이스 오비스포가 주목할 만한 AVA다. 에드나 밸리는 이 지역에서 가장 다채로운 AVA에 속해 소비뇽 블랑, 비오니에, 시라로 와인을 빚으며 대체로 가격에 비해 기대 이상의 경험을 선사해준다. 파소 로블레스 또한 이 지역에 속하는 AVA로, 카베르네 소비뇽 와인을 특히 잘 만들어내 충분히 숙성된 타닌이 와인에 대범하면서도 부드러운 미감을 선사한다.

캘리포니아에서 가장 역사 깊은 AVA 중 한 곳인 리버모어 밸리도 중부 연안에 속해 있다. 캘리포니아 전역에 심어진 카베르네 소비뇽과 샤르도네의 대부분이 이곳 리버모어 밸리에서 처음 재배된 포도나무 클론으로 뿌리가 거슬러 올라가며, 이곳은 지금도 여전히 두 품종으로 캘리포니아에서 가장 가성비 좋은 와인들을 생산해내고 있다.

센트럴 밸리

시에라네바다 산맥 인근의 지역으로 캘리포니아 골드러시의 광풍 덕택에 포도나무가 들어오게 된 내력을 가지고 있다. 시에라 풋힐스와 로디 AVA가 여기에 속해 있는데, 두 곳 모두 농축된 잼 같고 스파이시한 진판델로 유명하다. 일부 와인은 캘리포니아에서 수령이 가장 오래된 나무에서 수확한 진판델을 원료로 쓰기도

캘리포니아의 벤치마크 와인

한 차례의 시음으로 캘리포니아 전체를 다루기는 불가능하지만, 다행히도 캘리포니아에서 와인 양조가 그토록 성공을 거두게 된 원천에 눈을 뜰 수 있게 해줄 만한 상징적 브랜드들이 있다. 이번 시음에서는 그중 몇 곳을 살펴보도록 하자.

오 봉 클리마 샤르도네(중부 연안 샌타바버라 카운티)

와인메이커 짐 클렌데넨은 샌타바버라 인근에서 와인을 만드는 일에서까지 완벽주의 기질을 발휘해 황금빛 미디엄 보디의 이 뛰어난 샤르도네를 빚어냈다. 훈연, 향신료, 바닐라, 레몬의 아로마, 복숭아, 브리오슈의 풍미, 기분 좋은 산미가 어우러진 숙성 가치 있는 화이트 와인이다.

로버트 몬다비 와이너리 퓌메 블랑(북부 연안 나파 밸리)

이 와이너리는 나파 밸리를 세계 와인 지도에 올려놓은 것에 그치지 않고 시그니처 스타일, 다시 말해 이 오크 숙성 소비뇽 블랑/세미용 블렌딩 와인까지 만들어냈다. 보르도 최상급 화이트 와인과 흡사하게 만들어진 풀 보디의 이 와인은 옅은 황금빛을 띠고 있다. 향에서는 레몬 커드, 허브, 부싯돌, 흰색 꽃의 특징이 느껴지고 풍부한 열대과일 풍미가 미감에 우아함을 갖추어준다.

로드니 스트롱 빈야즈 피노 누아(북부 연안 러시안 리버 밸리)

러시안 리버 밸리는 섬세한 동시에 파워풀한 피노 누아를 잘 만들어낸다. 소노마 카운티의 로드니 스트롱에서 내놓은 이 풀 보디의 진홍색 와인이 그 좋은 사례다. 오렌지껍질, 크랜베리의 향과 오크의 알싸한 향이 그득히 퍼지면서 과즙미 있는 풍부한 체리 맛이 입안을 채운다.

에벌 빈야드 셀렉트 카베르네 소비뇽(중부 연안 파소 로블레스)

대학 풋볼 스타 출신인 개리 에벌은 파소 로블레스 카베르네 소비뇽 시장을 거의 혼자 힘으로 개척해냈고 그의 이 빈야드 셀렉트 레드 와인은 지금도 여전히 이 지역의 벤치마크다. 불투명한 진홍색을 띠며 플럼, 삼나무, 흑연 향이 다가오는 동시에 맛 좋은 카시스 풍미와 거칠기보다 비단같이 부드러운 느낌의 타닌이 어우러져 농후하고 구조감 있는 미감을 선사한다.

레이븐스우드 올드 바인 진판델(센트럴 밸리 로디)

레이븐스우드 창업자 조엘 피터슨은 캘리포니아 진판델의 대부로 인정받고 있으며 그가 없었다면 현재의 강건한 레드 와인 진판델의 시장은 존재하지 않았을 것이다. '강건함'은 자줏빛에 스파이시하고 기분 좋은 이 풀 보디 와인을 묘사하기에 안성맞춤인 표현이다. 블루베리, 바닐라, 플럼의 아로마가 풍기면서 부드럽고 원숙하면서 과즙미 있는 블랙베리 풍미가 매혹적이다.

한다. 풋힐스와 로디는 와인의 품질이 뛰어나 저렴하고 품질 좋은 와인을 찾는 풀 보디 레드 와인 애호가들이 탐색해볼 만한 와인 생산지다.

남부 연안

선교사들이 포도나무를 심으며 캘리포니아에서 처음 포도 재배가 시작된 곳으로, 벤투라 카운티에서부터 로스앤젤레스와 샌디에이고를 거쳐 남쪽으로 멕시코 국경지대까지 뻗은 광활한 지역이다. 대부분의 지대가 북아프리카와 같은 위도상에 위치해 있어 덥고 건조하다. 하지만 태평양으로부터 오는 냉각 효과 덕분에 더운 열기가 상쇄되어 풀 보디의 그르나슈, 카베르네 소비뇽, 진판델을 만들기에 적당한 정도로 포도를 숙성시킬 수 있다. 벤투라 카운티 외에 테메큘라 밸리 AVA도 여기에 속해 있는데 두 AVA 모두 소규모의 열정적인 생산자들의 주도로 와인에 흥미로운 약진이 펼쳐지는 중이다.

오리건 주

오리건 주의 지역 대부분은 한때 와인용 포도를 재배하기엔 너무 추운 곳으로 여겨졌다. 그러다 이런 통념이 깨진 것은 1970년대 말이었다. 이리 빈야즈의 오리건 피노 누아가 수상을 하고 평론가들을 감동시키면서부터였다. 현재 오리건의 윌라메트 밸리는 소규모 생산과 뛰어난 품질의 피노 누아로 유명하다. 이 피노 누아는 섬세한 향기뿐만 아니라 복합적 베리 과일에 상쾌하면서도 구조감 잡힌 미감까지 두루 겸비하고 있다. 피노 그리가 오리건 전역에서 질감이 풍부하고 과일 풍미 도는 화이트 와인으로 빚어지고 있는가 하면, 샤르도네도 점차 오리건 명품 포도의 하나로 인정받고 있다.

    오리건 남부 지역은 건조하고 따뜻하며, 오리건 북부보다는 캘리포니아 내륙의 기후에 더 가까운 곳도 일부 있다. 바로 이런 기후 속에서 카베르네 소비뇽, 그르나슈, 메를로, 말벡 같은 다양한 품종이 희망적인 가능성을 보여주고 있는 추세다.

워싱턴 주

워싱턴 주는 미국에서 두 번째로 규모가 큰 와인 생산지이며 가장 흥미로운 곳 중 하나이기도 하다. 샤르도네, 리슬링, 게뷔르츠트라미너, 카베르네 소비뇽, 메를로, 시라(특히 고급 와인의 품질이 아주 뛰어난 품종), 그르나슈, 프티 베르도 등의 다양한 포도 품종으로 와인을 생산하고 있다. 워싱턴 주에서 펼쳐지는 다양성의 근간에는 두 가지 중요한 요소가 있다. 빙하기의 홍수에 의해 형성된 독특한 지질과 토양, 그리고 대부분의 포도가 재배되는 지역인 캐스케이드 산맥 동쪽의 따뜻하고 건조한 기후다.

    워싱턴 주의 와인 생산지 대다수가 몰려 있는 곳은 컬럼비아 밸리로, 이 지역에서 가장 큰 (또한 오리건 주에도 속해 있기도 한) 이 AVA는 워싱턴 주의 4분의 1에 가까운 면적을 차지하고 있다. 연간 일조일이 300일가량 되어 숙성미를 갖춘 미디엄 보디의 화이트 와인뿐만 아니라 실크처럼 부드러운 타닌감을 갖춘 풀 보디 레드 와인을 만들기에 용이하다. 특히 카베르네 소비뇽이 워싱턴 주 동부의 날씨 덕을 톡톡히 누려 어릴 때도 맛이 좋고 구조감이 뛰어난 와인으로 빚어진다(놀라운 결과도 아니지만 현재 워싱턴 주는 높은 품질에 가격까지 착한 보르도 스타일 블렌딩 레드 와인으로 유명하다). 워싱턴 주 서부는 우딘빌이라는 도시에 와인 시음장이 몰려 있고 와인을 주제로 한 행사가 열리고 있어 와인광들 사이에서 관광 성지로 떠올라 있다.

뉴욕 주

뉴욕 주는 와인 생산지가 네 곳으로 뚜렷이 구분된다. 레이크 이리, 허드슨 리버 지역, 롱아일랜드, 핑거 레이크스다. 이 중 특히 롱아일랜드와 핑거 레이크스에 매스컴의 이목이 집중되어 있다. 뉴욕 주의 기후는 (추운

롱아일랜드는 뉴욕 주에서 가장 활력 넘치는 와인 생산지에 속한다.

겨울과 뜨거운 여름을 갖춘) 철저한 대륙성이라 추운 기후에 맞는 포도 품종들을 (냉기를 누그러뜨려주는) 수계지대 인근에 심어주면 잘 자란다. 롱아일랜드의 경우엔 대서양, 롱아일랜드 해협, 피코닉 만으로부터 이런 냉기 완화의 조력을 얻고 있다. 핑거 레이크스에서는 깊고 좁은 빙하호 여러 곳 인근에 포도나무를 심어 포도원의 기온 조절에 도움을 받고 있다.

뉴욕 주에서는 추운 겨울 날씨도 견딜 수 있는 강한 미국 교배종 포도들을 폭넓게 재배하고 있다. 하지만 이 지역 최상급 와인들은 유럽산 품종으로 만들어진다. 롱아일랜드의 경우 메를로, 카베르네 프랑, 샤르도네 등을 써서 와인을 만드는데 모두 캘리포니아산에 비해 과일 향이 약하고 가벼운 편이다. 핑거 레이크스는 라이트와 미디엄 중간 정도의 보디감을 가진 리슬링(드라이·오프 드라이·스위트 스타일)에 주력하고 있는데 이곳의 최상급 와인들은 세계적인 수준에 올라 있고 그중에서도 세니커 호에서 빚어진 것들이 특히 뛰어나다(비교적 온난한 빈티지에는 게뷔르츠트라미너와 피노 누아도 뛰어난 품질로 빚어진다).

그 밖의 미국 와인 생산지

미국에서는 모든 주에서 이런 저런 형태로 와인을 생산하고 있다. 다음은 미 대륙에서 펼쳐지고 있는 가장 흥미로운 와인계의 약진 사례 몇 가지다.

대서양 중부 연안 지역: 이 지역은 서유럽의 가장 유명한 와인 생산지들 일부와 같은 위도에 위치해 있어서 그곳들과 유사한 대양의 영향을 받는다. 그런 점에서 보면 놀라울 것도 없는 일일 테지만 메릴랜드, 뉴저지, 펜실베이니아 같은 여러 주에서는 소규모 생산자들이 샴부르신 같은 프랑스 종과 미국 종의 교배종뿐만 아니라 카베르네 소비뇽이나 메를로 같은 유럽 포도로 비교적 가볍고 흙내음 도는 와인 스타일을 만들어내고 있다.

버지니아 주: 산미가 높은 편인 비오니에와 프티 망상 화이트 와인과 토착 품종 노통으로 만드는 우람한 체급의 레드 와인에 주력하면서 가장 전도유망한 와인 생산 지역으로 빠르게 부상하고 있다.

미시간 주: 이 지역의 추운 기후를 누그러뜨려주는 오대호 인접지에서 포도를 재배할 수 있어 유리한 입지에 위치해 있다. 리슬링이 특히 잘 자란다.

텍사스 주: 따뜻한 기후지만 (특히 고원지대나 높은 평야지대에서) 카베르네 소비뇽과 템프라니요로 대범한 스타일의 레드 와인을 빚기에 유리한 미세기후도 누리고 있다.

애리조나 주/뉴멕시코 주: 애리조나 주 남동부는 와인 생산이 폭발적으로 늘어나 현재 100개가 넘는 와이너리를 보유하고 있고, 여러 종의 포도를 재배 중이다(특히 산지오베제, 무르베드르, 카베르네 프랑으로 만드는 레드 와인과 말바지아로 만드는 화이트 와인이 가장 흥미롭다). 이웃해 있는 뉴멕시코 주는 포도 재배 역사가 400년에 가깝고 현재는 카베르네 소비뇽, 진판델, 산지오베제, 게뷔르츠트라미너, 샤르도네, 슈냉 블랑 등 여러 품종으로 와인을 만들고 있다.

콜로라도 주: (세계에서 가장 높은 곳에 위치한 포도 재배지 몇 곳이 이곳에 있을 정도로) 고지대에 속해 이곳에서 재배되는 와인용 포도는 햇빛을 풍부하게 받으면서도 산도를 간직할 수 있다. 콜로라도 주의 와인 무대는 활력 넘치고 다채로워 메를로, 카베르네 소비뇽, 시라, 카베르네 프랑이 뛰어난 레드 와인으로 빚어지고 있을 뿐만 아니라 샤르도네, 리슬링, 비오니에도 걸출한 화이트 와인으로 만들어지고 있다.

아이다호 주: 워싱턴 주와 오리건 주의 와인 생산지와 인접해 있다는 점에서 보면 아이다호 주가 현대의 미국 와인 무대에 등장하게 된 것은 단지 시간 문제였다. 이 지역에서는 리슬링과 시라가 두각을 나타내고 있으며 말벡, 메를로, 프티 시라 또한 가능성을 증명하고 있는 중이다.

미국의 와인 생산지

이번 시음에서는 미국 와인은 캘리포니아가 전부가 아니라는 사실을 보여주고자 한다. 지금부터 미국 전역의 여러 주에서 만들어내고 있는 와인 중 몇 가지 뛰어난 사례들을 경험해보자.

폭스 런 빈야즈 드라이 리슬링(뉴욕 주 핑거 레이크스)

옅은 황금색에 강렬한 라임 아로마와 가벼운 미감을 띠고 있는 이 와인에서는 레몬라임과 상쾌한 배의 순수한 풍미가 배어나온다. 입안의 질감이 경쾌하게 다가올 정도로 높은 산미를 갖추고 있으면서 과일 풍미가 부각되어 있어 (유럽의 리슬링에서 스타일의 영감을 받긴 했어도) 확실한 '신세계' 와인임을 드러내고 있다.

바버스빌 빈야즈 리저브 비오니에(버지니아 주)

버지니아 주에서 생산된 이 비오니에는 핵심이 '화이트'로 백도 풍미, 흰색 꽃 아로마, 백후추 향의 화이트 와인이다. 여기에 더해 레몬 풍미도 함께 전해오고 과즙미가 있으면서도 활기찬 미디엄 보디의 미감이 갖추어져 있다.

월퍼 에스테이트 '클래식 레드'(뉴욕 주 롱아일랜드)

(빈티지에 따라 말벡, 메를로, 카베르네 소비뇽, 카베르네 프랑, 페티 베르도를 활용하는) 정통 보르도 스타일 블렌딩 와인을 재현해내 뉴욕 주 스타일의 해석을 덧붙이고 있다는 점에서 이름을 절묘하게 잘 붙인 레드 와인이다. 산미가 주도하는 맛 좋은 미감으로 유럽의 스타일을 띠는 한편, 카시스와 레드플럼의 풍미에 (오크에서 시간을 보내며 끌어낸) 토스트, 감초, 초콜릿, 삼나무 같은 향신료 계열의 향도 느껴진다.

엘크 코브 빈야즈 에스테이트 피노 누아(오리건 주 윌라메트 밸리)

오리건의 피노 누아는 비싼 경향이 있지만 엘크 코브는 거금의 가격표를 내걸지 않은 이 지역의 대표 격 레드 와인을 만들어내고 있다. 루비빛 붉은색에 오리건 피노 누아 특유의 체리와 홍차 잎 아로마를 띠며, 레드플럼과 레드커런트의 싱싱한 과일 풍미가 피어나는 미디엄 보디 와인이다.

페더네일스 셀러스 텍사스 템프라니요(텍사스 주 텍사스 하이 플레인스)

스페인의 시그니처 포도인데 텍사스가 모국인 것처럼 잘 적응하고 있다. 담배의 알싸함에 가죽, 정향, 블랙체리 향, 플럼 느낌의 과일 풍미, 미디엄 보디의 미감을 갖춘 이 레드 와인은 여러 사람이 다 같이 기분 좋게 마실 만한 와인으로 텍사스식 바비큐와 찰떡궁합을 이룬다.

아르헨티나

아르헨티나에서는 포도나무 재배지가 안데스의 변두리에까지 뻗어 있다.

주요 포도 품종: **청포도**-샤르도네, 머스캣 오브 알렉산드리아, 소비뇽 블랑, 토론테스 **적포도**-보나르다, 카베르네 소비뇽, 말벡, 피노 누아, 시라, 템프라니요

주요 생산 와인: 단일 품종의 보나르다, 말벡, 피노 누아, 토론테스

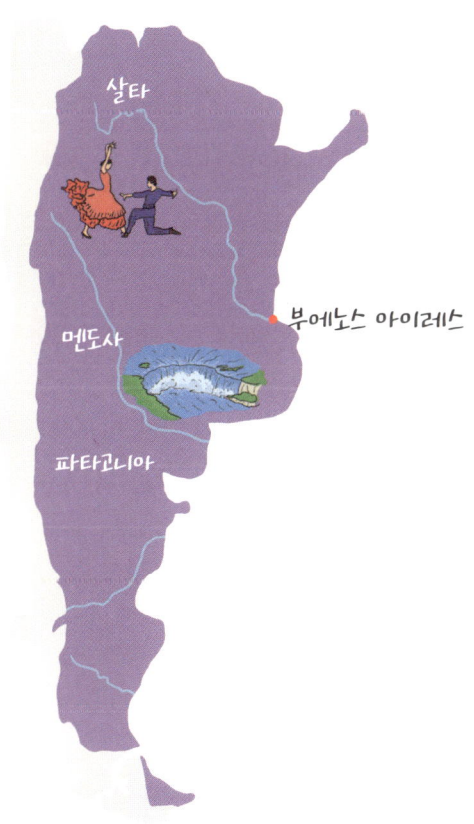

아르헨티나는 현재 세계 5위의 와인 생산국이다. 이는 1990년대에 들어와서야 본격적인 와인 수출을 개시한 나라로서는 굉장한 성취다. 수출에 대한 주력으로 아르헨티나 와인 양조 분야에 품질 혁신이 일어나기도 해서 전 세계 와인 애호가들은 그 덕을 톡톡히 누리고 있다. 일조량이 풍부하고 비가 잘 오지 않는 아르헨티나는 포도가 너무 익지 않도록 재배하기 위해 고지대와 (안데스 산맥에서 물을 끌어오는) 관개를 비결로 활용하고 있다.

아르헨티나의 와인 생산은 으레 유럽 이민자들에게로 공이 돌아간다. 그들이 19세기에 필록세라를 피해 이주하며 여러 포도 품종과 와인 양조 경험을 전파해준 덕분이라는 것. 그런데 사실을 따지자면 아르헨티나의 와인 양조 역사는 스페인의 식민지 개척자들과 선교사들이 포도나무를 심었던 1500년대까지 거슬러 올라간다. 하지만 아르헨티나의 와인에서 가장 중요한 약진의 물꼬가 트이게 된 것은 1850년대일지 모른다. 당시에 도밍고 사르미엔토 대통령이 프랑스에게 포도나무 꺾꽂이용 가지를 부탁했다. 그 가지 중에 말벡이 섞여 있었고 훗날 이 말벡이 아르헨티나의 시그니처 포도가 되었다(현재 매년 4월 17일을 '월드 말벡 데이'로 지정해 이 일을 기념하고 있는데, 테마가 있는 시음으로 기막힌 아이디어다!).

프랑스의 말벡은 반건조한 사막 기후인데다 포도나무뿌리진디가 널리 창궐한 적이 없었던 아르헨티나에 특히 잘 맞았다. 이곳에서 말벡은 원숙함과 짙은 플럼 풍미를 띠어 고향에서는 여간해서는 끌어내기 힘든 특징을 발현한다.

멘도사

멘도사는 아르헨티나의 가장 중요한 와인 생산지로, 전체 생산량의 3분의 2를 차지하고 있다. 멘도사의 포도 재배지 위치는 해발 평균 610m에 달해 밤에는 포도가 냉각 효과의 영향을 받고(덕분에 산도가 지켜지고) 낮에는 숙성에 필요한 햇빛을 풍부하게 받는다(덕분에 숙성 풍미와 타닌이 진전된다). 한편 이곳이 갖춘 수확기의 건조하고 따뜻한 기후와 비옥도가 아주 낮은 토양은, 지구상에서 가장 이상적인 포도 재배 조건으로 꼽히는 요소다. 멘도사는 아르헨티나의 와인 양조사에서도 의미 있는 곳이다. 1500년대 중반에 예수회 수사들이 (이 지역 토착민들이 확립해놓은 포도 재배 방식을 활용해) 포도나무를 심었던 역사가 있다.

땅값과 인건비가 비교적 낮아 멘도사의 와인은 믿어지지 않을 만큼 저렴한 경향이 있으며, 특히 과즙미를 갖춘 플럼 풍미의 풀 보디 말벡 레드 와인과 꽃과 열대의 특징을 풍기면서 부드러운 토론테스 화이트 와인이 저렴하다. 이보다 고급 와인에 속하는 (루한 데 쿠요와 우코 밸리 지역산의) 와인들은 안데스 산맥의 구릉지대 포도원에서 생산되고 있고 그중엔 해발 1,524m에 자리 잡은 포도원들도 있다.

살타

아르헨티나 북서쪽에는 살타와 살타에 속한 지역 중 특히 주목할 만한 카파야테가 있다. 이 지역은 (높은 위도에 위치해 낮은 위도 지역 같은 영향이 덜한 덕분에) 비교적 온건한 기후를 갖추고 있어 허브의 특색이 더 발현되면서도 여전히 대담하면서 원숙하고 파워풀한 말벡이 빚어진다. 가장 높은 지대의 포도원들은 무려 해발 2,743m에 자리해 있어 포도나무가 (어떤 경우엔 온도가 38도와 10도 사이를 오갈 정도로) 낮과 밤의 온도 차가 큰 환경에서 자라며 포도의 산도와 향기가 지켜진다. 살타의 산악지대가 비의 장벽 역할을 해 포도원에 비가 내리지 않게 막아주면서 포도가 여물기 위한 일조 시간을 충분히 누리게 해주기도 한다. 필요할 경우엔 산에서 눈이 녹은 물을 끌어올 수 있어 관개용수도 충분하다.

파타고니아

파타고니아는 아르헨티나의 다른 지역과는 대비되는 별종이다. 험준한 지형, 공룡 화석, 빙하, 펭귄을 지역 특징으로 띠고 있을 뿐만 아니라 세계 최남단 포도원 몇 곳의 터전이기도 하다. 사막 같은 토지가 캘리포니아 주 크기의 거의 두 배에 이를 만큼 광활하게 펼쳐져 있어 (인근 안데스 산맥에서 흘러내린 물로 형성된) 강의 인근 지대에서만 포도를 재배할 수 있다. 포도원의 위도는 아르헨티나 표준보다 낮다고는 해도 장장 해발 305m에 이른다. 파타고니아는 밤 기온이 아주 선선해 피노 누아 같은 포도가 자라기에 유리하다.

아르헨티나의 살타 지역 포도원들은 산악지대가 비를 막아주어 포도가 여물기 위한 일조량을 충분히 누린다.

아르헨티나: 태양의 나라

아르헨티나는 와인 생산국 가운데 일조량이 가장 높은 곳에 들어 포도 재배농들이 포도를 가능한 한 최대한 숙성시키기가 쉽다. 이번 시음은 아사도(소고기에 소금을 뿌려 숯불에 구운 아르헨티나의 전통요리-옮긴이)와 가장 잘 어울리는 아르헨티나의 여러 포도 품종에 입문해보는 시간을 가져보자(자, 슬슬 그릴에 불을 붙여보자!).

콜로메 토론테스(살타)

멜론, 재스민, 꽃의 아로마가 터져나오는 노란빛의 향기로운 화이트 와인. 살타의 독특한 기후와 높은 지대의 영향에 힘입어 와인의 향기로움이 끌어올려지고 포도가 풍부한 햇빛을 받고 자란 덕분에 원숙한 과일 풍미와 강한 보디를 갖추었다. 미디엄 보디에 열대과일, 포도의 풍미가 입안을 풍부하게 채워 애피타이저로 즐기기에 제격이다.

보데가 아니엘로 리버사이드 에스테이트 '006' 피노 누아(파타고니아)

아르헨티나 최남단의 (그리고 가장 선선한 기후의) 와인 생산지에서 만들어진 옅은 루비색의 미디엄 보디 피노 누아. 피노 누아는 이 지역에서 뛰어난 잠재력을 가지고 있지만 더 따뜻한 기후인 멘도사에서는 고전할 만한 품종이다. 장미, 크랜베리, 오크의 알싸함이 다가오다 야생 딸기 풍미가 상쾌하고 구조감 잡힌 미감을 타고 춤을 춘다.

아르헨토 보나르다(멘도사)

불투명한 붉은색의 미디엄 보디 와인이다. 맛이 좋아 목 넘김이 좋고 라즈베리와 플럼의 아로마가 물씬 풍긴다. 바닐라, 블랙베리, 적포도 풍미가 실크처럼 부드러운 느낌으로 입안을 휩쓴다. 부담 없이 다가오는 과즙미 있는 질감은 (이탈리아가 원산지인) 보나르다가 멘도사에서 아주 잘 숙성된 덕분에 발현되는 특색이다.

주카르디 '세리에 A' 말벡(멘도사)

붉은빛 도는 짙은 자주색의 자태를 보여주는 스파이시 레드 와인. 풀 보디에 벨벳 같은 부드러움을 갖추고 있으며 담배, 바닐라, 프룬, 다크 베리 아로마가 가장 먼저 다가왔다가 농익은 야생의 검은색과 푸른색 과일 풍미로 마무리된다. 과일 풍미가 짙은 이 와인은 대담하고 복합적인 말벡을 착한 가격대로 생산해내는 아르헨티나의 능력을 잘 보여주는 뛰어난 표본이다.

칠레

칠레의 카사블랑카 밸리에서 포도 재배가 가능한 이유는 태평양의 냉각 효과 덕분이다.

주요 포도 품종: **청포도**-샤르도네, 모스카텔, 소비뇽 블랑
적포도-카베르네 프랑, 카베르네 소비뇽, 카리냥, 카르메네르, 말벡, 메를로, 파이스, 피노 누아, 시라

주요 생산 와인: 보르도 스타일 블렌딩 레드 와인, 단일 품종의 카베르네 소비뇽, 카리냥(특히 고급 레드 와인), 카르메네르, 샤르도네(특히 저렴한 와인), 메를로, 소비뇽 블랑

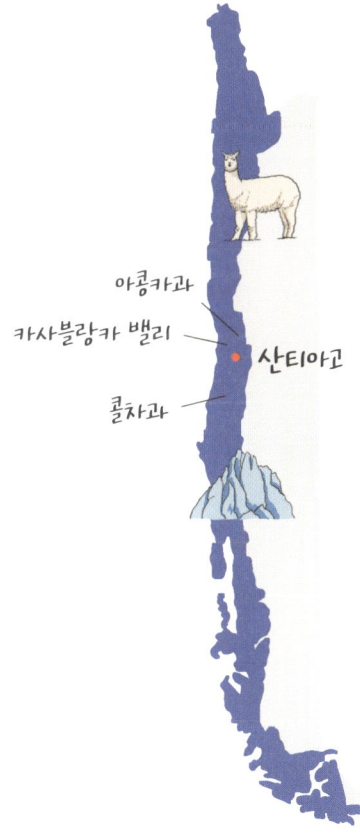

1550년대 칠레에 포도나무를 처음 들어온 사람들은 스페인의 선교사들과 정복자들이었을 가능성이 높다. 식민지였던 칠레의 와인 산업은 수 세기 동안 스페인으로부터 제약을 받아 스위트한 파이스와 모스카텔 와인을 주로 생산했다. 이 모든 상황이 바뀐 것은 18세기에 이르러서였다. 이때부터 부유한 칠레인들이 보르도의 레드 와인 마법을 복제하려는 시도로 하나둘씩 프랑스에서 포도나무를 사들였다. 이들의 시도가 결국 성공을 거두면서 현재 칠레는 보르도 포도가 주요 품종이 되어 있다. 유럽의 대표적 와인용 포도 거의 모두를 일정 비율 재배하고 있기도 하지만 와인 라벨 표기법은 미국과 비슷하다.

칠레는 폭이 좁고 길쭉한 지형을 이루고 있다(폭은 322km인데 길이는 약 4,184km에 이른다). 이런 지형을 감안하면 어느 정도 예상이 될 테지만, 북쪽에서 남쪽으로 내려갈수록 기온이 선선해진다. 하지만 칠레는 지리적 입지가 독특해 동쪽으로는 안데스 산맥, 서쪽으로는 대서양, 남쪽으로는 남극 대륙, 북쪽으로는 아타카마 사막이 둘러싸고 있으면서 천연의 경계선 역할을 해준다. 이런 경계선들은 칠레를 자연의 수많은 해충으로부터 보호해준다(그래서 포도원 경영자들로선 포도나무에 접붙이기를 하는 추가 비용을 들이지 않아도 된다). 뿐만 아니라 대서양 훔볼트 해류의 선선한 공기가 칠레의 여러 포도원으로 흘러들어와 포도원에 미세기후를 형성해주기도 한다. 이런 냉각 효과는 칠레의 지중해성 기후를 누그러뜨려 포도가 잘 여물면서도 싱싱한 산미와 (대체로 허브의) 파워풀한 향기를 지킬 수 있게 해준다. 이렇게 자란 포도는 칠레의 동쪽 이웃인 아르헨티나 와인에 비해 과일 향이 더 적으면서 보다 집중력 있는 와인으로 거듭난다.

칠레의 와인 생산지는 대부분 국토의 중심부에 몰려 있다. 아콩카과 지역이 (카사블랑카 밸리산의 괄목할 만한 화이트 와인과 더불어) 보르도 스타일의 고급 블렌딩 레드 와인의 중요한 생산지지만, 칠레의 가장 중요한 와인 생산지는 단연코 센트럴 밸리다. 칠레 와인의 대부분이 이곳 센트럴 밸리에서 빚어진다. 쿠리코, 마이포, 마울레, 라펠 밸리를 비롯해 그 유명한 지역인 콜차과와 카사블랑카 밸리가 모두 이곳에 속한 지역이다.

센트럴 밸리는 보르도의 대표적 적포도와 청포도 품종들을 전역에 걸쳐 재배하고 있지만 가장 유대관계가 깊은 포도는 카르메네르다. 카르메네르는 (잎 모양이 비슷하게 자라서) 메를로로 잘못 알고 널리 심어지면서 오랜 세월 제대로 대접받지 못했다. 하지만 이제는 이곳의 대표적 품종으로 자리 잡아 블렌딩 레드 와인에서 구조감을 떠받치고, 빛깔과 허브의 알싸한 향도 더해주고 있다. 카르메네르가 상당히 성공을 거두어 칠레는 현재 전 세계의 카르메네르 가운데 90% 이상을 재배하는 곳이 되었을 정도다. 센트럴 밸리에서는 단일 품종 카르메네르 와인도 많이 만들어내고 있는데 블랙체리의 짙은 과일 풍미, 담배내음과 허브의 알싸한 향, 아주 맛 좋은 풀 보디의 미감이 특징이다.

칠레: 다채로운 와인의 무대

칠레는 길고 가느다란 지형상 (북쪽에서 남쪽의) 기온 차이, (서쪽에서 동쪽의) 해양의 영향이 독자적인 조합을 이루면서 다양한 미세기후가 존재한다. 이번 시음에서는 이런 차이들이 칠레의 다채로운 와인 무대에 어떤 역할을 하는지 느껴보자.

에밀리아나 '나투라' 소비뇽 블랑(카사블랑카 밸리)

이 지역 내에는 대서양의 훔볼트 해류로 냉각 효과가 작용해 에밀리아나의 유기농 포도원에서 소비뇽 블랑이 잘 자란다. 이 옅은 노란색의 화이트 와인은 허브의 복합적 아로마가 자몽 풍미, 레몬그라스 향과 어우러져 라이트 보디의 활기찬 느낌을 선사한다.

데 마르티노 레가도 레세르바 샤르도네(리마리 밸리)

리마리에는 북반구에서 이집트, 이라크와 같은 위치에 자리해 비 구경을 하기 힘들다. 하지만 '카만차카'라는 해안 안개의 냉각 효과와 더불어 이 지역의 석회암 토양 덕분에 화이트 와인 생산에 유리한 조건을 갖추고 있다. 이 옅은 황금빛 샤르도네는 살구, 잘 익은 백도, 견과류의 향기와 핵과일이 연상되는 화사한 풀 보디의 미감이 퍼지면서 은은한 짭짤함이 감돈다.

레이다 피노 누아(레이다 밸리)

레이다 밸리는 열기를 식혀주는 대서양의 미풍을 직접 맞는 위치에 있어 이곳의 포도원들은 피노 누아 같은 가벼운 적포도에 이상적인 터전이다. 레이다 밸리의 이름을 따와 와인명을 붙인 이 피노 누아는 오크 숙성을 가볍게만 거친 와인이다. 그런 숙성의 결과로 투명한 루비빛을 머금고 있고, 라즈베리와 허브의 향에 과즙미 있는 체리 과일의 풍미로 가득한 미디엄 보디의 순수한 미감이 풍겨온다.

카사 실바 '콜레시온' 카르메네르(콜차과)

1년 내내 따뜻한 날씨가 이어지는 콜차과의 기후는 적포도가 오랜 시간 동안 서서히 여물어갈 수 있게 해준다. 카사 실바에서는 카르메네르의 재배에서 이런 테루아를 잘 이용해 넉살 좋게 느껴질 만큼의 풀 보디 와인을 빚어낸다. 이 와인은 칠흑 같은 자주색을 띠며, 짙은 색 과일, 담배, 생허브 아로마가 퍼지다 블랙체리 풍미의 부드러우면서도 강렬한 미감으로 이어진다.

호주

호주는 세계 정상급 시라즈와 리슬링 와인의 생산지다.

주요 포도 품종: 청포도-샤르도네, 리슬링, 소비뇽 블랑, 세미용 **적포도**-카베르네 소비뇽, 그르나슈, 메를로, 무르베드르, 뮈스카 아 프티 그랭 루즈, 피노 누아, 시라즈

주요 생산 와인: 카베르네 소비뇽, 샤르도네, 메를로, 피노 누아, 리슬링, 시라즈의 단일 품종 와인 / 시라, 그르나슈, 무르베드르 블렌딩 레드 와인 / 소비뇽 블랑, 세미용 블렌딩 화이트 와인 / 스파클링 와인(주로 태즈메이니아에서 생산) / 주정강화 디저트 와인(루더글렌 뮈스카)

호주는 첫 와인 양조 시도에서 불행한 결과를 경험했다. 1700년대에 유형(流刑) 식민지 뉴사우스웨일스로 포도나무 꺾꽂이용 가지를 들여왔지만 열기와 습기로 포도나무가 썩어버리고 말았던 것. 하지만 1800년대 무렵엔 공식적인 와인 수출국으로 발돋움한 이후 고삐를 늦추지 않고 성장세를 이어갔다(현재 연간 와인 수출량이 7억 8,000만 리터에 달한다). 호주 최고의 와인 생산지는 대부분 남동부 연안 인근에 몰려 있는데 이 지역은 온난하고 건조한 지중해성 기후를 가지고 있다. 현지인의 실력에 더해 수년간 '플라잉 와인메이커(북반구의 휴경기 때는 남반구에서 와인을 만들고, 남반구의 휴경기 때는 북반구에서 활동하는 와인메이커)'들에게 배운 노하우까지 장착하면서 이제 호주는 시라즈(시라), 리슬링, 카베르네 소비뇽 등의 유럽종 품종 부문에서 세계의 대표적 생산지로 꼽히는 입지를 다졌다.

호주의 와인 생산지는 다음 다섯 지역으로 나뉜다.

웨스턴오스트레일리아 주: 남서단 연안의 마거릿 강이 속해 있는 와인 생산지. 이 지역은 바다의 영향으로 기후가 누그러져 풍부하고 복합적인 샤르도네 화이트 와인과 표현력이 뛰어나고 향기로운 카베르네 소비뇽 레드 와인을 빚어낼 수 있는 조건을 갖추고 있다.

사우스오스트레일리아 주: 중남부에 자리하고 있는 지역으로 유명한 와인 생산지 몇 곳을 보유하고 있다. 바로사 밸리와 맥라렌 베일(두 곳 모두 파워풀한 풀 보디에 실크 같은 부드러움을 지닌 시라즈 레드 와인으로 유명하다), 클레어 밸리와 에덴 밸리(금속성 풍미와 두드러지는 과일 맛, 드라이한 스타일이 특징인 리슬링을 생산한다), 쿠나와라(시라즈뿐만 아니라 붉은 점토로 덮인 '테라 로사' 토양에서 재배되어 표현력이 뛰어나고 구조감을 갖춘 와인으로 빚어지는 카베르네 소비뇽으로 유명하다) 등이다.

뉴사우스웨일스 주: 남동단 연안 인근에 자리 잡은 지역이며 질감, 복합미, 숙성 가치가 뛰어나기로 유명한 세미용 화이트 와인의 생산지가 이곳에 속해 있다.

빅토리아 주: 뉴사우스웨일스 주 바로 남쪽에 위치한 지역으로, 비치워스(특히 스파이시하고 세련된 피노 누아의 생산시), 야라 밸리(미네랄 특색이 돌면서 산미가 풍미를 주도하는 유연한 느낌의 샤르도네 생산지), 루더글렌(마데이라를 연상시키고 양조법이 마데이라와 비슷한 디저트 와인(루더글렌 뮈스카)의 생산지) 등이 속해 있다.

태즈메이니아 주: 호주 남쪽의 넓은 섬 지역으로, 더 선선한 기후를 누리고 있어 전통적 방식의 매력적인 스파클링 와인에서 성공을 거두고 있다.

호주와 뉴질랜드: 지구 최남단에서 만나는 맛깔스러움

'남쪽 끝'의 나라이자 '키위'의 나라인 호주와 뉴질랜드의 상징이 된 몇 가지 와인 스타일이 있다. 이번 시음에서는 두 나라를 유명하게 만들어준 스타일을 탐색해보자.

킴 크로포드 소비뇽 블랑(뉴질랜드 말버러)

뉴질랜드의 가장 상징적인 생산자라고 말해도 될 만한 곳에서 가장 상징적인 품종으로 만들어낸 와인이다. 연노란색 이 와인에서는 시트러스, 이국적 과일, 허브의 향이 거의 폭발하듯 터져나온다. 미디엄 보디의 미감에서는 특유의 레몬과 자몽 풍미에서 나오는 신맛을 풍부한 질감이 밸런스를 잡아준다. 뉴질랜드 소비뇽 블랑의 정체성이 된 그 대담한 아로마 스타일을 처음부터 끝까지 줄곧 드러낸다.

이노센트 바이스탠더 피노 누아(뉴질랜드 센트럴 오타고)

옅은 루비색을 띠며 미디엄 보디의 무게감, (오크 숙성에서 배어나온) 오크의 알싸함, 라벤더, 차, 체리의 아로마에 이어 과즙미 있는 풍미의 레드 베리 콩포트와 피노 누아 특유의 활기찬 산미가 다가온다.

티렐스 세미용(호주 헌터 밸리)

보르도의 청포도 세미용이 헌터 밸리에서 그 진가를 발휘한다. 잔 속에서 노란빛을 뿜는 이 와인은 입안에서 라이트 보디의 무게감과 함께 레몬 같은 신맛이 터지고 아로마에서는 흰색 꽃, 자몽, 배, 허브의 알싸함이 느껴진다. 집중력을 갖춘 미감에서는 사과 풍미와 세미용 특유의 그 매력적인 톡 쏘는 질감이 다가온다.

피터 르만 포트레이트 시라즈(호주 바로사)

미디엄 보디의 가성비 뛰어난 와인. 바로사는 시라즈가 잘 숙성되면서도 여전히 향신료 향을 간직하는 지역이다. 바로사 시라즈의 전형적인 특징인 짙은 루비색을 띤 이 와인에서는 후추와 나무딸기 아로마와 함께 초콜릿과 바닐라의 향이 풍겨오다 실크처럼 부드러운 질감으로 입안을 가득 채우는 풍부한 블랙라즈베리 과일의 풍미에게 길을 터주며 물러난다.

챔버스 로즈우드 루더글렌 뮈스카(호주 루더글렌)

뮈스카 아 프티 그랭 포도로 만든 오크통 숙성 와인. 오래된 커다란 오크통에서 오랜 시간을 보내며 구릿빛에 가까운 색을 머금는 동시에, 천천히 산소와 상호작용을 나누며 점점 풍미가 농축되었다. 마데이라에 대한 호주식 대응을 저렴한 가격으로 느껴볼 수 있는 대표적 표본이다. 시나몬, 오렌지껍질, 삼나무의 아로마가 그득히 풍기면서 말린 백무화과와 설타나(청포도로 만든 건포도)의 향도 희미하게 감돈다. 풍부하고 꽉 찬 느낌의 말린 과일 풍미가 물리지 않을 만큼 적당히 달콤하다.

뉴질랜드

아름다운 와인과 잘 어울리는 아름다운 배경을 간직한 남쪽의 섬나라, 뉴질랜드

주요 포도 품종: **청포도**-샤르도네, 피노 그리, 리슬링, 소비뇽 블랑 **적포도**-메를로, 피노 누아, 시라

주요 생산 와인: 단일 품종의 피노 누아, 소비뇽 블랑, 시라

남태평양의 섬나라 뉴질랜드는 와인의 역사가 식민지 시대로 거슬러 올라간다. 1800년대이던 당시 영국 군대가 와인을 만든 것이 그 시초였다. 와인 산업이 성장하기까지는 시간이 좀 걸리긴 했지만 1980년대에 들어와 뉴질랜드 소비뇽 블랑이 국제적 찬사를 얻으며 드디어 뉴질랜드의 와인 산업이 본격적으로 확장세를 이어가게 되었다. 현재는 생산량의 무려 90%를 수출하고 있다.

북섬

뉴질랜드는 북쪽에서 남쪽으로 갈수록 다양해지는 해양성 기후를 누리고 있으며, 와인 생산지가 대체로 2개의 주요 섬으로 나뉜다. 그중 북섬은 뉴질랜드에서 가장 역사 깊은 (그리고 두 번째로 큰) 와인 생산지, 혹스 베이의 터전이다. 선선한 기후와 후추 풍미 도는 라이트 보디의 시라 레드 와인으로 유명한 김블렛 그래블스도 이곳에 있다. 또 한 곳의 선선한 기후 지역으로 우아하고 싱그러운 고급 피노 누아를 생산하는 마틴버러 역시 북섬에 자리해 있다.

남섬

남섬에는 뉴질랜드에서 가장 많은 와인을 생산하는 곳이자 전체 포도원의 70%가 몰려 있는 말버러가 있다. 남섬에서는 소비뇽 블랑이 대세 품종으로, 이 소비뇽 블랑을 과일 풍미와 풍부한 아로마의 소비뇽 블랑 화이트 와인으로 빚어내 살짝 오프 드라이한 풀 보디 스타일에서부터 깔끔하고 상큼한 스타일에 이르기까지 다양한 스타일을 선보이고 있다. 남섬의 중요한 와인 생산지로는 센트럴 오타고도 있는데, 이곳에서는 뉴질랜드에서 가장 고지대에 위치한 포도원들이 대륙성 미세기후 속에서 구조감 있는 미디엄 보디의 피노 누아를 생산하고 있다.

독일

독일 모젤의 가파른 경사지에 자리 잡은 포도원들은 그림같이 아름답지만 포도 재배가 어렵기로 유명하다.

주요 포도 품종: **청포도**-그라우부르군더(피노 그리), 뮐러 투르가우(리바너), 리슬링, 실바너, 바이스부르군더(피노 블랑) **적포도**-돈펠너, 슈페트부르군너(피노 누아)

주요 생산 와인: 게뷔르츠트라미너, 그라우부르군더의 단일 품종 화이트 와인 / 뮐러 투르가우, 리슬링, 실바너, 바이스부르군더 / 돈펠더, 슈페트부르군더의 단일 품종 레드 와인 / 아이스바인(아이스와인) / 젝트(스파클링 와인)

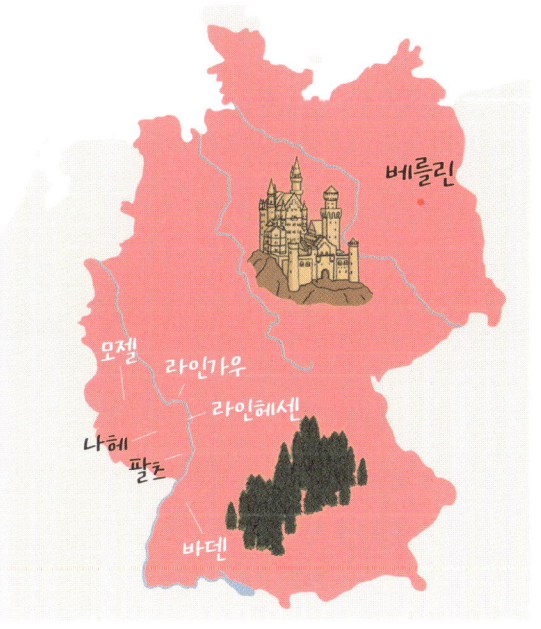

제 4 장 _ 세계의 주요 와인 생산지 157

독일 와인 라벨 읽기

독일의 와인 라벨은 읽기가 까다롭다. 그 이유 중 하나는 최상급(크발리테츠바인 미트 프레디카트) 와인에 포도의 숙성도 분류 용어를 사용하기 때문이다. 독일의 서늘한 기후에서는 와인용 포도를 충분히 숙성시키기가 만만찮은 일이 되기도 한다는 점을 감안하면 이런 용어를 두는 것도 이해가 가긴 한다. 그러면 독일의 와인 라벨에서 흔히 보게 될 만한 용어들을 하나씩 살펴보자.

카비네트(Kabinett): 최소한으로 숙성된 포도를 원료로 써서 단맛과 알코올 강도가 낮음

슈페트레제(Spätlese): 숙성된 포도로 만들어 드라이하면서도 살짝 단맛이 있는 스타일

아우스레제(Auslese): 당도가 더 높아질 때까지, 때때로 보트리티스 시네레아(36쪽 참조)가 필 것 같은 기미가 보일 때까지 포도를 놔두었다가 선별해서 딴 포도송이로 만들어 대체로 달콤하고 병입 후에도 잘 숙성됨

베렌아우스레제(Beerenauslese): 포도알을 한 알 한 알 골라내 보트리티스 시네레아에 감염된 포도로 만들어 예외 없이 달콤한 디저트용 와인

트로켄베렌아우스레제(Trockenbeerenauslese): 건포도화되고 보트리티스 시네레아에 심하게 감염된 포도알만을 선별해서 만들어 복합적이면서도 높은 잔당으로 시럽처럼 달콤한 와인

도이체 타펠바인(Deutscher Tafelwein): 테이블 와인

도이체 란트바인(Deutscher Landwein): 지역명 표기 와인

크발리테츠바인 베스팀터 안바우게비터(Qualitätswein bestimmter Anbaugebiete, QbA): '지정된 재배지의 포도로 만든 고급 와인'으로, 지정된 지역에서 수확한 포도만을 원료로 써서 규정된 포도 재배법, 와인 양조법, 품질 기준에 따라 생산한 와인

크발리테츠바인 미트 프레디카트(Qualitätswein mit Prädikat, QmP): 가장 엄격한 기준이 규정된 지역산의 최상급 와인(보통 포도의 숙성도가 지정되어 있음)

트로켄(Trocken): 드라이

할브트로켄(Halbtrocken): 하프 드라이

파인헤릅(Feinherb): 오프 드라이(공식적으로 규정된 용어는 아님)

아이스바인(Eiswein): 얼도록 따지 않고 놔둔 포도로 만들어 당도와 강도가 거의 베렌아우스레제급으로 농축된 와인

독일은 재배하는 포도 품종이 130종이 넘는데 대부분이 화이트 와인용이다. 왜일까? 이 유럽 국가의 포도원들이 지구상에서 가장 북단에 위치한 곳에 속한데다 독일의 추운 대륙성 기후에서는 장기간 동안 서서히 숙성되어가는 생장 주기를 견딜 만한 품종이 필요하기 때문이다. 독일은 와인 전통이 풍성하다. 샤를마뉴 대제가 라인 강변에 포도나무를 심도록 명령했다고 전해지며, 문헌에 리슬링에 대한 언급이 등장한 시기도 1400년대까지 거슬러 올라간다(피노 누아는 1300년대까지 거슬러 올라간다).

    독일의 와인 라벨 표기법은 독일어를 모르는 사람들에게는 수수께끼처럼 복잡하기로 악명 높다(라벨 읽는 기초 요령은 158쪽 참조). 하지만 독일이 사실상 리슬링의 세계적 기준이라는 점에서 복잡해도 한번 풀어볼 만한 수수께끼다. 간단히 말해서 리슬링의 아로마와 풍미를 시트러스에서부터 사과, 모과, 살구 등등에 이르는 풍부한 폭으로 발현해내는 나라는 독일 외에는 없다. 다음은 알아둘 만한 가장 중요한 생산지들이다.

바덴: 독일 최남단에 위치한 와인 생산지이자 (독일 기준으로) 일조량이 가장 풍부하고 가장 따뜻한 지역. 라이트 보디에 구조감이 잡혀 있으면서 향기로운 피노 누아 레드 와인으로 유명하다.

모젤: 리슬링의 세계적 벤치마크 지역 중 한 곳. 이곳에서는 대부분의 리슬링이 모젤 강의 가파른 강둑의 점판암 토양에서 재배되며, 라이트 보디에 상큼한 신맛, 꽃향기, 두드러지는 미네랄 특성이 느껴지는 오프 드라이 화이트 와인 스타일의 리슬링을 선호한다.

나헤: 나헤 강 인근의 토양은 성분이 다양해 뮐러 투르가우와 리슬링 같은 포도에 다양한 표현을 부여할 수 있다.

팔츠: 독일에서 가장 큰 와인 생산지로 꼽히며 기후는 이웃인 알자스, 바덴과 비슷하다. 점점 레드 와인 생산 비중을 늘리며 주로 돈펠더 포도로 벨벳 같은 질감에 플럼 풍미가 있는 상쾌한 레드 와인을 만들고 있다. 하지만 여전히 리슬링이 지배적 품종이며, 주로 보디와 힘을 늘린 드라이 스타일로 빚어낸다.

라인가우: 작지만 역사적으로 중요한 지역. 독일 외인 양조 스타일의 대부분이 라인 강의 민곡부를 따라 자리한 이곳에서 비롯되었다. 드라이한 편인 라인가우의 리슬링은 밸런스를 전형적 특징으로 띤다. 파워풀하고 향기로우면서 금속성 풍미가 느껴지지만 마시기에는 부담이 없다.

라인헤센: 독일 최대의 와인 생산지이자 가장 중요한 생산지에 속한다. 뮐러 투르가우로 만드는 그 악명 자

자했던 리프라우밀히(Liebfraumilch, '성모의 젖'이라는 뜻. 이 와인은 대중의 종교적인 정서와 맞물리면서 큰 호평을 얻어 매번 품귀 현상을 빚었고, 그 때문에 이름만 동일하게 사용한 모조품들이 다량으로 등장해 독일 와인 시장에서 리프라우밀히의 명성에 금이 갔던 시절도 있었다. 지금은 품질 유지를 위해 자세한 규정이 마련되어 있다-옮긴이)의 고향이기도 하다. (주로 돈펠더로) 드라이 스타일과 스위트 스타일의 레드 와인을 만들고 있지만 리슬링이 기대주로 떠올라 온갖 다양한 스타일로 빚어지는 미디엄 보디에 드라이한 편인 이곳의 리슬링이 점차 인기를 끌고 있다.

독일: 북부의 별미

독일 와인 탐험은 다른 무엇보다도 리슬링의 탐험을 의미한다. 하지만 이번 시음을 통해 알게 될 테지만 독일 북부의 기후를 기분 좋게 받아들이는 포도는 리슬링만 있는 게 아니다.

된호프 에스테이트 리슬링(나헤)

나헤는 화산토 포도원으로 유명하며, 이런 토양의 포도원에서 독특한 풍미를 띠는 리슬링을 재배하고 있다. 이 연노란 빛 리슬링은 다가가기 쉽고 맛보는 재미도 있다. 활기찬 라이트 보디에 흰색 꽃과 라임의 향기, 상큼한 사과 풍미, 은근한 단맛이 특징이다.

닥터 파울리 버그와일러 노블 하우스 리슬링(모젤)

라이트 보디에 연한 황금빛을 띠는 이 리슬링은 꽃 풍미, 복숭아, 레몬껍질, 인동의 아로마가 풍기는 매력적인 모젤의 화이트 와인을 잘 대표하고 있다. 레몬, 백도의 풍미와 가벼운 단맛이 어우러진 미감을 기운찬 상쾌함이 균형 잡아준다.

바인구트 마르크그라프 폰 바덴 슈페트부르군더 베르마팅거(바덴)

독일은 드라이(트로켄) 피노 누아(슈페트부르군더)를 사람들이 생각하는 것보다 더 많이 만들고 있지만 그중 대부분이 국경 밖을 벗어나지 않는 편이다. 이 피노 누아 레드 와인은 남쪽에 위치해 있어 다소 온난한 바덴 지역에서 빚어진 것이다. 루비색에 라이트 보디이며 흙내음, 허브, 라즈베리의 향, 시큼한 크랜베리와 레드플럼 풍미를 드러낸다.

P. J. 팔켄베르크 돈펠더(라인헤센)

미디엄 보디에 짙은 붉은색의 이 돈펠더(독일이 원산지인 적포도) 와인은 체리와 야생 허브의 아로마가 먼저 다가오고 잘 익은 블랙베리, 바닐라 풍미와 은은한 단맛도 느껴진다.

피츠 리터 게뷔르츠트라미너 슈페트레제(팔츠)

팔츠에서는 약간 온난한 날씨와 풍부한 일조량 덕분에 게뷔르츠트라미너 등의 몇몇 품종이 잘 자란다. 피츠 리터에서 선보이고 있는 이 게뷔르츠트라미너는 숙성된(슈페트레제) 스타일로 호박빛이 도는 노란색, 과즙미, 미디엄 보디를 특징으로 띤다. 꽃, 향신료, 복숭아 향과 더불어 귤과 은은한 당절임 레몬껍질의 풍미가 풍겨온다.

포르투갈

포르투갈의 도루만큼 시각적으로 극적인 풍경을 뽐내는 곳은 찾아보기 힘들다.

주요 포도 품종: **청포도**-알바리뇨, 안타옹 바즈, 아린투, 엔크루자두, 루레이로, 말바지아, 베르델류 **적포도**-알리칸테 부셰, 카스텔랑, 템프라니요(별칭으로는 틴타 호리스 또는 아라고네스), 투리가 프랑카, 투리가 나시오날, 트링카데이라

주요 생산 와인: 알렌테주 블렌딩 레드·화이트 와인, 도루 블렌딩 레드 와인, 마데이라, 포트, 비뉴 베르데

포르투갈 와인 라벨 읽기

포르투갈은 와인 라벨 표기에서 EU의 기준을 따른다. 다음은 포르투갈 와인 라벨에 표기되는 보편적 용어들이다.

아데가(Adega): 와이너리

카스타(Casta): 포도 품종

콜레이타(Colheita): 빈티지

데노미나사웅 드 오리젱 콘트롤라다(Denominação de Origem Controlada, DOC): 가장 엄격한 기준을 따른 지역에서 생산한 최상급 와인

엥가하파두(Engarrafado)/**가하파두**(Garrafado): 병입자

가하페이라(Garrafeira): 와인 저장고. 오크통과 병에서 각각 적어도 6개월 동안 숙성시킨 화이트 와인과 최소한 오크통 숙성 2년과 병입 숙성 1년을 거친 레드 와인에 표기하도록 규제받는 용어

인디카사웅 드 프로브니엥시아 헤굴라멘타다(Indicação de Proveniencia Regulamentada, IPR): 지역명 표시 와인

프로두지두(Produzido): 생산자

킨타(Quinta): 농장. 보통 에스테이트 포도원과 와이너리를 지칭하는 말

비뉴 브랑쿠(Vinho Branco): 화이트 와인

비뉴 드 메자(Vinho de Mesa): 테이블 와인

비뉴 헤지오날(Vinho Regional): 지방명 표시 와인(EU 규정에 따라 지리적 표시가 있는 테이블 와인-옮긴이)

비뉴 헤제르바(Vinho Reserva): 숙성과 최소 알코올 함량에 대한 의무 기준이 있는 빈티지 와인

비뉴 호자두(Vinho Rosado): 로제 와인

비뉴 틴투(Vinho Tinto): 레드 와인

비냐스 벨랴스(Vinhas Velhas): 수령이 오래된 포도나무

훌륭한 와인을 생산하는 나라들은 으레 훌륭한 관광지이기도 하다. 그리고 포르투의 야외 카페에서 문어 구이를 씹어 먹으며 비뉴 베르데를 홀짝여본 적이 있는 사람이라면 작지만 강한 포르투갈이 훌륭한 와인과 훌륭한 관광지의 위상 모두를 성공적으로 일구어낸 나라라는 사실을 인정할 것이다. 수백 년 된 올리브나무들과 북적북적 활기찬 항구 도시들을 품고 있는 (게다가 세계 최대의 코르크 생산국이기도 한) 포르투갈은 와인과 음식의 천국이다.

포르투갈에 포도 재배가 전파된 시기는 로마 점령기였을 가능성이 높으며 그 시대까지 거슬러 올라가는 포르투갈의 오래된 전통 중에는 라가르스(lagares)라는 얕은 통에 포도를 담고 발로 밟는 양조 방식도 있다. 알렌테주 지역의 일부 생산자들은 여전히 탈랴스 드 바후(talhas de barro)라는 고대 점토 항아리를 써서 와인을 만드는데, 이 항아리는 최대 2.1m의 높이에 무게가 말 그대로 1톤까지 나가기도 한다. 또한 포트와인 포도원들이 1757년부터 보호와 규제를 받아왔다는 점에서 보면, 와인법 게임에서 포르투갈보다 더 오랜 역사를 가진 나라는 거의 없다.

(땅 크기로는 전 세계 100위 안에도 들지 못할 만큼) 작은 면적에도 불구하고 포르투갈은 문화적·지리적·기후적으로 놀라울 정도의 다양성을 자랑하며 그런 다양성이 와인에 그대로 담긴다. 포르투갈의 포도는 고립에 가까운 상태에서 진화했고, 그에 따라 현재 재배 중인 토착 품종이 거의 250종에 이르러 이탈리아에 버금가는 수준이다.

비뉴 베르데

포르투갈의 북쪽에 위치한 비뉴 베르데는 다른 지역들에 비해 비가 더 많이 오고 푸릇푸릇한 지역이다. 레드 와인과 스파클링 와인도 만들고 있지만 (말 그대로 '초록색 와인'이라는 뜻을 가진) 이곳 비뉴 베르데는 알바리뇨 포도를 베이스로 한 블렌딩 화이트 와인으로 가장 유명하다. 시트러스 풍미가 있고 새콤한 (그리고 대체로 살짝 경쾌한) 이 와인은 여름날 홀짝홀짝 마시기에 그만이다.

포르투

주정강화 와인 포트의 이름은 포도가 재배되고 있는 도루 강의 아찔할 만큼 가파른 경사지가 아닌, 와인이 숙성되는 도시 포르투에서 유래된 것이다. 포르투갈의 가장 유명한 수출품인 이 파워풀하고 강한 포트는 여러 포도를 블렌딩해서 만든다(보통 투리가 프랑카, 틴타 호리스, 틴타 바호카, 투리가 나시오날, 틴타 카웅을 블렌딩하지만 사용이 허용된 품종이 무려 82종이나 된다). 스타일에 따라 말린 과일, 구운 견과류, 캐러멜의 풍미와 아로마를 선사한다. 디저트용으로 내기에 가장 좋지만 비교적 드라이한 스타일도 나온다(청포도만으로 만드는 '화이트' 포트 등이 여기에 해당한다).

도루

포트를 만드는 토착 포도 품종들은 아주 뛰어난 드라이 와인의 원료로도 쓰일 만하며, 도루에서 실제로 그런 와인이 만들어지고 있다. 도루 레드 와인은 대체로 맛이 좋으면서 나무딸기 계열의 붉은 과일 풍미, 후추의 알싸한 향, 씹히는 듯한 질감을 띠고 있다. 화이트 와인은 찾기가 쉽진 않지만 기분 좋게 취기를 자극하고 복합적인 풍미를 갖추는 경향이 있다.

다웅

산이 많고 기후가 온화한 다웅 지역은 지난 10년 사이에 독자적 와인의 스타일에서 변화를 맞았다. 그래서 이제는 레드 와인이 타닌감 있고 대담한 편이지만, 다웅의 훨씬 더 흥미로운 추세는 따로 있다. (꽃, 과일, 부싯돌의 아로마를 부여하는) 걸출한 엔크루자두 포도를 주축으로 한 화이트 와인의 생산량이 증가하고 있다는 점이다.

알렌테주

이 남쪽 지역은 비뉴 베르데와는 극과 극의 대조를 이루는 곳이다. 햇빛이 풍부하고 따뜻하며 유럽에서 강우량이 가장 낮은 곳에 속해 과즙미 있는 힘 있는 풀 보디 와인의 생산에 주력하고 있다. 알렌테주에서는 세계적 품종 몇 가지도 잘 자라고 안다웅 마즈, 두리가 나시오날 같은 토착 품종으로 흥미진진한 활동도 펼쳐지고 있다. 하지만 알렌테주 지역에서 가장 전도유망한 품종은 프랑스 품종과의 교배종인 알리칸테 부셰가 아닐까 싶다. 톡 쏘는 맛에 붉은색 과일류의 풍미가 있는 이 품종은 알렌테주의 햇빛을 아주 좋아한다.

마데이라

솔직히 고백하자면 나는 주정강화 와인 마데이라의 열혈 팬이다. 개인적인 와인 여정에 막 들어섰던 때는 마데이라가 미국 건국의 아버지들이 좋아하던 술이었으니 포르투갈의 섬에서 만드는 이 불멸의 와인(100년까지도 숙성 가능해 붙은 이름-옮긴이)을 모든 사람이 다 알고 있으려니 잘못 넘겨짚기도 했다. 단일 품종 마데이라의 경우엔 포도에 따라 단맛의 강도가 다른데, 당도가 점점 높아지는 순서대로 나열하자면 세르시알, 베르델료, 부알(혹은 보알), 말바지아다. 그 파워풀함에서는 마데이라의 극적인 해안 절벽 풍경이 연상되고, 대체로 커다란 오크통에서 수십 년간 숙성을 거쳐서 말린 무화과와 견과류의 향이 배어 있다. 더러 100년을 꼬박 숙성시킨 뒤에도 여전히 맛이 뛰어나며 마데이라와 잘 맞는 음식 짝꿍으로는 피칸파이만한 것도 없다!

포르투갈로 떠나는 여행

포르투갈은 다양한 기후를 가지고 있어 시음 여행에서는 그 어느 곳보다 특별한 여행지가 되어준다.

킨타 다 아벨레다 비뉴 베르데(비뉴 베르데)

포르투갈 북부의 시그니처 스타일로, 루레이로와 알바리뇨를 블렌딩한 꽃 풍미의 친근한 화이트 와인. 맛을 보자마자 이내 만족감을 안겨준다. 색뿐만 아니라 향에서도 레몬이 느껴진다. 은근한 단맛, 기분 좋은 보디감, 캔털루프 멜론 풍미가 있어 여름철 피크닉에 정말 근사하게 어울린다.

킨타 두스 호케스 엔크루자두(다옹)

미디엄 보디에 연한 황금색 화이트 와인으로 다옹의 특산품. 향에서 복숭아, 소금기, 미네랄 특색이 배어나오고 입안에서는 백도와 크림 풍미가 도저히 거부할 수 없는 매력을 발산한다.

프레츠 & 시밍톤 포스트 스크립텀 드 크리세이아(도루)

포트의 최강자 시밍톤의 드라이한 레드 와인. 포트용 적포도 투리가 프랑카, 투리가 나시오날의 특색을 세련되게 담아내고 있다. 짙은 자주색을 내뿜으며, 흑후추와 가죽의 아로마에 이어 입안에서 풍부한 질감의 플럼 풍미가 다가온다.

와레즈 오티마 10년산 토니 포트(포르투)

오크통에서 평균 10년간 숙성을 거치는 토니 포트 스타일의 와인이며, 와인의 호박색에서 이름을 따왔다. 무화과, 말린 사워체리, 헤이즐넛, 제빵용 향신료 향이 풍기고 뛰어난 산미가 파워풀한 보디에 경쾌함을 돋워준다. 살짝 차게 해서 (그리고 오후 일정이 비어 있는 날) 맛보길 권한다.

에르다드 두 이스포랑 헤제르바 화이트(알렌테주)

이스포랑은 올리브 오일을 만들고 수상 이력이 있는 레스토랑도 운영하는 알렌테주 최대의 와인 생산자다. 이 헤제르바 스타일의 화이트(보통 매 빈티지마다 다른 안타옹 바즈 베이스의 블렌딩 와인)는 들인 돈의 가치를 크게 깨닫게 해줄 것이다. 향에서는 오렌지꽃과 오크의 알싸함이 느껴지고 복숭아와 살구의 원숙한 풍미, 짙은 레몬색을 띠고 있다.

블란디스 5년산 올드 미디엄 리치 부알(마데이라)

미국산 오크통에서 평균 5년간 숙성시키는 블란디스(1800년대에 이 회사를 설립한 가문이 여전히 소유자로 있다)에서 마데이라의 유명한 주정강화 와인 중에서도 달콤한 스타일에 입문해보기에 이상적인 와인을 내놓았다. 어두운 청동색에 스파이시한 향과 미디엄 스위트를 갖춘 이 와인으로 토피, 바닐라, 말린 무화과의 풍미를 가진 디저트 와인의 세계로 안내받아보길.

그 밖에 주목할 만한 와인 생산지

와인의 세계는 이번 장에서 둘러본 나라들 외에도 넓게 펼쳐져 있다. 그런 의미에서 이번엔 당신이 앞으로 좋아하게 될 만한 와인을 만들어내며 당신이 발견해주기만을 기다리고 있는, 주목할 만한 와인 생산국 몇 곳을 소개한다.

오스트리아

독일의 영향을 크게 받고 있는 (그리고 와인 라벨 표기법까지 비슷한) 이 유럽 북부 국가는 화이트 와인 생산에 주력하고 있다. 생산량의 65% 이상이 화이트 와인이고, 중 3분의 1이 상큼하고 향기로운 그뤼너 펠트리너 와인이다. 오스트리아에서 가장 이름나 있는 와인 생산지는 다뉴브 강(도나우 강) 인근 지역인 캄프탈과 바하우다. 오스트리아는 그뤼너 펠트리너 외에 금속성 풍미가 있는 리슬링과 스파클링(젝트) 와인과 함께 츠바이겔트, 블라우프랑키시, 피노 누아로 만드는 라이트 보디의 스파이시한 레드 와인도 만든다.

헝가리

유럽 중부 국가 헝가리는 한때 전 세계의 왕족들에게 사랑받던 와인의 생산지로 유명했다. 그 와인이 바로 보트리티스 시네레아에 감염된 포도로 만든 디저트 와인 토카이 아수다. 최근에는 에게르 지역의 'Bull's Blood(황소의 피)'라는 블렌딩 레드 와인이 점차 인기를 얻는 추세다. 하지만 헝기리 와인에 새로운 르네상스를 촉진시키고 있는 품종은 청포도 푸르민트다. 헝가리의 푸르민트 와인은 유럽 전체를 통틀어 가장 비싸고 다재다능하며 흥미진진한 화이트 와인에 꼽힐 정도로 뛰어나다.

남아프리카공화국

남아프리카공화국은 1650년대 이후부터 와인을 만들어왔고 한때는 (케이프타운 인근인) 콘스탄시아의 스위트 와인이 전 유럽에서 사랑받았다. 그 스위트 와인들이 여전히 생산되고 있지만(그리고 여전히 놀랄 만한 품질을 선보이고 있지만) 현재 남아프리카공화국이 가장 명성을 얻고 있는 스타일은 드라이한 와인이다. 이런 드라이 와인으로는 허브와 채소 풍미가 있는 소비뇽 블랑 화이트 와인, 매력적이 풀 보디의 피노타주 레드 와인, 꽃과 열대 계열의 특색을 띠는 크리미한 슈냉 블랑 화이트 와인 등이 있다. 남아프리카공화국은 따뜻한 기후를 가지고 있지만 웨스턴케이프에서 솔솔 불어오는 시원한 미풍이 어느 정도 열기를 누그러뜨린 덕분에 상쾌함을 여전히 간직하고 있는 풍미 가득한 와인을 빚어내고 있다.

그리스

그리스는 와인 양조 역사가 거의 6,500년 전으로 거슬러 올라가 가장 오래된 와인 생산국 중 한 곳에 든다. 현재 그리스는 와인 시장을 새로 개척해 (특히 크레타 섬을 중심으로) 토착 품종과 세계적 품종을 블렌딩한 와인을 많이 생산하고 있다. 그리스 전역에서 와인을 만들고 있는 가운데 네메아(펠로폰네소스 반도에 속한 지역)의 부드럽고 과즙미 있는 아기오르기티코 레드 와인이 특히 두각을 보이고 있는가 하면, 산토리니의 멋진 나오우사 섬에서는 수령이 오래된 나무에서 수확한 아시르티코 포도로 그리스에서 가장 복합적이고 상쾌한 화이트 와인을 빚어내고 있다.

캐나다

캐나다는 수많은 와인을 만들어내고 있으며, 온타리오 주와 브리티시컬럼비아 주가 주된 와인 생산지다. 물가 가까운 곳에 나무를 심으면 캐나다의 추운 기후가 누그러져 샤르도네, 피노 누아, 카베르네 프랑이 잘 여문다. 하지만 캐나다의 특산품은 따로 있다. 바로 얼린 포도로 만들어 상쾌하고 달콤한 즐거움을 선사하는 아이스와인. 캐나다는 다른 모든 와인 생산국의 생산량을 합한 것보다 더 많은 아이스와인을 만들고 있다. 대체로 풍미 가득한 비달 포도를 원료로 쓰고 있지만 리슬링 아이스와인은 물론이고 심지어 카베르네 프랑 아이스와인도 만들어진다. 아이스와인은 만들기가 어렵고, 그에 따라 가격도 비싸지만 한번 맛을 보면 잊을 수 없는 강렬한 경험이 될 수도 있다.

브리티시컬럼비아 주의 오카나간 밸리는 캐나다에서 가장 전도유망하고도 아름다운 와인 생산지로 손꼽힌다.

더 넓은 세계로의 시음 탐험

와인의 최고 묘미 중 하나는 만들어진 곳과 긴밀히 연결되어 있는 특성이다. 이번 시음에서는 세계적 탐험의 폭을 넓혀 또 다른 흥미진진한 와인 생산지들을 상징하는 스타일과 포도를 만나보자.

랑겐로이스 로이스 그뤼너 펠트리너(오스트리아 캄프탈)

(choice와 라임이 딱 들어맞기도 하는) 로이스는 두루두루 잘 맞는 최고의 팔방미인형 와인 중 하나다. 초록빛 도는 노란색을 띠며, 향신료와 사과의 아로마에 시트러스와 특유의 채소 향이 조화를 이룬다. 오스트리아의 선선한 기후 덕분에 라이트하면서 상쾌하고 풋사과와 레몬 풍미가 여운으로 남는다.

디스노퀴 드라이 푸르민트(헝가리 토카이)

오래전부터 그 유명한 토카이 스위트 와인의 원료로 쓰였던 푸르민트 포도가 근래에는 현대적이면서도 싱그럽고 흥미로운 드라이 화이트 와인의 원료로도 주목을 받고 있다. 디스노퀴가 만든 초록빛 도는 노란색의 이 와인에서는 향긋한 시트러스와 흰색 꽃의 향이 시끌벅적하게 뿜어져 나온다. 모과와 배의 풍미가 매혹적이기도 하다.

인다바 슈냉 블랑(남아프리카공화국 웨스턴케이프)

슈냉 블랑을 오크 숙성을 거치지 않은 아주 깔끔한 특색으로 빚어낸, 노란빛 도는 황금색 와인으로 멜론, 키위, 레몬의 아로마를 머금고 있다. 향에서 느껴진 멜론이 미감에서도 배어나오고, (이 지역의 온난한 생장기 기후의 결과인) 미디엄 보디의 미감을 상큼한 느낌이 밸런스 잡아주고 있다.

쿠로스 아기오르기티코(그리스 네메아)

어두운 붉은빛이 감도는 자주색 자태를 내보이며 입안에서 풀 보디의 무게감을 느끼게 해주는 이 와인은 그리스 본토의 촉망받는 적포도 아기오르기티코를 '처음 접해보기에' 제격이다. 바닐라, 구운 견과류, 말린 허브, 플럼 향이 퍼지고 한 모금씩 머금을 때마다 과즙미 있는 블랙베리 풍미와 향신료의 알싸함이 배어나온다.

잭슨 트릭스 비달 아이스와인(캐나다 나이아가라 반도)

꽁꽁 언 포도를 뼈까지 시려오는 기온에서 수확해 압착해낸 미량의 즙으로 만드는 옅은 호박색의 이 맛 좋은 와인은 캐나다의 디저트 와인 중 가장 부담 없는 가격대에 속한다. 부드러운 질감에 강렬하고 싱싱한 스타일이며 순수한 열대과일 아로마에 캐러멜 향이 아주 희미하게 섞여 있다. 원숙한 살구의 풍미와 풍부한 마우스필이 느껴지지만, 그 사이로 섬세한 산미가 새어나와 최고 단계의 당도에도 불구하고 내내 미감을 상쾌하게 잡아준다.

제 5 장

나만의 시음 계획 구성하기

좋은 소식이자 나쁜 소식이기도 한 말이지만, 와인은 복잡한 주제라 와인을 배우는 마법의 지름길 따위는 없다.

와인은 사람을 주눅 들게 하면서도 자유를 누리게도 해준다. 사실 와인은 아주 폭 넓고 깊이 있는 주제라 시작하기가 어렵다. 하지만 그 점이 또 굉장한 흥미 요소이기도 하다. 한 주제로서의 와인은 워낙 방대해 평생을 탐험해도 가능성이 마르지 않는다.

하지만 그 무한한 가능성에는 끝이 없다시피 한 함정이 도사리고 있다. 따라서 와인 시음이라는 광활한 바다를 헤쳐가기 위해서는 지도가 필요하기 마련이다. 바로 이 지점에서 시음 계획 구성하기가 제 역할을 한다.

주제 정하기

와인 시음 여정을 시작하기에 가장 좋은 방법 한 가지는 시음을 통한 체계적인 학습이다. 말하자면, 정해진 주제 내에서 논리적으로 연관성이 있는 몇 가지 와인을 시음해보는 방법이다.

다행히 와인 시음은 그런 식으로 해볼 만한 주제가 무한대에 가깝다. 특정 와인 생산국이나 생산 지역에 대해 알아보는 것을 주제로 시음해볼 수도 있고, 특정 포도 품종이나 한 와인의 스타일이나 디저트 같은 특별한 요리에 찰떡궁합인 와인 등을 시음 주제로 정할 수도 있다. 시음의 주제에 관한 한, 한계는 당신의 상상력과 은행 잔고뿐이다.

그러면 본격적으로 시음을 시작하기 위해 시음의 주제로 삼을 만한 맥락 몇 가지부터 살펴보자.

- 같은 품종으로 만든 여러 나라 혹은 여러 지역의 와인
- 같은 나라 혹은 지역에서 동일한 품종으로 만든 와인
- 동일한 품종으로 만든 여러 가지 스타일의 와인(드라이 스타일과 스위트 스타일, 로제 와인과 레드 와인, 스파클링 와인과 스틸 와인)
- 한 가지 스타일의 와인(스파클링 와인, 주정강화 와인, 디저트 와인)
- 한 지역에서 만든 여러 가지 와인(지역별로 다양한 차이가 뚜렷이 나타나는 이탈리아, 포르투갈, 프랑스부터 시작해보는 것이 좋다)
- 대중적이지 않은 특이한 품종의 와인(즉 어디에서나 흔히 재배되는 샤르도네, 카베르네 소비뇽, 메를로 등이 아닌 다른 품종)
- 수직 시음(같은 와인의 여러 빈티지 와인)
- 수평 시음(같은 포도/생산지, 같은 빈티지의 여러 생산자의 와인)
- 블라인드 테이스팅(177쪽 참조)
- 비슷한 가격대의 와인들(예: 15달러 이하 혹은 25달러 이상의 가격대)
- 지역 음식과 짝을 맞춘 시음(리오하를 타파스와 함께 맛보는 식으로, 특정 지역의 와인을 그 지역 음식에 곁들여 맛보기)

주제를 정한 시음의 효과를 과소평가하면 안 된다. 연관된 틀 내에서 비슷한 것들을 비교해보는 방법은 어떤 주제를 배우든 간에 가장 효과적인 방법 중 하나다. 따지고 보면 이 방법은 내가 처음 와인을 배우기 시작했을 때 활용해 내 시음 IQ를 기하급수적으로 높였던 방법과 똑같아서 그 효과는 보증한다.

저렴한 와인 고르기: 10달러 이하 가격대

비싸야만 반드시 좋은 와인이 아니다. 세계 와인 시장에서의 경쟁이 치열해지면서 이제는 생산 지역과 포도를 충실히 담아낸 무결점의 맛 좋은 와인도 아주 좋은 가격으로 출시되고 있다. 다음은 마시기 편하고 맛이 좋은데다 가격까지 착한 와인들이다.

프레시넷 코든 네그로 브뤼(스페인 카바)
샴페인 방법으로 생산되었으면서도 엄청난 가격표가 붙지 않은 스파클링 와인. 크리미한 미감이 상쾌한 신맛, 사과와 생강의 아로마, 배의 풍미로 마무리된다. 연한 황금색 빛깔이 눈을 매혹하고 목 넘김도 편하다.

샤토 생 미셸 게뷔르츠트라미너(워싱턴 주 컬럼비아 밸리)
꾸준히 인기를 얻고 있는 오프 드라이 화이트 와인. 장미 꽃잎, 리치, 정향의 아로마에 핵과일과 귤의 풍미가 느껴지는 연한 황금빛 와인이며, 스파이시한 음식에 곁들이면 살짝 단맛과 부드러운 미감으로 얼얼한 화기를 식혀준다.

멀더보쉬 카베르네 소비뇽 로제(남아프리카공화국 스텔렌보스)
카베르네 소비뇽은 잘 길들여 맛 좋은 로제로 빚어내기가 까다로운 품종이지만 이 생산자는 그 어려운 일을 가성비 좋은 가격대에서 해내고 있다. 옅은 장미빛 와인으로, 입안에 싱싱함을 전해주는 미디엄 보디에 당절임한 붉은색 과일의 풍미도 아주 살포시 감돈다. 풍미에서 석류가 연상된다면 향에서는 자몽과 딸기가 떠오른다.

코노 수르 '비시클레타' 피노 누아(칠레 센트럴 밸리)
자줏빛 도는 붉은색의 피노 누아 와인으로 아주 친근한 인상을 풍긴다. 꾸준히 가성비 좋은 가격으로 출시되고 있어 대체로 10달러 이하에 구입할 수 있다. 레드 베리의 풍미가 돌고 훈연 향과 제빵용 향신료 향이 은근히 풍기면서 부드럽고도 상쾌한 미감까지 더해져 가격대에 비해 놀라울 정도의 밸런스를 갖추고 있다.

레이븐스우드 빈트너스 블렌드 진판델(미국 캘리포니아 주)
잔 속에서 보랏빛을 뿜는 미디엄 보디의 와인. 향에서 나무딸기의 알싸함이 가득하며 비교적 캘리포니아 레드 진판델의 정통적인 스타일에 든다. 맛도 좋다. 라즈베리잼의 아로마에서 과즙미가 느껴지는 데 이어 플럼과 보이젠베리 풍미에서 과즙미가 훨씬 더 진하게 다가온다.

와인 고르기

물론 시음할 와인 고르기의 문제는 시음 주제에 달려 있다. 일단 시음의 기준 주제부터 정해야 그 주제 내에서 선택할 수 있는 특정 와인들을 찾아볼 수 있다. 이때는 전체 가격이든 병당 가격이든 저렴한 가격대로 고르는 편이 좋다. 와인을 구매하는 재미에 빠져 자칫 너무 비싼 가격으로 성급히 구매할 위험이 있으니 주의해야 한다.

나는 와인 세계 탐험에 나서보자고 마음먹었을 당시에 차로 장거리 출퇴근을 하며 집에 가는 길에 종종 와인 매장에 들렀다. 이때는 한 주의 예산과 주제를 정해, 가령 병당 20달러 이하인 보르도 블렌딩 와인을 고르는 식으로 구매했다. 와인 생산지나 대다수 포도 품종에 대해 아무것도 모르던 때라 과소비를 하지 않는 한도 내에서 비교 시음을 해보기로 했던 것이다. 개인적인 와인 여정을 통틀어 그때의 기억이 가장 즐겁다. 그 시절엔 그저 꿈으로만 여기던 아름다운 여러 지역을 직접 여행해본 지금도 여전히 그렇다. 매번 향을 맡고 입안에 머금을 때마다 무언가를 배우게 되고, 그렇게 배워가는 게 마냥 재미있었던 그 시절의 기억을 떠올리면 지금도 기분이 좋다.

당시에는 어림도 없는 일이었지만 현재는 빠른 인터넷 검색으로 많은 정보를 곧바로 얻을 수 있다. 와인 구매는 무엇을 골라야 할지 몰라 주눅이 들 만한 일이지만 이제 선택의 폭을 대폭 줄이기 위해 빠른 인터넷 검색 몇 번만 하면 되고, 심지어 매장에서의 쇼핑 중에도 그럴 수 있다. 온라인 와인 시음평을 참고해 선택의 폭을 좁히는 방법도 있다. 대체로 구글에서 와인 스타일이나 특정 와인에 대해 검색하면 (검색 결과 내에서의) 구매자 시음평 웹사이트 CellarTracker.com의 총 평점이 떠서 현명한 구매를 하는 데 도움이 된다(실망스러운 구매를 하게 될 가능성과 멀어지게도 해준다).

첫 시음을 계획할 때는 단순하고 적당한 목표부터 시작하길 적극 권한다. 쉽게 구할 수 있는 포도 품종(샤르도네, 카베르네 소비뇽, 소비뇽 블랑 등)과 비교적 넓은 지역(아르헨티나 멘도사, 캘리포니아 주 소노마 카운티, 프랑스 프로방스 등)을 (혹은 그런 포도 품종이나 지역 중 하나를) 목표로 정하라는 이야기다. 그래야 비교적 낮은 총 구매 비용 내에서 선택할 종류가 더 많아져, 개별 아펠라시옹(부르고뉴나 나파 밸리 등), 더 난해한 포도 품종(사람에 따라 슈냉 블랑 같은 품종), 특정 빈티지 등 시음과 평가에 더 많은 시간과 집중력과 비용이 들어가는 주제를 다루기 전에 미리 시음 기술을 쌓아두기 좋다.

잊지 말아라. 와인을 배울 때는 끈기가 중요한 미덕 중 하나다(와인을 배우는 재미 대부분은 여정 자체에 있다. 그 여정이 곧 와인을 마시는 일이기 때문이다!).

필자가 개인적으로 즐겨 마시는 와인들

이번 시음에서는 본인이 즐겨 마시는 와인들을 소개하고자 한다. 그동안 시음평을 써온 최고 등급이나 고가의 와인들이 아니라 그냥 맛이 좋아서 자꾸자꾸 찾게 되는 그런 와인들이다.

슈램스버그 브뤼 로제(캘리포니아 주 북부 연안)

저렴한 가격은 아니지만 경쟁 상대인 샹파뉴의 50달러 이상의 스파클링 와인들에 비하면 가성비가 좋은 편이다. 내가 하도 자주 마셔서 아예 로버츠 하우스 와인이라고 부를 정도가 되었다. 잔에 따라놓으면 옅은 연어 살색을 발하고 시트러스, 사과, 레드 베리의 활기찬 과일 향과 빵과 토스트의 향이 어우러진 아로마에서 복합미가 풍긴다. 미감에서는 사워체리와 딸기 풍미가 춤을 추며 상쾌함과 함께 화사함과 우아함도 느끼게 해준다.

슐로스 요하니스베르크 리슬링 파인헤르프 '겔블라크'(독일 라인가우)

금속성 풍미의 거친 맛이 있으면서도 다가가기 쉬운 리슬링으로, 정말 좋아하는 와인이다. 운 좋게도 생산지인 라인가우 지역에 여러 번 방문하기도 해서 이 와인을 마시면 라인 강변의 포도원 사이를 걸었던 기억이 새록새록 떠오른다. 슐로스 요하니스베르크는 1,200년이 넘는 역사를 품고 있어서 이야깃거리가 풍성한 곳이기도 하다. 이 와인에서는 가벼운 미감에 풍부한 산미가 활력을 불어넣고, 약간의 당분이 부드러운 느낌을 일으켜준다. 눈으로 초록빛 도는 황금색을 감상하다 보면 흰색 꽃, 라임, 레몬, 배, 생강의 향이 다가오고 입안에 머금으면 백도와 모과의 풍미가 느껴진다. 정말 맛있다!

라미 샤르도네(캘리포니아 주 소노마 카운티)

이 와인을 좋아하지 않는 사람은 본 적이 없다. 노란색을 띠는 매력적인 황금색 빛이 돌고 흰색 꽃, 레몬 커드, 헤이즐넛, 시트러스의 복합적인 아로마가 풍기며 풍부하면서도 활기찬 미감에서는 백도, 레몬껍질, 시트러스, 토스트의 풍미가 피어난다. 멋지게 숙성되기도 해서 끈기가 있는 성향이든 아니든 가릴 것 없이 화이트 와인을 즐겨 마시는 지인들 누구에게나 선물하기 아주 좋은 와인이다.

돈나푸가타 '세다라' 네로 다볼라(이탈리아 시칠리아)

네로 다볼라로 빚어진 이 진홍색 와인은 조금은 시칠리아의 카베르네 소비뇽 같은 느낌이 난다. 향에서는 과즙 느낌, 꽃향기와 더불어 짙은 색 과일 풍미, 알싸함이 함께 풍겨오고 미감에서는 기분 좋은 보디감이 느껴질 뿐만 아니라 푸짐한 파스타 요리에 곁들여 마시기 좋을 만큼 산미도 충분하다.

좋은 와인 매장을 찾는 일이 중요한 이유

와인 쇼핑을 할 때 활용할 수 있는 가장 중요한 자원은 대체로 평판 좋은 와인 매장(또는 대형 매장의 와인 코너)의 와인 지식 해박한 직원이다. 이런 뛰어난 실력을 갖춘 직원들은 매장에 보유된 와인들에 대해 상세히 꿰고 있을 뿐만 아니라 원래 사려고 생각했던 와인이 없으면 당신이 생각한 가격대에서 그 와인을 대체할 만한 다른 와인을 추천해줄 수도 있다는 점에서 없어서는 안 될 존재다. 나도 뛰어난 와인 매장 직원들 덕분에 잘 알려지지 않은 와인 생산지나 새로운 브랜드에 흥미를 갖게 되었다가 그중 다수가 수년째 개인적으로 즐겨 마시는 와인이 되기도 했다.

온라인상에서 좋은 평가를 얻고 있는 매장을 찾아보고, 그 매장에 가면 직원들에게 물어봐서 와인 구매를 도와줄 만한 담당자를 찾아보길 권한다. 그러면 그 직원들이 얼마나 잘 알고 있고 얼마나 도움이 되는지 빠르게 가늠해보는 동시에, 직원들과 관계를 다지기에도 좋다. 경험 많은 와인 매장 직원들은 당신의 와인 취향을 알고 나면 거의 개인 소믈리에를 둔 것처럼 든든한 조력자가 되어준다. 세계적으로 유통되는 와인의 경우엔 즐겨 마시는 와인이 있으면 뒤쪽 라벨에서 수입사에 대한 정보를 확인해보는 것도 유용하다. 다수의 중소규모 수입사들이 비슷한 맛을 중심으로 상품을 수입하는 만큼, 맛을 볼 만한 비슷한 와인들을 판매하고 있을 가능성이 있기 때문이다. 유명하면서 좋은 평가도 받고 있는 버클리의 커밋 린치 와인 머천트 같은 일부 수입사의 경우엔 매장에서 자사의 수입 와인을 직접 판매하기도 한다.

시음 계획 짜기

진짜 재미가 시작되는 순간은 바로 시음을 시작할 때다. 시음 주제를 정하는 경우와 마찬가지로, 시음할 와인의 범위는 당신의 세부 계획과 예산만이 한계일 뿐이다. 물론 말은 이렇게 했지만 몇 가지 지침을 두는 것이 좋다. 와인이란 것이 평균적으로 가격이 그렇게 저렴한 편이 아닌데다 10~15%의 알코올을 함유하고 있는 상품이니까.

초반의 시음에서는 실험하듯 임하길 권한다. 그러면 해당 와인들과 시음 방법에 대해 배우는 것뿐만 아니라 그 경험을 바탕으로 삼아 앞으로의 시음이 더 좋아지도록 이렇게 저렇게 조정할 수도 있다. 혼자 하든 3~5명의 손님들과 함께 하든 처음엔 적은 인원으로 시작하는 것이 좋다. 시음자가 5명이 넘으면 와인 잔, 각 와인별 필요한 병 수, 시음자들을 수용할 공간 등등의 문제로 일이 복잡해진다. 물론 극복하고자 한다면 어떻게든 해결할 수 있겠지만, 와인을 배우려 시작한 일인데 자칫 딴 데로 정신이 팔릴 소지가 있다.

시음 초창기에는 마음이 잘 맞는 친구들을 초대하면 여러모로 좋다. 같은 와인을 맛봐도 저마다 생각과 인상이 달라서 시음에 동참한 모든 사람이 혼자 맛볼 때는 놓쳤을 법한 미묘한 점들을 알게 될 수 있다. 또 시음에 드는 비용을 분담해 비용도 절약할 수 있을뿐더러 초청자 중에 누군가가 다음번의 시음 주제로 기발한 아이디어를 내놓을지도 모를 일이다. 다 같이 와인을 사러 가면 신이 날 수도 있고, 시음 주제에 대한 초청자들 각자의 의견을 모아 선택한 그 와인들을 보고 기분 좋은 놀라움을 느낄 수도 있다.

시음 자체에도 어느 정도의 준비가 필요하다. 우선 시음할 와인을 이상적인 온도에 가깝게 맞춰놓는 게 좋다(183쪽 '서빙 온도' 참조). 스파클링이나 화이트, 로제 와인을 미리 차갑게 해놓는다든지, 레드 와인의 온도를 살짝 높여놓는 준비가 필요할 수 있다. 시음할 와인 개수의 절반 개수만큼 와인 잔을 준비해놓거나, 남은 와인을 버리는 데 쓰거나 시음자들 중에 시음하던 와인을 마저 다 마시고 싶어 하지 않을 사람이 생길 경우를 대비해 타구처럼 쓸 양동이를 가져다놓는 것도 좋은 생각이다. 양동이를 가져다놓으면 와인 잔을 다시 쓸 때도 유용하다(이어서 시음할 와인을 약간 따라서 잔을 헹구고 양동이에 비운 다음 그 와인을 시음할 양만큼 다시 채우면 된다). 잔의 개수를 최소한으로 줄이면 시음 중에 각각의 와인에 대한 인상을 기록할 만한 탁자의 공간을 확보할 수도 있다(탁자가 와인 잔으로 꽉 차버려 무릎에 대고 글을 쓰느라 낑낑대지 말고 잘 새겨듣길).

블라인드 테이스팅

와인을 맛볼 때는 블라인드 테이스팅에서만큼 겸허해지는 순간도 드물다. 영국의 와인 전문가 해리 워는 블라인드 테이스팅에서 보르도와 부르고뉴를 혼동한 적이 없느냐는 질문을 받았을 때 그 유명한 대답을 했다. "점심 때 실수한 이후론 없었어요!" 블라인드 테이스팅은 와인 평가 시 잠재적 편견을 줄여주어 전 세계의 와인 품평회에서 꼭 필요한 요소다.

시음을 몇 번 해봤다고 우쭐해져 있다가 블라인드 테이스팅을 해보면 자신이 아직 와인에 대해 얼마나 모르는지를 새삼 상기하게 된다. 블라인드 테이스팅을 하고 난 뒤에 시음해본 와인들 중에 자신이 즐겨 마시던 와인이 어떤 와인이었는지를 알고 놀라는 경우도 많다(블라인드 테이스팅은 예전엔 관심도 갖지 않았을 법한 와인이나 브랜드에 흥미가 돋게 해줄 좋은 방법이기도 하다).

블라인드 테이스팅의 한 방법으로는, 시음 초청자 모두에게 '비밀' 와인을 가져오게 해서 (그 와인들의 정체를 모를 만한) 한 사람을 지정해 그 사람에게 각각의 와인 병에 길쭉한 종이백을 씌워 잔에 따르는 역할을 맡기는 방법도 있다. 이런 식으로 모든 와인을 시음하고 나면 이제 백미의 순간이 기다린다. 모두가 개인적으로 마음에 들었던 와인을 (그 이유와 함께) 밝히고 나서 각 와인의 정체를 밝히는 것이다.

이쯤에서 와인을 뱉는 문제에 대해 간략히 짚고 넘어가보자. 와인 뱉기는 시음 중에 용인되는 행동이므로 꺼릴 필요는 없다. 시음을 할 때는 와인을 전부 마시기보다 뱉거나 버리는 것이 좋은 생각이다. 그래야 시음을 이어가며 와인을 제대로 평가하고 배울 수 있을 만큼 머리가 맑게 유지된다(와인을 뱉더라도 입 안쪽으로 알코올이 어느 정도 흡수된다). 시음이 끝나고 나서 언제든 다시 맛볼 수 있으니 아쉬워할 필요 없다. 시음 노트를 작성한 후에 마음에 드는 와인을 마저 마시면 된다.

시음을 시작할 때는 탁자에 2~3병의 와인을 올려놓고 한 번에 한 와인씩 시음해보며 의견을 나누는 것이 적당하다. 그렇게 하면 모든 시음자가 앞에서 맛본 와인들을 떠올려보고 같이 비교하며 자유롭게 의견을 주고받으면서도, 각각의 와인마다 휴식을 가지며 여전히 한 번에 하나의 와인에 집중할 수 있다. 750밀리리터 용량의 와인 한 병은 약 25온스이니, 각각의 와인을 따를 때마다 한 잔에 4온스씩 따르면 6잔 정도를 채울 수 있다. 이 방법을 쓰면 외우기도 쉽고, 계량컵을 꺼낼 필요 없이 '눈대중'으로 가늠하기에도 쉽다.

왠지 다른 사람들이 보고 있는 가운데 와인을 잔에 따르려니 패닉에 가까울 만큼 긴장이 된다. 이럴 땐 잔마다 밑에 작은 깔개를 깔아두면 혹시라도 와인을 흘릴 경우 청소하기에 좋다. 하지만 최선책은 전문가가 와인을 따르는 방법대로 하는 것이다. 다 따랐을 때쯤 손에 쥔 병을 살짝 비틀면서 병목을 들어 올려 멈추면 된다. 이렇게 하면 따르던 병에서 와인이 뚝뚝 떨어질 일이 거의 없다(그리고 오늘 이후로 레스토랑 서빙 직원 중에 이렇게 하지 않는 사람이 얼마나 많은지 알고 놀라기도 할 것이다).

와인 준비하기

일단 시음 준비를 마쳤다면 각각의 와인이 시음을 하며 평가하기에 적당한 상태인지 확인해볼 사항이 몇 가지 있다.

스파클링·화이트·로제 와인(기본적으로 차갑게 해두어야 하는 모든 와인)은 시음하기 직전에 따라야 한다(입 안에 머금기 몇 분 이내가 좋다). 첫 모금을 마실 때 여전히 냉기가 남아 있어야 그 와인이 잔 속에서 온도가 올라갈 때 다시 마셔보고 맛보면서 어떤 변화가 생기는지 평가해볼 수 있다.

레드 와인은 맛을 보기 몇 분 전에 따라 와인이 공기와 상호작용하면서 스스로 향기를 발현시킬 수 있게 해주는 편이 좋다. 최근 빈티지의 아주 어린 레드 와인일 경우 특히 더 이렇게 해줄 필요가 있다. 병입 숙성을 염두에 두고 만들어진 와인이라면 처음엔 좀 닫혀 있을 가능성이 높아 몇 분간 공기에 노출된 뒤에야 자신을 과시해 보이기 시작한다. 이런 와인들은 내가기 전에 디캔팅을 해서 와인을 공기에 노출시키는 것이 좋을 수 있다(디캔터나 와인 에어레이터를 구입해도 되고, 아니면 그냥 물주전자에 따라 부어도 괜찮다).

단 오래된 빈티지의 와인은 예외에 속한다(레드 와인과 화이트 와인 모두 해당). 거의 모든 경우, 오래된 와인은 이미 더 많은 내부 구조와 (타닌 같은) 천연 방부제가 분해되어 어린 와인에 비해 취약한 상태에 있다. 공기에 노출되면 어린 와인보다 더 빠르게 변질되기 마련이라 시음하기 직전에 병을 개봉해서 따라야 한다.

오래된 레드 와인과 어린 비여과 와인은 대체로 무해한 침전물이 병 바닥에 가라앉아 있다. 이런 와인들은 살짝 디캔팅하는 것이 좋을 수 있다. 디캔터에 와인을 천천히 부으며 잘 보고 있다가 병목 가까이에서 침전물이 보이기 시작하면 멈추면 된다. 이렇게 하면 와인을 시음할 때 잔 속에서 말 그대로 무언가 씹히는 게 나올 일이 없다!

와인의 순서 정하기

와인 시음에서는 순서가 중요하다. 완벽해야 할 필요는 없지만 순서의 균형이 잡히지 않으면 시음하는 각각의 와인을 최대한 음미하지 못한다. 그 이유는 미감이 시음을 하다 피곤해져서 (몇 분에서부터 두 시간에 이르기까지의) 회복 시간이 필요할 수 있다는 점에서, 근육과 비슷하기 때문이다. 와인업계에서 '미각의 피로(palate fatigue)'라고 부르는 이런 상태에 빠지면 차츰 와인들이 비슷비슷하거나 밋밋하게 느껴질 수 있다. 스위트 와인을 맛보고 나서 드라이한 와인을 맛보거나, 풀 보디에 알코올이 강한 레드 와인을 마신 후에 라이트 보디의 화이트 와인을 마실 경우에 그런 느낌이 일어날 수 있으니 미각이 녹초가 되지 않게 하려면 가급적 다음

적절한 순서를 따르는 것은 체계적인 시음을 위한 가장 중요한 요소 중 하나다.

의 순서에 따라 시음하면서 필요할 경우 휴식 시간을 갖길 권한다.

- 화이트 와인 → 레드 와인
- 라이트 보디 → 풀 보디
- 낮은 알코올 함량 → 높은 알코올 함량
- 드라이 → 스위트

자신의 생각 기록하기

맛을 본 각각의 와인에서 받은 인상을 기록해보자. 그룹 시음을 할 경우엔 모든 시음자가 각각의 와인에 대한 저마다의 의견을 밝히게 한다. 비교를 해보고 싶으면 앞서 시음한 와인을 한 잔 따로 빼놓는 것도 괜찮다. 다음은 각각의 와인을 시음하면서 스스로에게 던져볼 만한 질문들이다.

- 잔에 따른 와인이 어떤 빛깔을 띠고 있는가?
- 주된 풍미와 아로마는 무엇인가? 풍미와 아로마가 강하게 다가오는가, 아니면 분간하기 위해 집중력이 더 요구되는 편인가?
- 와인에서 그 외의 다른 미묘한 향이나 풍미가 더 느껴지진 않는가?
- 와인의 온도가 올라가고 공기에 더 노출됨에 따라 시간이 지나면서 아로마가 달라지는가? 달라진다면 어떤 아로마가 새롭게 드러났는가?
- 와인이 입안에서 어떻게 느껴지는가? 가벼운가, 묵직한가, 파워풀한가, 우아한가? 어떤 느낌을 일으키는가? 여러 요소들이 조화를 이루는 듯한가, 아니면 시간에 따라 특정 요소가 더 두드러지는가?
- 와인에 여운이 있는가? 그 여운이 얼마나 지속되고 어떤 느낌인가? 풍미나 아로마와 일치하는가, 아니면 새로운 종류인가? 여운이 기분 좋은가?
- 그 와인이 마음에 드는가? 싫은가? 시음을 마친 후에 그렇게 느껴지는 이유를 말로 표현해보자. 이 단계는 나중에 당신이 맛보고 싶어 할 만한 (아니면 피하고 싶을 만한) 비슷한 유형의 와인을 제대로 구별해내기 위해 아주 중요하다.

와인 잔

예전부터 쭉 와인업계에서는 '적당한' 와인 잔을 놓고 이러니저러니 말들이 많았는데 그 대부분은 와인 잔을 파는 회사들이 내놓은 말들이다. 원한다면 말 그대로 온갖 와인 스타일용이나 주요 포도 품종용의 와인 잔을 별도로 구매할 수도 있다. 하지만 대다수 사람들에겐 그런 식의 구매가 굉장한 돈 낭비라는 것이 내 견해다.

그동안 와인계와 과학계 양 분야에서 그런 전용 잔이 실질적으로 시음 시에 어떤 차이를 일으키는지에 대해 밝히려 노력해왔다. 그중 <감각 연구 저널(Journal of Sensory Studies)>에 게재된 연구 결과에 따르면 전용 와인 잔이 아로마의 감지에 실제로 영향을 미치긴 하지만 그 영향이 미묘한 것으로 밝혀졌다. 도쿄의대 치과대학이 독특한 실험 방식을 통해 연구해본 결과에서도 같은 와인을 다른 와인 잔에 마시면 다른 부케와 여운이 나타나는 것으로 확인되었다. 하지만 대다수 사람들이 그런 차이점을 얼마나 잘 분간할지에 대해서는 논란의 여지가 있다.

수년 동안 이 골치 아픈 주제를 관심 있게 살펴본 사람으로서의 내 견해를 묻는다면 이렇게 말해주겠다. 당신이 와인의 특정 스타일을 주로 마시게 된다거나, 마시는 와인 대다수가 한 가지 품종이거나 동일한 지역 산이라면 당신에게는 전용 잔이 딱 적당하다. 어쨌든 당신이 그렇게 즐겨 마시는 그 특정 스타일의 와인이 더 잘 감지되도록 디자인된 잔이니, 미묘한 영향이라 할지라도 당신에겐 더 나을 수도 있다. 그런 경우엔 오히려 미래의 즐거움에 투자하는 셈이다(다만 전용 잔 중에는 가격이 저렴하지 않은 것들도 있으니 여윳돈이 되는지 봐가며 결정하길).

그 외의 사람들은 단 한 가지 종류의 와인 잔으로도 그럭저럭 지장이 없다. 농담이 아니라 진짜, 그 잔으로 거의 모든 종류의 와인에 두루두루 쓸 수 있다. 심지어 스파클링 와인도 예외가 아니다.

이제 그 신통한 잔을 공개하겠다. 12~14온스(355~414밀리리터) 용량의 **튤립 모양**에, 림 부분이 깨뜨릴까 봐 겁먹지 않고 편하게 간수할 수 있을 정도로 가는 와인 잔이면 된다.

이 정도 용량의 튤립 모양 잔을 두면 신통하게도 거의 모든 스타일의 와인에 사용할 만하다(단 주정강화 와인은 더 적은 양을 따라야 하므로 이보다 작은 잔이 필요하다). 이런 잔은 볼 모양이 (와인의 휘발성 아로마 성분이 발산되기 위해) 적당할 만큼 공기와 접촉하게 해주면서 얇은 림이 최소한의 영향을 미치면서 와인을 혀에 착 안착시켜준다(림이 두꺼우면 와인이 입안에서 튈 수 있는데, 미묘한 튐이긴 해도 와인의 질감을 감지하는 방식에 안 **좋은** 영향을 미칠 수 있다). 정도의 차이는 있지만 잔의 모양이 다른 무엇보다 중요하며, 주머니 사정이 어떠하든 누구나 그런대로 괜찮은 잔들을 찾을 수 있다. 더 확증이 필요하다면 이 점을 기억하라. 나는 전문적인 와인의 시음평 작업을 할 때, 가까운 대형마트에서 산 와인 잔을 주로 사용한다.

와인 보관하기

와인 잔처럼 와인의 보관 역시 전 세계 와인광들 사이에서 논란이 많은 주제다. 그래도 다행히, 와인 보관의 기본은 아주 단순하다. 맛 좋은 음식 대부분이 그렇듯 와인의 적은 빛, 열, 진동이다. 그런 적들을 피해 와인을 보관하면 되며, 풍미와 마시기 좋은 상태를 지키는 측면에서만 보면 와인의 보관은 공간상의 문제로 그치는 게 좋다.

기차역 옆길의 날씨가 뜨거운 날, 햇빛이 정면으로 비치는 창턱에 와인을 놓는 것은 피하는 게 좋다. 거의 이것만큼 최악인 보관 장소가 또 있다. 냉장고 위쪽 빌트인 수납장에 설치된 그 와인 랙이다. 냉장고의 진동과 열기로 그 위에 보관된 와인의 수명이 단축되고 만다.

시중에 판매되는 와인 대부분은 병 속에서 1년 이상 숙성되도록 만들어진 것이 아니므로 구매한 와인을 비교적 빠른 시일 안에 시음할 계획이라면 보관에 너무 진땀 뺄 필요는 없다. 온도의 변화가 심하지 않은 곳에 한해서, 어두운 장소면 거의 어디든 괜찮을 것이다. 이런 이유 때문에 그토록 많은 와인들이 와인 저장고와 지하실에 보관되는 것이다. 이런 곳들은 어두운데다, 보통은 어느 정도 습기가 있다(습기는 코르크가 마르지 않게 해준다. 와인을 세우지 않고 눕혀서 코르크가 젖어 있도록 하는 이유도 코르크의 건조를 막기 위한 것이다). 또 온도도

적정하다. 비록 온도가 변하더라도 계절에 따라 더디게 변한다(온도가 급상승하거나 뚝 떨어지면서 와인의 화학작용에 안 좋은 영향을 미치지 않는다).

아파트나 지하실이 없는 집에 산다면 장기간 와인을 보관하기가 조금 까다로워진다. 필요성 때문이든 가지고 싶어서든 간에, 멋진 와인 냉장고가 너무 사고 싶어진다면 시중에 아주 많은 스타일과 크기와 브랜드의 제품이 나와 있다. 이 중 와인 주력 브랜드에서 (전반적 냉각이 아닌) 와인 보관을 위해 특별히 디자인한 모델에 초점을 맞추는 것이 좋다. 이런 모델들은 대개 적정 보관 온도를 감안해 기계 자체의 진동을 최소화하고, 습도 조절 장치 설치에 신경을 쓴 제품들이다.

전문가처럼 와인을 냉각시키는 방법

화이트·스파클링·로제 와인을 바로 당장 적당한 서빙 온도로 맞추는 전문가의 팁을 알려주겠다. 먼저 양동이, 얼음, 식탁용 소금을 가지고 온다. 양동이가 절반쯤 차도록 얼음을 채운 다음 차가운 물을 조금 붓고 소금을 섞어준다. 이때 물과 얼음의 양은 와인 병을 양동이에 담갔을 때 4분의 3 정도가 잠길 만큼이 적당하다. 이렇게 하면 15분도 채 안 되어 와인이 이상적인 서빙 온도로 냉각된다. 이렇게 금방 냉각이 되는 이유는 물이 얼음의 냉각 효과를 위한 표면적을 늘려주어 냉각이 더 잘 일어나게 해주는 동시에 소금이 얼음물의 빙점을 낮춰 얼음물이 와인 병에서 따뜻한 에너지를 더 잘 빼앗아오게(즉 냉각에 필요한 총 시간이 줄어들게) 해주기 때문이다.

서빙 온도

와인의 종류별 '적절한' 서빙 온도는 와인의 풍미를 위한 '딱' 정확한 온도를 찾는 문제라기보다 문제점을 피하는 문제에 더 가깝다. 와인이 너무 차가우면 향과 맛이 밋밋해지고, 너무 따뜻하면 알코올이 불쾌할 정도로 두드러진다. 와인에서 가능한 한 와인메이커가 의도한 맛을 보고 싶다면 추천 온도대에 맞추는 것이 좋다.

다음은 와인 스타일별 서빙 온도에 대한 간략한 지침이다.

- 스파클링 와인과 비교적 가벼운 디저트 와인: 4.4~10도(얼음처럼 차가운 온도)
- 화이트·로제·주정강화 와인: 10~15.5도(차가운 온도)
- 레드 와인: 15.5~21도(지하 저장고 온도)

그래도 다른 무엇보다 개인의 취향이 우선이니 레드 와인을 조금 더 차갑게 마시길 선호한다면 당신에게 잘 맞는 대로 무엇이든 해도 된다. 다만 이 온도대를 벗어나서 와인을 서빙할 경우 그 와인에서 생산자가 의도했던 것과는 다른 인상을 받게 될 가능성이 있다는 점만 명심하고 있으면 된다.

안전을 위한, 스파클링 와인의 냉각

스파클링 와인은 얼음처럼 차가운 온도에서 개봉하는 것이 좋다. 그래야 코르크를 제거할 때 사고의 가능성이 최소화된다. 코르크를 딸 때의 그 '뻥' 소리가 듣기 좋긴 하지만 사실 이 문제는 웃으며 할 얘깃거리가 아니다. 스파클링 와인의 코르크는 병에서 뽑아져 나올 때의 속도가 시속 80km까지 이를 수 있다. 물건을 깨뜨리거나 눈에라도 맞으면 눈알이 빠질 정도의 위력이다. 그러니 기포로 가득한 그 와인의 병을 따기 전에는 병이 충분히 차가워져 있어야 한다. 그러면 위험천만한 힘으로 코르크를 발사시킬 수도 있는 그 원천인 탄산가스의 속도를 둔화시키게 된다. 스파클링 와인을 좀 더 따뜻하게 마시고 싶다면 일단 병을 개봉한 후에 온도를 높이는 것이 최상책이다.

스파클링 와인의 병을 개봉하기 위해서는 다음의 순서로 하면 된다. 먼저 병목의 금속 와이어를 느슨해질 때까지 풀어준다. 그다음엔 작은 수건으로 병목을 덮은 후, 터져나오는 코르크로 혹시라도 손상을 입을 만한 물건이 (혹은 사람이) 없는 쪽으로 병의 방향을 맞춰놓고 한 손으로 코르크를 잡은 상태에서 다른 손으로 병을 천천히 비튼다. 그러다 코르크가 빠지기 시작할 때 코르크를 살짝 눌러 추진력을 낮춰주면 요란하고 시끌벅적한 '뻥!' 소리가 아닌 얌전한 '피시식' 소리를 내며 빠져나온다.

최적의 서빙 온도

남은 와인

시음을 위해 와인 여러 병을 개봉할 계획이라면 와인 애호가 누구나 겪게 마련인 딜레마에도 대비할 필요가 있다. 바로 남은 와인의 문제다. 남은 와인을 며칠 내에 마저 다 마실 생각이라면 해결이 아주 쉽다. 그냥 코르크를 다시 막아 (혹은 스파클링 와인일 경우엔 보관용 전용 마개/캡으로 막아) 냉장고에 넣어두면 된다. 거의 어떤 와인이든 이런 방법으로 보관하면 2, 3일 정도는 더 두고 마셔도 된다.

남은 와인을 이보다 좀 더 오래 보관하려면 골치가 아파진다. 이런 용도의 와인 보관용 도구들이 시중에 워낙 많이 쏟아져 나와 있어 와인 자체의 구매 못지않게 혼란스러울 지경이니 말이다. 그중 저렴한 편에 속하는 도구로는, 진공펌프 스타일이 있다. 병 안의 공기를 뽑아내 산화를 최소화시켜 남은 와인이 더 오래가게 해주는 방식의 마개다. 내가 써본 결과 이런 마개는 시간이 지나면서 타닌감을 잃는 경향이 있어 비교적 단기간 안에 마실 와인을 보관하기에 가장 좋다. 리푸어 와인 세이버 같은 일회용 마개도 있는데 산소를 흡수해 남은 와인을 며칠 더 마실 수 있게 해준다(하지만 일회용이라 환경친화성이 떨어지는 편이다).

개인적으로 선호하는 해결책은 세련된 유리병 제품, 사비노(savino)다. 병 안에서 특수 마개가 와인 위에 떠 있으면서 와인의 산화를 막아준다. 가격이 다소 비싸고 한 번에 한 와인에만 쓸 수 있지만 제대로 잘 사용하면 여러 날이 지나도 남은 와인이 아주 잘 보관된다.

와인 보관용 제품 중 가장 고가에 속하는 도구는 코라뱅(coravin) 와인 추출기가 있다. 코르크를 뽑지 않은 상태로 바늘을 찔러 넣어 마실 만큼만 와인을 뽑아낼 수 있고, 와인을 뽑아낸 만큼의 빈 공간에는 비활성 가스를 채워 넣는 방식이다. (엄밀히 말해 와인을 개봉하는 게 아니므로) 이론적으로는 병 안에 남은 와인이 무기한으로(아니면, 적어도 보관 환경이 허용하는 한까지는) 잘 보관할 수 있다. 비용이 많이 드는 편인 해결책이며, 병 속에서 와인이 수년 동안 어떤 맛으로 진전되어가는지 경험해보고 싶어 하는 진중한 수집가들에게 유용하다.

음식과 와인

생선에는 화이트 와인, 고기에는 레드 와인을 맞추면 되지 않느냐고? 잠깐, 사람들이 흔히 알고 있는 이런 조언은 와인과 음식 궁합의 이야기에서 오래전부터 이어져온 서막일 뿐 그것만으로 이야기의 끝이 아니다. 와인과 음식의 짝을 맞추는 일이 복잡해야 할 필요까지는 없지만, 와인 스타일과 특정 단백질원을 맞추는 차원만으로 그칠 단순한 문제도 아니다.

지금부터 와인과 음식 궁합의 기본을 더 깊이 파헤쳐 들어가 왜 어떤 궁합은 서로 잘 맞고, 또 어떤 궁합은 잘 맞지 않는지 탐색해보자.

산미

가령 추수감사절 만찬에 어떤 와인을 곁들이면 좋을지 등을 다루는 기사들이 그동안 넘칠 만큼 쏟아져 나왔지만 그중 특정 음식에 특정 와인이 잘 어울리는 이유를 설명하는 기사들은 거의 없다. 사실 사람마다 개인적 취향이 달라 모든 사람을 만족시킬 만한 와인과 음식의 궁합을 찾는다는 게 쉬운 일이 아니기에 와인 페어링은 기껏해야 부정확한 예술이긴 하다. 하지만 와인과 음식의 짝을 맞출 때 참고하면 성공 가능성을 크게 높여줄 만한 기본적 가이드라인 몇 가지는 있다.

와인과 음식의 짝을 잘 맞추는 문제에 관한 한 산미(일부 와인에서 느껴지는, 입안에 침이 돌게 하는 그 레몬 같은 활기찬 맛)가 우리의 우군이다. 원래부터 산도가 높은 포도(소비뇽 블랑, 리슬링 등의 청포도나 바르베라, 피노 누아, 가메 등의 적포도)는 대부분의 요리와 잘 어울린다. 와인의 산미는 음식에 레몬즙을 뿌리는 것과 같은 원리의 작용을 한다. 입에 침이 고이게 하고, 기름진 맛을 잡아주며, 지방·단백질·탄수화물을 분해해 상쾌한 느낌을 살려준다.

소스와의 조화

음식과 와인의 짝 맞추기에서 또 하나의 가이드라인은 음식에 뿌리는 소스에도 신경 쓰는 것이다. 와인 페어링에서 소스는 중요한 문제다. 때로는 요리의 재료 자체보다 더 중요하다. 기름진 소스는 대체로 기름진 질감의 와인과 잘 맞다. 예를 들어 버터소스는 오크 숙성을 거친 여러 가지 화이트 와인과 환상의 짝을 이룬다.

조리 스타일도 소스처럼 음식의 무게감과 질감을 바꿔놓는다. 가벼운 샐러드나 섬세하게 조리된 흰살생선은 대다수 레드 와인과 만나면 사정없이 때려눕혀지지만, 서서히 익힌 구이 요리는 풍미가 풍부하고 진해져 아주 힘 있고 우람한 체급의 레드 와인과도 잘 맞을 수 있다. 반대로 (가령 비네그레트소스를 뿌린 요리처럼) 요리나 소스에서 신맛이 강한 편일수록 보다 가볍고 산미 높은 와인이 잘 어울릴 수 있다.

보완과 대비

와인은 식사에서 또 하나의 재료와 같은 역할을 한다. 음식 재료에서 자신과 비슷한 풍미와 무게감을 더욱 살려주는가 하면 (반대되는 질감과 보디를 통한) 기분 좋은 대비 효과를 일으켜주기도 한다.

이런 보완의 사례로는 로브스터, 감자 버터구이와 샤르도네의 조합이 있다. 음식과 와인 둘 다 입안에서 묵직한 느낌을 주고 둘 다 크리미한 풍미와 점성을 띠어, 서로 어우러지면 미각의 질감이 풍만하게 살아나면서 점점 더 기막힌 맛을 선사한다.

대비의 예는 파르메산 치즈를 뿌린 샐러드와 리슬링 같은 가벼운 화이트 와인의 조합이다. 와인의 신맛이 치즈의 기름진 맛을 잡아주며 입안을 상쾌하게 함으로써 입맛을 당기게 해준다(그와 동시에 톡 쏘는 풍미로 서로 조화를 이루기도 한다).

레드 와인은 단백질과 결합하는 성질의 타닌이 들어 있어 스테이크와 찰떡궁합이다.

페어링의 고전: 와인과 치즈

적절한 치즈와 짝을 이루면 와인은 그야말로 마법을 일으켜줄 수도 있다는 말이 있다. 맞는 말이긴 한데, 치즈와 와인 모두 복합적인 풍미와 질감을 가지고 있는 만큼 경우에 따라 궁합을 맞추기가 까다로울 수도 있다. 이번 시음에서는 와인과 치즈를 보다 안정적으로 조합시킬 만한 팁을 알려주고자 한다(비용 부담을 더는 동시에 미뢰에 놀라움을 선사하는 경험도 함께 느껴볼 수 있을 것이다).

고트 치즈(염소젖 치즈) + 에드나 밸리 빈야드 소비뇽 블랑(캘리포니아 주 중부 연안)

고트 치즈는 크리미하면서도 톡 쏘는 맛이 있어 기름진 맛을 잡아주는 동시에 치즈의 톡 쏘는 풍미를 버텨낼 만한 와인이 필요하다. 그런 점에서 이 소비뇽 블랑은 좋은 짝이다. 레몬색 빛깔에서 (고트 치즈의 톡 쏘는 맛을 버텨내줄) 새콤한 신맛이 벌써 암시된다. 활기찬 미감이 치즈의 크리미한 맛을 잡아주는 한편, 허브 향이 이 치즈와 와인의 조합에 복합미를 더해주기도 한다.

페퍼 잭 치즈 + 루젠 브라더스 '닥터 L' 리슬링(독일 모젤)

몬테레이 치즈에 고추를 넣어 매콤하게 만든 이 치즈는 그야말로 천상의 조합이지만 다수의 와인에게는 지옥이 될 수도 있다. 매운 고추맛이 와인의 알코올을 너무 부각시켜 입안이 타는 듯 얼얼해질 수 있다. 하지만 루젠 브라더스에서 빚어낸 작은 보물 같은 이 리슬링처럼, 오프 드라이한 독일 리슬링은 고추와 절묘한 짝꿍이다. 함께 맛을 보면 라임 같은 산미가 페퍼 잭의 우유같이 기름진 맛을 잡아주는 동시에 모과의 아로마와 달콤한 레몬 캔디의 풍미가 고추의 얼얼한 화기를 식혀줄 것이다.

브리 치즈 + 웬티 빈야즈 모닝 포그 샤르도네(캘리포니아 주 리버모어 밸리)

하얀 껍질로 덮인 치즈의 여왕 브리는 거부할 수 없는 매력을 풍기면서도 착한 가격으로 호사를 누릴 수 있게 해주는 치즈인 만큼 비슷한 너그러움을 갖춘 와인과 짝을 맞추는 게 좋은데, 캘리포니아의 이 샤르도네처럼 힘 있고 과일 풍미를 지닌 화이트 와인도 제격이다. 꾸준히 뛰어난 품질을 선보이는 웬티의 모닝 포그 샤르도네는 살짝 톡 쏘는 신맛으로 브리의 우유 같은 질감과 대비 효과를 내주는 동시에 미감의 무게감이 치즈의 퇴폐미와 좋은 조화를 이룬다.

샤프 체더 치즈 + 킴 크로포드 피노 누아(뉴질랜드 말버러)

체더 치즈는 풍부한 풍미뿐 아니라 미묘한 풍미까지 지니고 있다. 따라서 타닌이 많은 와인은 피하는 것이 상책이다. 그런 와인은 체더의 섬세한 면을 엉망으로 파괴시킬 위험이 있다. 오히려 뉴질랜드산의 이 피노 누아 같은 와인이 좋은 선택이 될 수 있다. 화사한 진홍색에 흙내음이 돌고, 찻잎의 향으로 싱그러움이 느껴지며, 짙은 체리와 레드 베리의 풍미를 갖춘 좋은 짝이다. 무엇보다 타닌의 강도는 낮으면서 우아함의 강도는 높다.

파르메산 또는 만체고 치즈 + 루피노 키안티(이탈리아 토스카나)

파르메산과 만체고 같은 숙성 치즈는 내가 개인적으로 선호하는 치즈인데, 그 이유는 탄탄한 질감과 대담한 풍미 때문이다. 이런 치즈는 주인공을 받쳐주며 조연 역할을 해줄 단순한 와인이 좋은 짝이다. 여러 레드 와인과 아주 잘 어울리지만 토스카나의 이 키안티처럼 타닌이 낮고 신맛의 활기가 높은 와인들과 특히 더 잘 맞는다. 이 와인에서 은은히 피어나는 오렌지껍질과 사워체리의 풍미는 치즈에서 발산되는 흙내음이 잘 드러나도록 탄탄한 배경 역할을 해준다.

블루 치즈 + 로얄 토카이 마드 퀴베 레이트 하비스트 토카이(헝가리 토카이)

블루 치즈처럼 호불호가 갈리는 향기로운 치즈들은 짝을 맞추기가 힘들다. 가벼운 스타일의 와인을 짓밟아버리기 쉽기 때문이다(게다가 타닌이 있는 와인과 만나면 금속성 맛이 날 수도 있다). 블루 치즈에는 풍부한 산미를 가진 스위트 와인이 잘 어울린다. 헝가리의 로얄 토카이 생산자가 만든 이 늦수확 블렌딩 화이트 와인이 좋은 예다. 달콤하고 대담한 애플파이, 꿀, 살구 캔디의 풍미가 블루 치즈의 대담함과 조화를 이루는 동시에 활기찬 신맛이 치즈의 묵직함에 밸런스를 잡아준다.

와인 + 음식: 보완과 대비

와인과 음식의 좋은 궁합을 맞추기 위한 핵심은 보완과 대비(혹은 보완 또는 대비)에 있다. 이런 보완과 대비는 와인과 음식 모두의 풍미, 질감, 보디, 무게감에 두루두루 활용해볼 수 있는 방법이다. 다음은 그 몇 가지 사례다.

태국이나 베트남의 샐러드 + '그루너' 그뤼너 펠트리너(오스트리아 니더외스터라이히 주)

이런 샐러드 음식은 대체로 톡 쏘는 새콤한 맛의 산미 높은 드레싱이나 땅콩소스 같은 크리미한 드레싱을 쓴다. 초보자에게 잘 맞을 만한 이 레몬빛의 그뤼너는 이런 샐러드의 맛을 더욱 돋보여주기에 그만인 와인이다. 그 활기찬 미감이 톡 쏘는 맛의 드레싱에서는 산미와 조화를 이루는가 하면, 묵직한 드레싱에서는 크리미함을 '뚫고 나오며' 대비 효과를 내주기도 한다. 게다가 허브의 아로마가 재료인 채소의 풍미를 보완하기도 한다.

초밥 + 니노 프란코 루스티코 프로세코 수페리오레(이탈리아 베네토)

초밥은 대체로 생강, 고추냉이와 함께 나오기 때문에 그 알싸한 얼얼함을 상쇄시켜줄 단맛이 어느 정도 필요하다. 짭짤한 생선의 감칠맛을 상쇄시켜줄 과일 풍미와 탄산가스도 필요하다. 그런 면에서 니노 프란코의 루스티코와 함께 곁들여 맛볼 만하다. 연한 초록빛에 가까운 이 이탈리아 프로세코는 철제 탱크에서 만들어져 배와 사과의 과일 향기가 두드러져 있다. 잘 익은 복숭아 풍미가 초밥의 알싸함을 무난히 감당해내기도 한다.

스테이크 + 콘다도 데 아사 틴토(스페인 리베라 델 두에로)

레드 와인의 타닌은 입안에서 단백질의 느낌을 부드럽게 잡아줄 수 있어서 스테이크와 훌륭한 짝을 이룬다. 플랭크 스테이크같이 비교적 담백한 부위는 타닌이 있되 너무 강하지 않은 레드 와인이 좋다. 진홍색 풀 보디의 이 스페인산 템프라니요가 바로 그런 와인에 속한다. 플랭크 스테이크의 질긴 질감을 부드러워지게 해줄 만큼의 구조를 갖추고 있으면서 잘 익은 베리의 풍미와 제비꽃, 향신료의 아로마가 스테이크의 묵직한 풍미를 상쇄시켜준다.

과일 타르트 + 도멘 드 더반 뮈스카 드 봄 드 브니즈(프랑스 론 밸리)

디저트에는 더 달콤한 와인으로 맞춰줘야 한다. 그렇지 않으면 와인의 맛이 입안에서 지워져버리는 경향이 있다. 과일 타르트는 와인의 짝으로 좋은 선택이다. 과일의 신맛이 와인의 단맛을 상쇄해주기 때문이다. 프랑스 남부 론 지역에서 뮈스카 블랑 아 프티 그랭으로 만들어낸 호박빛 도는 황금색의 이 디저트 와인은 살구, 귤, 시트러스 아로마가 과일 타르트의 과일 풍미를 더욱 돋보이게 해주는 한편 풍부하고 달콤한 미감이 타르트의 질감과 조화를 이루기도 한다.

감사의 말

출판의 기회를 준 캘리스토 미디어에게 감사드린다. 나는 발뒤꿈치에도 못 미칠 만큼 편집 분야의 실력자인 (아울러 와인 분야에서도 그녀 자신이 생각하는 것보다 훨씬 더 해박한) 팸 킹슬리에게 특히 각별한 감사를 전한다. 재능 있는 작가일 뿐만 아니라 철학적인 술친구이자 요긴하게 도움을 받을 수 있는 법 전문가 프랭크 부트사키스에게도 고마운 마음을 전한다. 지난 시간 나에게 책을 내라고 들볶았던 칩 밀러에게는 한잔 사고 싶다.

내 사랑 새넌과 대견한 우리 아이 로렐라이에게는 그동안의 인내와 격려에 각별한 고마움을 느낀다. 마지막으로 이 책을 읽어준 독자 여러분에게 감사 인사를 전하며, 진지한 자세로 와인 잔을 들어 올리는 전 세계의 와인 애호가들에게도 건배를 보낸다.